SEXTA EDIÇÃO 20 25

DANO MORAL DECORRENTE DO CONTRATO DE TRABALHO

SERGIO PINTO **MARTINS**

Dados Internacionais de Catalogação na Publicação (CIP) de acordo com ISBD

M386d   Martins, Sérgio Pinto

      Dano moral decorrente do contrato de trabalho / Sérgio Pinto Martins. - 6. ed. - Indaiatuba, SP : Editora Foco, 2025.

      196 p. ; 16cm x 23cm.

      Inclui bibliografia e índice.

      ISBN: 978-65-6120-306-7

      1. Direito. 2. Direito do trabalho. 3. Dano moral. I. Título.

2025-763   CDD 344.01   CDU 349.2

Elaborado por Odilio Hilario Moreira Junior - CRB-8/9949

Índices para Catálogo Sistemático:

1. Direito do trabalho 344.01

2. Direito do trabalho 349.2

SEXTA EDIÇÃO

DANO MORAL DECORRENTE DO CONTRATO DE TRABALHO

SERGIO
PINTO
MARTINS

2025 © Editora Foco

Autor: Sergio Pinto Martins
Diretor Acadêmico: Leonardo Pereira
Editor: Roberta Densa
Coordenadora Editorial: Paula Morishita
Revisora Sênior: Georgia Renata Dias
Revisora Júnior: Adriana Souza Lima
Capa Criação: Leonardo Hermano
Diagramação: Ladislau Lima e Aparecida Lima
Impressão miolo e capa: META BRASIL

DIREITOS AUTORAIS: É proibida a reprodução parcial ou total desta publicação, por qualquer forma ou meio, sem a prévia autorização da Editora FOCO, com exceção do teor das questões de concursos públicos que, por serem atos oficiais, não são protegidas como Direitos Autorais, na forma do Artigo 8º, IV, da Lei 9.610/1998. Referida vedação se estende às características gráficas da obra e sua editoração. A punição para a violação dos Direitos Autorais é crime previsto no Artigo 184 do Código Penal e as sanções civis às violações dos Direitos Autorais estão previstas nos Artigos 101 a 110 da Lei 9.610/1998. Os comentários das questões são de responsabilidade dos autores.

NOTAS DA EDITORA:

Atualizações e erratas: A presente obra é vendida como está, atualizada até a data do seu fechamento, informação que consta na página II do livro. Havendo a publicação de legislação de suma relevância, a editora, de forma discricionária, se empenhará em disponibilizar atualização futura.

Erratas: A Editora se compromete a disponibilizar no site www.editorafoco.com.br, na seção Atualizações, eventuais erratas por razões de erros técnicos ou de conteúdo. Solicitamos, outrossim, que o leitor faça a gentileza de colaborar com a perfeição da obra, comunicando eventual erro encontrado por meio de mensagem para contato@editorafoco.com.br. O acesso será disponibilizado durante a vigência da edição da obra.

Impresso no Brasil (2.2025) – Data de Fechamento (2.2025)

2025
Todos os direitos reservados à
Editora Foco Jurídico Ltda.
Rua Antonio Brunetti, 593 – Jd. Morada do Sol
CEP 13348-533 – Indaiatuba – SP

E-mail: contato@editorafoco.com.br
www.editorafoco.com.br

Ao Prof. Dr. Hugo de Brito Machado,
pelo seu incomparável senso de justiça.

TRABALHOS DO AUTOR

LIVROS

1. *Imposto sobre serviços – ISS*. São Paulo: Atlas, 1992.
2. *Direito da seguridade social*. 42. ed. São Paulo: Saraiva, 2024.
3. *Direito do trabalho*. 40. ed. São Paulo: Saraiva, 2024.
4. *A terceirização e o direito do trabalho*. 17. ed. São Paulo: Saraiva, 2019.
5. *Manual do ISS*. 10. ed. São Paulo: Saraiva, 2017.
6. *Participação dos empregados nos lucros das empresas*. 6. ed. Indaiatuba: Foco, 2025.
7. *Práticas discriminatórias contra a mulher e outros estudos*. São Paulo: LTr, 1996.
8. *Contribuição confederativa*. São Paulo: LTr, 1996.
9. *Medidas cautelares*. São Paulo: Malheiros, 1996.
10. *Manual do trabalho doméstico*. 15. ed. Indaiatuba: Foco, 2025.
11. *Tutela antecipada e tutela específica no processo do trabalho*. 4. ed. São Paulo: Atlas, 2013.
12. *Manual do FGTS*. 6. ed. Indaiatuba: Foco, 2025.
13. *Comentários à CLT*. 21. ed. São Paulo: Saraiva, 2018.
14. *Manual de direito do trabalho*. 11. ed. São Paulo: Saraiva, 2018.
15. *Direito processual do trabalho*. 39. ed. São Paulo: Saraiva, 2017.
16. *Contribuições sindicais*. 5. ed. São Paulo: Atlas, 2009.
17. *Contrato de trabalho de prazo determinado e banco de horas*. 4. ed. São Paulo: Atlas, 2002.
18. *Estudos de direito*. São Paulo: LTr, 1998.
19. *Legislação previdenciária*. 22. ed. São Paulo: Saraiva, 2016.
20. *Síntese de direito do trabalho*. Curitiba: JM, 1999.
21. *A continuidade do contrato de trabalho*. 3. ed. Indaiatuba: Foco, 2025.
22. *Flexibilização das condições de trabalho*. 7. ed. Indaiatuba: Foco, 2025.
23. *Legislação sindical*. São Paulo: Atlas, 2000.
24. *Comissões de conciliação prévia*. 3. ed. São Paulo: Atlas, 2008.
25. *Col. Fundamentos: direito processual do trabalho*. 21. ed. São Paulo: Saraiva, 2018.
26. *Instituições de direito público e privado*. 17. ed. São Paulo: Saraiva, 2017.
27. *Col. Fundamentos: direito do trabalho*. 19. ed. São Paulo: Saraiva, 2018.

28. *Col. Fundamentos: direito da seguridade social.* 17. ed. São Paulo: Saraiva, 2016.

29. *O pluralismo do direito do trabalho.* 3. ed. Indaiatuba: Foco, 2025.

30. *Greve no serviço público.* 3. ed. Indaiatuba: Foco, 2025.

31. *Execução da contribuição previdenciária na Justiça do Trabalho.* 5. ed. São Paulo: Saraiva, 2019.

32. *Manual de direito tributário.* 17. ed. São Paulo: Saraiva, 2018.

33. *CLT universitária.* 24. ed. São Paulo: Saraiva, 2018.

34. *Cooperativas de trabalho.* 8. ed. Indaiatuba: Foco, 2025.

35. *Reforma previdenciária.* 2. ed. São Paulo: Atlas, 2006.

36. *Manual da justa causa.* 8. ed. Indaiatuba: Foco, 2025.

37. *Comentários às súmulas do TST.* 16. ed. São Paulo: Saraiva, 2016.

38. *Constituição. CLT. Legislação previdenciária e legislação complementar.* 3. ed. São Paulo: Atlas, 2012.

39. *Dano moral decorrente do contrato de trabalho.* 6. ed. Indaiatuba: Foco, 2025.

40. *Profissões regulamentadas.* 2. ed. São Paulo: Atlas, 2013.

41. *Direitos fundamentais trabalhistas.* 2. ed. São Paulo: Atlas, 2015.

42. *Convenções da OIT.* 3. ed. São Paulo: Saraiva, 2016.

43. *Estágio e relação de emprego.* 6. ed. Indaiatuba: Foco, 2025.

44. *Comentários às Orientações Jurisprudenciais da SBDI-1 e 2 do TST.* 7. ed. São Paulo: Saraiva, 2016.

45. *Direitos trabalhistas do atleta profissional de futebol.* 2. ed. São Paulo: Saraiva, 2016.

46. *Prática trabalhista.* 8. ed. São Paulo: Saraiva, 2018.

47. *Assédio moral no emprego.* 6. ed. Indaiatuba: Foco, 2025.

48. Comentários à Lei n. 8.212/91. *Custeio da Seguridade Social.* São Paulo: Atlas, 2013.

49. Comentários à Lei n. 8.213/91. *Benefícios da Previdência Social.* São Paulo: Atlas, 2013.

50. *Prática previdenciária.* 3. ed. São Paulo: Saraiva, 2017.

51. *Teoria geral do processo.* 9. ed. São Paulo: Saraiva, 2024.

52. *Teoria geral do Estado.* 3. ed. São Paulo: Saraiva, 2024.

53. *Reforma trabalhista.* São Paulo: Saraiva, 2018.

54. *Introdução ao estudo do Direito.* 3ª ed. São Paulo: Saraiva, 2024.

ARTIGOS

1. A dupla ilegalidade do IPVA. *Folha de S.Paulo*, São Paulo, 12 mar. 1990. Caderno C, p. 3.

2. Descumprimento da convenção coletiva de trabalho. *LTr*, São Paulo, n. 54-7/854, jul. 1990.

3. *Franchising* ou contrato de trabalho? *Repertório IOB de Jurisprudência*, n. 9, texto 2/4990, p. 161, 1991.

4. A multa do FGTS e o levantamento dos depósitos para aquisição de moradia. *Orientador Trabalhista – Suplemento de Jurisprudência e Pareceres*, n. 7, p. 265, jul. 1991.

5. O precatório e o pagamento da dívida trabalhista da fazenda pública. *Jornal do II Congresso de Direito Processual do Trabalho*, p. 42. jul. 1991. (Promovido pela LTr Editora.)

6. As férias indenizadas e o terço constitucional. *Orientador Trabalhista Mapa Fiscal – Suplemento de Jurisprudência e Pareceres*, n. 8, p. 314, ago. 1991.

7. O guarda de rua contratado por moradores. Há relação de emprego? *Folha Metropolitana*, Guarulhos, 12 set. 1991, p. 3.

8. O trabalhador temporário e os direitos sociais. *Informativo Dinâmico IOB*, n. 76, p. 1.164, set. 1991.

9. O serviço prestado após as cinco horas em sequência ao horário noturno. *Orientador Trabalhista Mapa Fiscal – Suplemento de Jurisprudência e Pareceres*, n. 10, p. 414, out. 1991.

10. Incorporação das cláusulas normativas nos contratos individuais do trabalho. *Jornal do VI Congresso Brasileiro de Direito Coletivo do Trabalho e V Seminário sobre Direito Constitucional do Trabalho*, p. 43. nov. 1991. (Promovido pela LTr Editora.)

11. Adicional de periculosidade no setor de energia elétrica: algumas considerações. *Orientador Trabalhista Mapa Fiscal – Suplemento de Jurisprudência e Pareceres*, n. 12, p. 544, dez. 1991.

12. Salário-maternidade da empregada doméstica. *Folha Metropolitana*, Guarulhos, p. 7, 2-3 fev. 1992.

13. Multa pelo atraso no pagamento de verbas rescisórias. *Repertório IOB de Jurisprudência*, n. 1, texto 2/5839, p. 19, 1992.

14. Base de cálculo dos adicionais. *Orientador Trabalhista Mapa Fiscal – Suplemento de Legislação, Jurisprudência e Doutrina*, n. 2, p. 130, fev. 1992.

15. Base de cálculo do adicional de insalubridade. *Orientador Trabalhista Mapa Fiscal – Suplemento de Legislação, Jurisprudência e Doutrina*, n. 4, p. 230, abr. 1992.

16. Limitação da multa prevista em norma coletiva. *Repertório IOB de Jurisprudência*, n. 10, texto 2/6320, p. 192, 1992.

17. Estabilidade provisória e aviso-prévio. *Orientador Trabalhista Mapa Fiscal – Suplemento de Legislação, Jurisprudência e Doutrina*, n. 5, p. 279, maio 1992.

18. Contribuição confederativa. *Orientador Trabalhista Mapa Fiscal – Suplemento de Legislação, Jurisprudência e Doutrina*, n. 6, p. 320, jun. 1992.

19. O problema da aplicação da norma coletiva de categoria diferenciada à empresa que dela não participou. *Orientador Trabalhista Mapa Fiscal – Suplemento de Legislação, Jurisprudência e Doutrina*, n. 7, p. 395, jul. 1992.

20. Intervenção de terceiros no processo de trabalho: cabimento. *Jornal do IV Congresso Brasileiro de Direito Processual do Trabalho*, jul. 1992, p. 4. (Promovido pela LTr Editora.)

21. Relação de emprego: dono de obra e prestador de serviços. *Folha Metropolitana*, Guarulhos, 21 jul. 1992, p. 5.

22. Estabilidade provisória do cipeiro. *Orientador Trabalhista Mapa Fiscal – Suplemento de Legislação, Jurisprudência e Doutrina*, n. 8, p. 438, ago. 1992.

23. O ISS e a autonomia municipal. *Suplemento Tributário LTr*, n. 54, p. 337, 1992.

24. Valor da causa no processo do trabalho. *Suplemento Trabalhista LTr*, n. 94, p. 601, 1992.

25. Estabilidade provisória do dirigente sindical. *Orientador Trabalhista Mapa Fiscal – Suplemento de Legislação, Jurisprudência e Doutrina*, n. 9, p. 479, set. 1992.

26. Estabilidade no emprego do aidético. *Folha Metropolitana*, Guarulhos, 20-21 set. 1992, p. 16.

27. Remuneração do engenheiro. *Orientador Trabalhista Mapa Fiscal – Suplemento de Legislação, Jurisprudência e Doutrina*, n. 10, p. 524, out. 1992.

28. Estabilidade do acidentado. *Repertório IOB de Jurisprudência*, n. 22, texto 2/6933, p. 416, 1992.

29. A terceirização e suas implicações no direito do trabalho. *Orientador Trabalhista Mapa Fiscal – Legislação, Jurisprudência e Doutrina*, n. 11, p. 583, nov. 1992.

30. Contribuição assistencial. *Jornal do VII Congresso Brasileiro de Direito Coletivo do Trabalho e VI Seminário sobre Direito Constitucional do Trabalho*, nov. 1992, p. 5.

31. Descontos do salário do empregado. *Orientador Trabalhista Mapa Fiscal – Suplemento de Legislação, Jurisprudência e Doutrina*, n. 12, p. 646, dez. 1992.

32. Transferência de empregados. *Orientador Trabalhista Mapa Fiscal – Suplemento de Legislação, Jurisprudência e Doutrina*, n. 1, p. 57, jan. 1993.

33. A greve e o pagamento dos dias parados. *Orientador Trabalhista Mapa Fiscal – Suplemento de Legislação, Jurisprudência e Doutrina*, n. 2, p. 138, fev. 1993.

34. Auxílio-doença. *Folha Metropolitana*, Guarulhos, 30 jan. 1993, p. 5.

35. Salário-família. *Folha Metropolitana*, Guarulhos, 16 fev. 1993, p. 5.

36. Depósito recursal. *Repertório IOB de Jurisprudência*, n. 4, texto 2/7239, p. 74, fev. 1993.

37. Terceirização. *Jornal Magistratura & Trabalho*, n. 5, p. 12, jan. e fev. 1993.

38. Auxílio-natalidade. *Folha Metropolitana*, Guarulhos, 9 mar. 1993, p. 4.

39. A diarista pode ser considerada empregada doméstica? *Orientador Trabalhista Mapa Fiscal – Suplemento Trabalhista Mapa Fiscal – Suplemento de Legislação, Jurisprudência e Doutrina*, n. 3/93, p. 207.

40. Renda mensal vitalícia. *Folha Metropolitana*, Guarulhos, 17 mar. 1993, p. 6.

41. Aposentadoria espontânea com a continuidade do aposentado na empresa. *Jornal do Primeiro Congresso Brasileiro de Direito Individual do Trabalho*, 29 e 30 mar. 1993, p. 46-47. (Promovido pela LTr Editora.)

42. Relação de emprego e atividades ilícitas. *Orientador Trabalhista Mapa Fiscal – Suplemento de Legislação, Jurisprudência e Doutrina*, n. 5/93, p. 345.

TRABALHOS DO AUTOR **XI**

43. Conflito entre norma coletiva do trabalho e legislação salarial superveniente. *Revista do Advogado*, n. 39, p. 69, maio 1993.

44. Condição jurídica do diretor de sociedade em face do direito do trabalho. *Orientador Trabalhista Mapa Fiscal – Suplemento de Legislação, Jurisprudência e Doutrina*, n. 6/93, p. 394.

45. Equiparação salarial. *Orientador Trabalhista Mapa Fiscal – Suplemento de Legislação, Jurisprudência e Doutrina*, n. 7/93, p. 467.

46. Dissídios coletivos de funcionários públicos. *Jornal do V Congresso Brasileiro de Direito Processual do Trabalho*, jul. 1993, p. 15. (Promovido pela LTr Editora.)

47. Contrato coletivo de trabalho. *Orientador Trabalhista Mapa Fiscal – Suplemento de Legislação, Jurisprudência e Doutrina*, n. 8/93, p. 536.

48. Reintegração no emprego do empregado aidético. *Suplemento Trabalhista LTr*, n. 102/93, p. 641.

49. Incidência da contribuição previdenciária nos pagamentos feitos na Justiça do Trabalho. *Orientador Trabalhista Mapa Fiscal – Suplemento de Legislação, Jurisprudência e Doutrina*, n. 9/93, p. 611.

50. Contrato de trabalho por obra certa. *Orientador Trabalhista Mapa Fiscal – Suplemento de Legislação, Jurisprudência e Doutrina*, n. 10/93, p. 674.

51. Autoaplicabilidade das novas prestações previdenciárias da Constituição. *Revista de Previdência Social*, n. 154, p. 697, set. 1993.

52. Substituição processual e o Enunciado 310 do TST. *Orientador Trabalhista Mapa Fiscal – Suplemento de Legislação, Jurisprudência e Doutrina*, n. 11/93, p. 719.

53. Litigância de má-fé no processo do trabalho. *Repertório IOB de Jurisprudência*, n. 22/93, texto 2/8207, p. 398.

54. Constituição e custeio do sistema confederativo. *Jornal do VIII Congresso Brasileiro de Direito Coletivo do Trabalho e VII Seminário sobre Direito Constitucional do Trabalho*, nov. 1993, p. 68. (Promovido pela LTr Editora.)

55. Participação nos lucros. *Orientador Trabalhista Mapa Fiscal – Suplemento de Legislação, Jurisprudência e Doutrina*, n. 12/93, p. 778.

56. Auxílio-funeral. *Folha Metropolitana*, Guarulhos, 22-12-1993, p. 5.

57. Regulamento de empresa. *Orientador Trabalhista Mapa Fiscal – Suplemento de Legislação, Jurisprudência e Doutrina*, n. 1/94, p. 93.

58. Aviso-prévio. *Orientador Trabalhista Mapa Fiscal – Suplemento de Legislação, Jurisprudência e Doutrina*, n. 2/94, p. 170.

59. Compensação de horários. *Orientador Trabalhista Mapa Fiscal – Suplemento de Legislação, Jurisprudência e Doutrina*, n. 3/94, p. 237.

60. Controle externo do Judiciário. *Folha Metropolitana*, Guarulhos, 10-3-1994, p. 2; *Folha da Tarde*, São Paulo, 26-3-1994, p. A2.

61. Aposentadoria dos juízes. *Folha Metropolitana*, Guarulhos, 11-3-1994, p. 2; *Folha da Tarde*, São Paulo, 23-3-1994, p. A2.

62. Base de cálculo da multa de 40% do FGTS. *Jornal do Segundo Congresso Brasileiro de Direito Individual do Trabalho*, promovido pela LTr, 21 a 23-3-1994, p. 52.

63. Denunciação da lide no processo do trabalho. *Repertório IOB de Jurisprudência*, n. 7/94, abril de 1994, p. 117, texto 2/8702.

64. A quitação trabalhista e o Enunciado n. 330 do TST. *Orientador Trabalhista Mapa Fiscal – Suplemento de Legislação, Jurisprudência e Doutrina*, n. 4/94, p. 294.

65. A indenização de despedida prevista na Medida Provisória n. 457/94. *Repertório IOB de Jurisprudência*, n. 9/94, p. 149, texto 2/8817.

66. A terceirização e o Enunciado n. 331 do TST. *Orientador Trabalhista Mapa Fiscal – Suplemento de Legislação, Jurisprudência e Doutrina*, n. 5/94, p. 353.

67. Superveniência de acordo ou convenção coletiva após sentença normativa – prevalência. *Orientador Trabalhista Mapa Fiscal – Suplemento de Legislação, Jurisprudência e Doutrina*, n. 6/94, p. 386.

68. Licença-maternidade da mãe adotiva. *Orientador Trabalhista Mapa Fiscal – Suplemento de Legislação, Jurisprudência e Doutrina*, n. 7/94, p. 419.

69. Medida cautelar satisfativa. *Jornal do 6º Congresso Brasileiro de Direito Processual do Trabalho*, promovido pela LTr nos dias 25 a 27-7-1994, p. 58.

70. Estabelecimento prestador do ISS. *Suplemento Tributário LTr*, n. 35/94, p. 221.

71. Turnos ininterruptos de revezamento. *Orientador Trabalhista Mapa Fiscal – Suplemento de Legislação, Jurisprudência e Doutrina*, n. 8/94, p. 468.

72. Considerações em torno do novo Estatuto da OAB. *Repertório IOB de Jurisprudência*, n. 17/94, set. 1994, p. 291, texto 2/9269.

73. Diárias e ajudas de custo. *Orientador Trabalhista Mapa Fiscal – Suplemento de Legislação, Jurisprudência e Doutrina*, n. 9/94, p. 519.

74. Reajustes salariais, direito adquirido e irredutibilidade salarial. *Orientador Trabalhista Mapa Fiscal – Suplemento de Legislação, Jurisprudência e Doutrina*, n. 10/94, p. 586.

75. Os serviços de processamento de dados e o Enunciado n. 239 do TST. *Orientador Trabalhista Mapa Fiscal – Suplemento de Legislação, Jurisprudência e Doutrina*, n. 11/94, p. 653.

76. Desnecessidade de depósito administrativo e judicial para discutir o crédito da seguridade social. *Orientador Trabalhista Mapa Fiscal – Suplemento de Legislação, Jurisprudência e Doutrina*, n. 12/94, p. 700.

77. Número máximo de dirigentes sindicais beneficiados com estabilidade. *Repertório IOB de Jurisprudência*, n. 24/94, dezembro de 1994, p. 408, texto 2/9636.

78. Participação nos lucros e incidência da contribuição previdenciária. *Revista de Previdência Social*, n. 168, nov. 1994, p. 853.

79. Proteção do trabalho da criança e do adolescente – considerações gerais. *BTC – Boletim Tributário Contábil – Trabalho e Previdência*, dez. 1994, n. 51, p. 625.

80. Critérios de não discriminação no trabalho. *Orientador Trabalhista Mapa Fiscal – Suplemento de Legislação, Jurisprudência e Doutrina*, n. 1/95, p. 103.

TRABALHOS DO AUTOR | **XIII**

81. Embargos de declaração no processo do trabalho e a Lei n. 8.950/94 que altera o CPC. *Repertório IOB de Jurisprudência*, n. 3/95, fev. 1995, texto 2/9775, p. 41.

82. Empregado doméstico – Questões polêmicas. *Orientador Trabalhista Mapa Fiscal – Suplemento de Legislação, Jurisprudência e Doutrina*, n. 2/95, p. 152.

83. Não concessão de intervalo para refeição e pagamento de hora extra. *Orientador Trabalhista Mapa Fiscal – Suplemento de Legislação, Jurisprudência e Doutrina*, n. 3/95, p. 199.

84. Lei altera artigo da CLT e faz prover conflitos. *Revista Literária de Direito*, mar./abr. 1995, p. 13.

85. Empregados não sujeitos ao regime de duração do trabalho e o art. 62 da CLT. *Orientador Trabalhista Mapa Fiscal – Suplemento de Legislação, Jurisprudência e Doutrina*, n. 4/95, p. 240.

86. A Justiça do Trabalho não pode ser competente para resolver questões entre sindicato de empregados e empregador. *Revista Literária de Direito*, maio/jun. 1995, p. 10.

87. Minutos que antecedem e sucedem a jornada de trabalho. *Orientador Trabalhista Mapa Fiscal – Suplemento de Legislação, Jurisprudência e Doutrina*, n. 5/95, p. 297.

88. Práticas discriminatórias contra a mulher e a Lei n. 9.029/95. *Repertório IOB de Jurisprudência*, n. 11/95, jun. 1995, p. 149, texto 2/10157.

89. Conflito entre a nova legislação salarial e a norma coletiva anterior. *Orientador Trabalhista Mapa Fiscal – Suplemento de Legislação, Jurisprudência e Doutrina*, n. 6/95, p. 362.

90. Imunidade tributária. *Suplemento Tributário LTr*, 34/95, p. 241.

91. Cogestão. *Revista do Tribunal Regional do Trabalho da 8ª Região*, v. 28, n. 54, jan./jun. 1995, p. 101.

92. Licença-paternidade. *Orientador Trabalhista Mapa Fiscal – Suplemento de Legislação, Jurisprudência e Doutrina*, n. 7/95, p. 409.

93. Embargos de declaração. *Jornal do VII Congresso Brasileiro de Direito Processual de Trabalho*, São Paulo: LTr, 24 a 26 jul. 1995, p. 54.

94. Reforma da Constituição e direitos previdenciários. *Jornal do VIII Congresso Brasileiro de Previdência Social*, n. 179, out. 1995, p. 723.

95. Ação declaratória incidental e coisa julgada no processo do trabalho. *Suplemento Trabalhista LTr 099/95*, p. 665 e *Revista do TRT da 8ª Região*, Belém, v. 28, n. 55, jul./dez. 1995, p. 39.

SUMÁRIO

TRABALHOS DO AUTOR	VII
Livros	VII
Artigos	VIII
NOTA DO AUTOR	XIX
INTRODUÇÃO	XXI
1. A EVOLUÇÃO DO DANO MORAL	1
2. DENOMINAÇÃO	9
2.1 Etimologia	9
2.2 Denominação	9
3. DEFINIÇÃO	11
3.1 Definição	11
3.2 Distinção	15
4. CLASSIFICAÇÃO	17
5. DANO EXISTENCIAL	21
5.1 Denominação	21
5.2 Evolução na Itália	21
5.3 Conceito	23
5.4 Distinção	26
5.5 Trabalhador prestar horas extras	27

5.6 Separação judicial	33
5.7 Férias	34
6. NATUREZA JURÍDICA	37
7. SUJEITO PASSIVO	41
7.1 Sujeito passivo	41
7.2 Pessoa jurídica	42
8. CABIMENTO DA INDENIZAÇÃO POR DANO MORAL	45
8.1 Teorias	45
8.1.1 Falta de um efeito penoso durável	45
8.1.2 A incerteza, nessa espécie de dano, de um verdadeiro direito violado e de um dano real	46
8.1.3 A dificuldade de descobrir-se a existência do dano	46
8.1.4 A indeterminação do número das pessoas lesadas	47
8.1.5 A impossibilidade de uma rigorosa avaliação em dinheiro	47
8.1.6 A imoralidade de se compensar dor com dinheiro	48
8.1.7 O ilimitado poder que se tem de conferir ao juiz. Excessivo arbítrio dado ao juiz	48
8.1.8 A impossibilidade jurídica de se admitir tal reparação	49
8.1.9 Enriquecimento sem causa	49
8.2 No Brasil	50
9. CARACTERIZAÇÃO DO DANO MORAL	59
9.1 Certeza do dano	59
9.2 Atualidade	59
9.3 Pessoalidade	60
9.4 Nexo de causalidade	60
9.5 Legitimidade	60
9.6 Ato ilícito	61

10. DANO MORAL DECORRENTE DO CONTRATO DE TRABALHO 63

10.1 Introdução 63

10.2 Fase pré-contratual 65

10.3 Fase contratual 68

10.4 Sequestro do empregado 76

10.5 Acidente de trabalho 85

10.6 Dano moral por ser dispensado sem justa causa 87

10.7 Cessação do contrato de trabalho 87

10.8 Fato de o empregado não ser registrado 91

10.9 Fato de o empregador não ter dado baixa na CTPS do empregado 91

10.10 Anotações em CTPS em razão de determinação da Justiça do Trabalho . 91

10.11 Anotação na CTPS de conduta desabonadora 94

10.12 Fase pós-contratual 95

10.13 Falta de pagamento de verbas rescisórias 96

10.14 Restrição ao uso de banheiro 100

10.15 Dissabores 103

10.16 Dano moral coletivo 105

11. PROVA DO DANO MORAL 107

12. FIXAÇÃO DA INDENIZAÇÃO 111

12.1 Formas 111

12.2 Fixação 111

12.3 Obrigação de fazer 123

12.4 Limites 124

12.5 Cumulação 124

13. COMPETÊNCIA PARA JULGAR O DANO MORAL TRABALHISTA 127

13.1 Conceitos 127

13.2 Competência 128

13.3 Acidente do trabalho 132

14. PRESCRIÇÃO DO DANO MORAL TRABALHISTA 141

14.1 Conceito 141

14.2 Distinção 141

14.3 Fundamentos 142

14.4 Natureza jurídica 143

14.5 Prescrição do dano moral no Direito do Trabalho 144

14.6 Direito intertemporal 156

CONCLUSÃO 163

REFERÊNCIAS 165

ÍNDICE REMISSIVO 171

NOTA DO AUTOR

O amigo Antonio Augusto Q. da França, de Recife, há alguns anos já tinha sugerido que eu escrevesse um livro sobre dano moral no Direito do Trabalho. Naquele momento, lhe disse que tinha um texto pequeno sobre o tema, porém não comportava um livro.

Já havia escrito sobre o tema na *Revista Trabalho & Doutrina*, n. 10, Saraiva, set. 1996, p. 75, no *Repertório IOB de Jurisprudência* n. 20/97, que depois fez parte do meu livro *Estudos de direito*, LTr, 1998, e no Orientador Trabalhista IOB.

Tinha feito algumas palestras sobre o tema na Organização Mogiana de Educação e Cultura, em Mogi das Cruzes, em 24 de junho de 1999; nas Faculdades Integradas Guarulhos, em 4 de setembro de 2001; no VII Congresso de Direito Processual, em Natal, do Dr. Bento Herculano Neto, na data de 18 de setembro de 2004; na Unifor, em Fortaleza, na data de 29 de abril de 2006, a convite da Professora Débora Oliveira; no IESB, em Brasília, na data de 24 de maio de 2006; na Universidade de Sorocaba, em Sorocaba, em 25 de agosto de 2006; na 37ª Semana de Estudos Jurídicos, na Faculdade de Direito Padre Anchieta, em Jundiaí, em 15 de setembro de 2006. Nessa última palestra, as pessoas gostaram da forma como o tema foi desenvolvido, principalmente dos casos que contei, o que me motivou a melhorar e ampliar o texto.

Verifiquei que os alunos gostam do tema, diante da experiência que é transmitida pela jurisprudência, inclusive para usarem na monografia do final do curso de Direito. Participei de várias bancas sobre o tema.

Aquilo que antes na Justiça do Trabalho era exceção, passou a ser regra. Em muitos processos, há pedido indenização por dano moral, a ponto de caminharmos também para uma indústria de processos sobre dano moral, como ocorre nos Estados Unidos, alguns sem fundamento nenhum, inclusive em postulações com valores excessivos.

De outro lado, notei abuso por parte do empregador em determinados procedimentos, que enseja o direito à indenização por dano moral.

Assim, vinha fazendo devagar o estudo do tema, pensando nele como um dos projetos para fazer um livro. O resultado está nas páginas seguintes.

Meu objetivo, como sempre, foi fazer um livro didático. Em alguns livros, foi exatamente o que não vi. A matéria era exposta num local e era falada, novamente, várias vezes em outro. Não havia ordem na exposição. Muitos livros não analisam a prova do dano moral ou a prescrição do dano moral trabalhista.

Tive certa dificuldade no estudo, pois a minha especialidade não é Direito Civil. Pude, porém, aprender muito sobre o tema e entender questões que ainda não tinha pensado ou que fazem parte da teoria de sustentação da responsabilidade civil, que há muito não estudava, principalmente porque foi no bacharelado.

Esta edição foi atualizada com base na jurisprudência.

Espero que o livro possa ser de utilidade para o leitor.

INTRODUÇÃO

Este trabalho tem por objetivo examinar o dano moral decorrente do contrato de trabalho, que diz respeito tanto às situações inerentes à prestação de serviços do empregado ao empregador quanto às situações que compreendam as fases pré-contratual a pós-contratual.

A denominação do tema não pode ser dano moral no Direito do Trabalho, pois este não trata de dano moral. A matéria é inerente ao Direito Civil, no campo da responsabilidade civil.

Não pode o dano moral ser apenas proveniente do Direito do Trabalho, pois o dano moral pode ser decorrente do contrato de trabalho, como na hipótese de acidente do trabalho. Nesse caso, o acidente do trabalho não é pertencente ao Direito do Trabalho, mas ao Direito Previdenciário ou Acidentário.

O dano moral não será analisado em qualquer trabalho, como na prestação de serviços de trabalhadores autônomos e eventuais, mas em decorrência do contrato de trabalho.

No primeiro capítulo, é mostrada a evolução do dano moral no mundo, desde a Bíblia, o Direito romano, até as legislações estrangeiras sobre o tema e, dependendo do caso, como analisaram a matéria, a doutrina e a jurisprudência.

Há dúvida sobre a origem da palavra *dano*, assim como qual é a denominação mais correta sobre o tema, pois são usadas várias denominações.

Os autores apresentam vários conceitos sobre a matéria. É mister também distinguir o dano moral de outras hipóteses.

A doutrina costuma fazer várias classificações a respeito de dano, especialmente do dano moral.

É preciso ser estudada a natureza jurídica do dano moral, se seria uma pena ou se poderia ser enquadrada dentro da ciência do Direito.

Existem várias pessoas que podem ser sujeitos passivos do dano moral. Entretanto, é preciso estudar também se a pessoa jurídica se enquadra como sujeito passivo do dano moral.

O cabimento da indenização por dano moral é analisado, entre outras, por duas vertentes: a teoria positivista, que entende cabível a indenização por dano moral, e a teoria negativista, que prega não ser possível a indenização por dano moral. São analisadas as várias razões pelas quais não se admitia a indenização por dano moral. Em seguida, é verificada a evolução do dano moral no Brasil.

A caracterização do dano moral exige certos requisitos, pois do contrário não estará caracterizado o ilícito.

No capítulo relativo ao dano moral decorrente do contrato de trabalho, são estudadas as várias hipóteses sobre o tema. A exposição é dividida em relação às fases pré-contratual, contratual, o dano moral por dispensa sem justa causa, a cessação do contrato de trabalho, a anotação na CTPS do empregado e a fase pós-contratual.

Existe dúvida sobre quem deve fazer a prova do dano moral, da necessidade de demonstrar que o autor sofreu um abalo de natureza moral.

A competência para julgar o dano moral é mostrada de acordo com a evolução da legislação e da jurisprudência.

A prescrição a respeito do dano moral trabalhista, inclusive a decorrente de acidente do trabalho, ainda é discutida, sem que exista uma teoria dominante, mas apenas uma tendência. Ainda é mostrada a questão do ponto de vista do direito intertemporal em razão da vigência do Código Civil de 2002.

Ao final, são tecidas conclusões gerais a respeito do dano moral.

O método utilizado foi o expositivo, indicando o entendimento da doutrina e da jurisprudência em determinados casos.

1
A EVOLUÇÃO DO DANO MORAL

O apóstolo São João afirmava que os danos morais são os danos da alma. Na Bíblia, há a seguinte passagem:

Se um homem casar com uma mulher e, depois de coabitar com ela, a aborrecer, e lhe atribuir atos vergonhosos, e contra ela divulgar má fama, dizendo: casei com esta mulher e me cheguei a ela, porém não a achei virgem, então, o pai da moça e sua mãe tomarão as provas da virgindade da moça e as levarão aos anciãos da cidade, à porta.

O pai da moça dirá aos anciãos: dei minha filha por mulher a esse homem; porém ele a aborreceu; e eis que lhe atribuiu atos vergonhosos, dizendo: não achei virgem a tua filha; todavia, eis aqui as provas da virgindade de minha filha. E estenderão a roupa dela diante dos anciãos da cidade, os quais tomarão o homem, e o açoitarão, e o condenarão a cem ciclos de prata, e o darão ao pai da moça, porquanto divulgou má fama sobre uma virgem de Israel. Ela ficará sendo sua mulher, e ele não poderá mandá-la embora durante sua vida[1].

Ainda no Capítulo 22 está dito:

Se um homem achar moça virgem, que não está desposada, e a pegar, e se deitar com ela, e forem apanhados, então, o homem que se deitou com ela dará ao pai da moça cinquenta ciclos de prata e, uma vez que a humilhou, lhe terá por mulher; não poderá mandá-la embora durante sua vida[2].

No Novo Testamento, a Bíblia faz referência aos danos da alma no Evangelho de São Mateus (16, 26).

Hamurabi (1792-1750 a.C.) foi rei da Babilônia. O Código de Hamurabi foi gravado numa estrela de basalto negro, que está conservada no Louvre, em Paris. É representado por leis sumérias e acadianas, que foram revistas, adaptadas e ampliadas por Hamurabi. Nesse Código, geralmente, era adotada a lei de Talião, do olho por olho, dente por dente. É o que se observa nos §§ 196, 197 e 200, que fazem referência, respectivamente, a olho, osso e dente, da vingança.

O Código de Hamurabi previa: "§ 209. Se um homem livre ferir a filha de um outro homem livre e, em consequência disso, lhe sobrevier um aborto, pagar-lhe-á dez ciclos de prata pelo aborto". O § 211 fazia referência ao fato de que se pela

---

1. Deuteronômio, Capítulo 22, versículos 13 a 19.
2. Deuteronômio, Capítulo 22, versículos 28 a 30.

agressão fez a filha de um Musekenum expelir o (fruto) de seu seio: pesará cinco ciclos de prata. Se essa mulher morrer, ele pesará meia mina de prata (§ 212). O § 127 previa que, se um homem livre estendeu o dedo contra uma sacerdotisa, ou contra a pessoa de um outro, e não comprovou, será arrastado diante do juiz e raspada a metade do seu cabelo. Esse dispositivo não previa pena pecuniária, mas outra forma de reparar o dano moral, mediante o corte do cabelo.

O Código UR-Nammu previa que "se um homem, a um outro homem, com uma arma, os ossos de [...] tiver quebrado: uma mina de prata deverá pagar". Esse código já mostra a reparação pecuniária pelo dano causado.

O Código de Manu ainda adotava, em parte, em seus dispositivos a lei de Talião, do olho por olho, dente por dente. O artigo 352, contido no livro VII do Código de Manu, previa o desterro para quem seduzisse mulher alheia, além da imposição de mutilações desonrosas.

No Alcorão, o versículo 173 do Capítulo II mostra que "aquele, porém, que perdoar o matador de seu irmão, terá direito de exigir uma razoável indenização, que lhe será paga com reconhecimento".

Na Grécia, Homero conta passagem em que Hefesto pegou sua esposa, Afrodite, com Ares. Os deuses se reuniram no próprio local e determinaram que Ares pagasse pesada multa[3].

Inicialmente, a regra no Direito romano era reparar o dano com a vingança sobre o corpo do ofensor, podendo o devedor cortar pedaços do corpo e tornar o devedor seu escravo.

Georges Ripert dizia que no Direito Romano, os estoicos, de coração seco, não deveriam receber nada a título de dano moral, pois nada sentiam. Entretanto, os indivíduos de grande sensibilidade, de coração mole, deveriam ser contemplados com quantias razoáveis, em razão de seu enorme sofrimento espiritual, por ofensas com fulcro na dor, vergonha e humilhação.

Na Lei das XII Tábuas (*Lex duodec tabularum*), que é de 452 a.C., ainda se verifica a pena de Talião na Tábua VII, § 11: "Se alguém fere a outrem, que sofra a pena de Talião, salvo se existiu acordo" (*Si, membrum rupsit, ni cum eo pacit, talio esto*). Dava ideia a norma do sistema de vingança privada, de *vindita*.

Entretanto, já se notava na Tábua VII, *De delictis*, § 2º, que: "se alguém causa um dano premeditadamente, que o repare".

O Direito romano entendia que qualquer ato lesivo ao patrimônio ou à honra era passível de reparação pelo *Ius Scriptum*. Havia preocupação com a honra.

---

3. *Odisseia*, Rapsódia 8ª, versos 266-367.

1 • A EVOLUÇÃO DO DANO MORAL

Afirmava-se que a honesta fama é outro patrimônio (*honesta fama est alterum patrimonium*). A honra é uma prerrogativa motivada pelo probidade da vida e dos bons costumes (*est praerogativa quaedam ex vitae morunque probitate causada*). Admitia o pagamento de indenização em decorrência de injúria, o que era feito por meio da *actio injuriarum aestimatoria*.

Verifica-se que, em razão da evolução da cividade do homem, não mais se fala em esquartejar devedor, mas este deve reparar o dano praticado com o respectivo pagamento em dinheiro.

Em Roma, Nerácio passeava pelas ruas com um escravo. Divertia-se em esbofetear os transeuntes, enquanto em seguida o escravo pagava uma taxa pelo procedimento dele.

Na época de Shakespeare, já se preocupava com a honra. Exemplo é esta passagem do personagem Ricardo II: "Minha honra é minha vida; meu futuro, de ambas depende. Serei homem morto se me privarem da honra" (Ato I).

Em Portugal, era crime tirar a virgindade de uma mulher. A pena para reparar o dano moral era o autor ser enterrado vivo. No adultério, a mágoa do ofendido era reparada pelo castigo da mulher e seu amante. O dano moral causado pela calúnia tinha como consequência ser arrancada a língua do ofensor ou poderia ser cosida sua boca ou cortado seu nariz.

O Código de Napoleão, no artigo 1.382, previa que "todo ato, qualquer que ele seja, de homem que causar a outrem um dano, obriga aquele por culpa do qual veio ele a acontecer, a repará-lo". A palavra *dommage* é interpretada no sentido de que o dano é tanto o material como o extrapatrimonial[4]. Afirma Georges Ripert que "não há, hoje, nenhuma hesitação na jurisprudência sobre o princípio da reparação do prejuízo moral. Os contornos da teoria continuam indecisos, mas o princípio está estabelecido; é preciso uma reparação"[5]. A jurisprudência francesa, porém, assegurou o pagamento da indenização por dano moral.

No Direito italiano, surge a controvérsia no sentido da interpretação dos artigos 185 do Código Penal e 1.151 do Código Civil de 1856, que dariam a entender que somente o ato ilícito, decorrente do delito, poderia ensejar o direito de reparação de danos morais no juízo cível. Dispunha o artigo 1.151 que "qualquer fato de uma pessoa que resulte em dano a outro, obriga o culpado do ato lesivo a reparar o dano". Calamandrei afirmava que da interpretação dos referidos artigos obtinha-se a mais ampla reparação dos danos morais.

---

4. COLIN; CAPITANT. *Curso elemental de derecho civil*. 2. ed. Madrid, 1943, v. 3. p. 217-318.
5. RIPERT, Georges. *A regra moral nas obrigações civis*. São Paulo: Saraiva, n. 181, p. 349.

O Código Civil português de 1867 previa no artigo 2.361 que "todo aquele que viola ou ofende direitos de outrem, constitui-se na obrigação de indenizar o lesado, por todos os prejuízos que lhe causa". O artigo 2.383 do mesmo Código explica que os prejuízos, que derivam da ofensa de direitos primitivos, podem dizer respeito à personalidade física ou à personalidade moral.

Na Espanha, o Código Civil de 1890, no artigo 1.902, dispõe: "aquele que por ação causa dano a outro, intervindo com culpa ou negligência, está obrigado a reparar o dano causado". Inicialmente, o entendimento era de que deveria ser entendida a palavra *dano* no sentido estrito, de diminuição de patrimônio, e não de dano moral. O Tribunal Supremo da Espanha entendeu em 1892 que não é valorado o dano da honra. Em 1889, disse que não eram indenizados os desgostos. Em decisão de 9 de dezembro de 1949, é que se passou a adotar explicitamente a possibilidade da indenização por danos morais e não apenas meramente materiais.

O artigo 1.078 do Código Civil argentino dispõe que, se o fato for um delito, a obrigação compreende a indenização de perdas e danos, como também o agravamento moral que o delito viesse causar à pessoa, molestando sua integridade pessoal, ou quanto aos seus bens, ou suas afeições legítimas. Se o delito for de calúnia ou de injúria de qualquer espécie, o ofendido só terá direito a exigir uma indenização pecuniária se provar que, devido à calúnia ou à injúria, houve dano efetivo ou cessação de ganho apreciável em dinheiro, sempre que o delinquente não provar a verdade da imputação (art. 1.089). Se o delito for de acusação caluniosa, o delinquente, além da indenização do artigo 1.089, pagará ao ofendido tudo o que houver gastado em sua defesa, e todas as ganâncias que teve de ter por motivo da acusação caluniosa, sem prejuízo das multas ou penas que o direito criminal estabelecer (art. 1.090). Se se tratar de delitos que não houverem causado senão agravo moral, como nas injúrias ou na difamação, a ação civil não passará aos herdeiros e aos sucessores universais, senão quando houver sido entabulado pelo defunto (art. 1.099). O artigo 1.068 do Código mostra que os danos praticados à pessoa, seus direitos e faculdades, inclusive o dano moral, são estimados em dinheiro, nos termos dos artigos 1.078 e 1.083. O dano moral é devido não só em relação ao ilícito penal, como também em relação a qualquer ato de lesão à pessoa.

Na Alemanha, o BGB, de 1900, trata de indenização por danos no § 847 ao estabelecer "no caso de lesão do corpo ou da saúde, assim como no caso de privação da liberdade, pode o lesado, também por causa do dano que não é patrimonial, exigir uma equitativa satisfação em dinheiro". Alguns autores entendem que o referido parágrafo só trata de dano patrimonial e não de dano moral. Fischer afirma que:

não podemos aceitar essa doutrina; antes entendemos, muito pelo contrário, que, sempre que concorra alguma das causas determinantes do dever de indenizar por danos não patrimoniais, de que adiante falaremos, devem, também, reparar-se as ofensas sofridas na honra, bem como quaisquer desgostos de ordem moral[6].

A segunda parte do § 847 previa que:

uma igual pretensão cabe a uma mulher contra a qual foi cometido um crime ou uma contravenção contra os bons costumes, ou que foi levada por astúcia, ameaça ou abuso de uma relação de independência a consentir em uma coabitação não matrimonial.

No § 1.300 há previsão de indenização em dinheiro para a noiva de conduta irrepreensível que consentir na coabitação com o noivo, quando este desistir dos esponsais imotivadamente. O § 824 mostra que:

quem afirmar, contra a verdade, um fato, ou difundir o que é próprio para prejudicar o crédito de um outro, ou ocasionar outros prejuízos para sua profissão ou bem-estar, terá de satisfazer ao outro o dano daí resultante, mesmo que não conhecesse ele a verdade, mas devesse conhecer. Para uma comunicação, cuja inverdade é desconhecida para quem a comunica, não fica este obrigado à indenização se ele, ou o que recebe a comunicação, tem um interesse legítimo nela.

A doutrina criou o Schmerzensgeld (*Schmerzens* = dor; *Geld* = indenização), que assegura a reparação não somente em casos de angústia e dores, mas também em toda e qualquer aflição, dando interpretação mais ampla aos artigos 847 e 1.300 do BGB.

O Código Canônico de 1918 previa no Cânone 2.355 que:

se alguém, não com atos, mas por meio de palavras ou escritos, ou de qualquer outra forma, injuria um terceiro, ou o prejudica em sua boa fama ou reputação, não só se obriga, nos teores dos cânones 1.618 e 1.938, a dar a devida satisfação e a reparar os danos, como, também, se torna passível de penas e penitências proporcionadas, inclusive se se trata de clérigo a que, se for o caso, se deve impor a suspensão ou a privação de ofício e benefício.

O Código Civil mexicano, de 1932, determinou no artigo 1.916 que, independentemente de danos e prejuízo, pode o juiz fixar indenização equitativa como reparação moral à vítima de ato ilícito, ou à sua família.

A Constituição portuguesa de 1933 previa no artigo 8º, n. 17, ser garantido aos cidadãos portugueses "o direito de reparação de toda lesão afetiva, conforme dispuser a lei, podendo esta, quanto a lesões de ordem moral, prescrever a reparação".

O Código das Obrigações polonês, vigente desde 1º de julho de 1934, trata nos artigos 165 e 169 de reparação por dano moral.

---

6. FISCHER, Hans Albrecht. *A reparação dos danos no direito civil*. São Paulo: Acadêmica, 1938, p. 261.

Prevê o Código das Obrigações libanês, de 11 de novembro de 1934, no § 2º, que "na indenização se deve atender ao dano moral, tanto como ao dano material".

Na Itália, o Código Civil de 1942, no seu artigo 2.059, prevê que o dano não patrimonial deve ser ressarcido apenas nos casos determinados pela lei. A doutrina estava dividida a respeito da indenização nos danos morais. Gabba era partidário da teoria negativista, dizendo que o dano moral não seria indenizado. Alfredo Minozzi defendia a teoria positivista, no sentido do pagamento da indenização em decorrência do dano moral. Os direitos da personalidade devem ser reparados, caso ela seja violada, prevalecendo a tese da plena reparabilidade do dano moral.

A Declaração Universal dos Direitos do Homem, de 1948, menciona que:

Ninguém será sujeito à interferência na sua vida privada, na sua família, no seu lar ou na sua correspondência, nem a ataques à sua honra e reputação. Todo homem tem direito à proteção da lei contra tais interferências ou ataques (art. XII).

O Pacto Internacional de Direitos Civis e Políticos, de 1966, também tem redação semelhante no artigo 17.

O Código Civil português de 1967 dispõe no artigo 70 que "a lei protege os indivíduos contra qualquer ofensa ilícita ou ameaça de ofensa à sua personalidade física". Reza o artigo 484 que aquele que "afirmar ou difundir um fato capaz de prejudicar o crédito ou o bom nome de qualquer pessoa, singular ou coletiva, responde pelos danos causados". Dispõe o artigo 496:

1. Na fixação da indenização deve atender-se aos danos não patrimoniais que, pela sua gravidade, mereçam a tutela do direito. 2. Por morte da vítima, o direito à indenização por danos não patrimoniais cabe, em conjunto, ao cônjuge separado judicialmente de pessoas e bens e aos filhos ou outros descendentes; na falta destes, aos pais ou outros ascendentes; e, por último, aos irmãos ou sobrinhos que os representem. 3. O montante da indenização será fixado equitativamente pelo tribunal.

A Convenção Americana sobre Direitos Humanos foi celebrada em 1969, na Costa Rica, em 22 de novembro de 1969. Foi ratificada pelo Brasil em 25 de setembro de 1992. Prevê no artigo 11 que:

1 – Toda pessoa tem direito ao respeito de sua honra e ao reconhecimento de sua dignidade; 2 – Ninguém pode sofrer ingerências arbitrárias ou abusivas em sua vida privada, na de sua família, em seu domicílio ou em sua correspondência, nem ataques ilegais a sua honra e reputação; 3 – Toda pessoa tem direito à proteção da lei contra essas ingerências ou ataques.

Dispõe o artigo 5º que toda pessoa tem direito a que se respeite sua integridade física, psíquica e moral.

Determina o Código Civil boliviano, de 2 de abril de 1976, no artigo 17, que toda pessoa tem direito a ser respeitado o seu bom nome. A proteção da honra é efetuada pelo Código e demais leis pertinentes; estabelece a natureza dos danos extrapatrimonais (art. 21) e disciplina suas espécies (arts. 6 a 20).

O artigo 1.984 do Código Civil peruano estabelece que o dano moral é indenizado, considerando sua magnitude e menoscabo produzido à vítima ou a sua família. A indenização compreende as consequências que derivem da ação ou omissão geradora do dano, incluindo o lucro cessante, o dano à pessoa e o dano moral, devendo existir uma relação de causalidade adequada entre o fato e o dano produzido (art. 1.985). O juiz é que arbitra o valor da indenização por danos morais, em razão de que não existe um critério legal específico. Os juristas peruanos acham esse critério absurdo.

Na Suíça, o Código Civil prevê no artigo 28, alínea 2ª, que os danos morais são devidos nos casos previstos em lei. O artigo 49 do Código das Obrigações reza que "uma ação para indenização por danos ou a prestação de uma importância em dinheiro como reparação moral só é admissível nos casos previstos em lei". Os casos são, por exemplo, de usurpação do nome, nulidade de casamento contraído de boa-fé, divórcio quanto ao cônjuge inocente etc. O artigo 54 do Código das Obrigações e o artigo 57 do Código Civil permitem ao juiz conceder à vítima de lesões corporais, ou a sua família, em caso de morte, uma reparação equitativa, a título de reparação moral, com aplicação bastante ampliada atualmente.

Determina o § 1.293 do Código Civil da Áustria que qualquer prejuízo levado a efeito contra pessoa ou direito de alguém é suscetível de reparação. O valor da indenização por danos morais tem previsão no § 1.331. Dispõe o § 1.325 que, em caso de lesões corporais, esse valor deve ser aplicado a cada hipótese, além das despesas comuns, materiais, decorrentes do dano, mas também determinada quantia em dinheiro pela dor sofrida.

O Código Civil chileno prevê no artigo 2.314 a ampla reparação dos danos morais. Em relação a imputações injuriosas contra a honra e o crédito da pessoa, a reparação só é devida se ficar provado o dano emergente. O Decreto-Lei n. 425, de 20 de março de 1925, prevê indenização por calúnia ou injúria feitas pela imprensa. Os artigos 215 e 370 do Código Penal também tratam do dano moral.

O Código Canônico de 27 de novembro de 1983 reza no cânone 220, previsto no Título I (Obrigações e deveres dos fiéis), do Livro II (Do povo de Deus), que "a ninguém é lícito lesar ilegitimamente a boa fama de que alguém goza, nem violar o direito de cada pessoa de defender a própria intimidade".

O Talmude[7], no Capítulo XXXV, versículo 31, não mais adotou a lei de Talião, do olho por olho, dente por dente, pois poderia ser cometido um excesso, e o ofensor morrer, o que tornaria a reparação injusta. Haveria, portanto, excesso de reparação com a morte do ofensor. *Nezele* é o dano propriamente dito. *Tzaar* é o dano decorrente da pura dor física do paciente. *Shevet* é o dano que compreende a cessação das atividades do lesionado no período de enfermidade. *Ripui* é a obrigação de o ofensor custear as despesas de tratamento médico do ofendido. *Boshet* é o pagamento da indenização à vítima em virtude da agressão, de uma humilhação, vergonha etc.

---

7. Talmude é o livro que contém a lei e as tradições judaicas, que foram compiladas pelos hebreus.

2
DENOMINAÇÃO

2.1 ETIMOLOGIA

Para De Plácido e Silva a origem etimológica da palavra *dano* provém do latim *damnum*, que seria um prejuízo material ou moral causado à pessoa por outrem[1].

Marcos Cláudio Acquaviva esclarece que dano provém do latim *damnum*, que tem significado de ofensa, prejuízo[2]. Seria a perda ou prejuízo sofrido pelo patrimônio econômico ou moral de alguém.

Aurélio Buarque de Holanda afirma que dano provém do latim *damnu*, envolvendo mal ou ofensa pessoal, prejuízo moral etc.[3].

Seria proveniente também de *damnare*, que significa causar prejuízo. Dano seria o efeito, o prejuízo causado.

Em francês, *dommage* quer dizer dano, prejuízo. Em inglês, *damage* também significa prejuízo.

2.2 DENOMINAÇÃO

Initium doctriane sit consideratio nominis. O estudo de determinado tema deve-se iniciar por sua denominação.

A análise do tema não pode ficar restrita à etimologia da palavra *dano*, ou de dano moral, pois a primeira tem vários significados.

Há autor que prefere a denominação *prejuízos morais*. Entende que a palavra *prejuízo* é mais precisa[4].

---

1. SILVA, De Plácido e. *Vocabulário jurídico*. Rio de Janeiro: Forense, 1990, v. I e II, verbete dano.
2. ACQUAVIVA, Marcus Cláudio. *Dicionário jurídico brasileiro Acquaviva*. São Paulo: Jurídica Brasileira, 2006, p. 271.
3. HOLANDA, Aurélio Buarque de. *Novo dicionário Aurélio da língua portuguesa*. São Paulo: Nova Fronteira, 1986, verbete *dano*.
4. GOUVEIA, Jaime Augusto Cardoso de. *Da responsabilidade contratual*. Lisboa: 1933, p. 91.

Na França, também se prefere a denominação *prejuízo moral*[5]. Mesmo nesse país, há quem prefira a denominação *danos extrapatrimoniais*[6]. Planiol e Laurent usam a expressão *dommage moral*.

Nos países de língua espanhola, são usadas as expressões *danos morales* ou *agravio morale*[7].

Na Inglaterra e nos Estados Unidos, são usadas as palavras *vindictive, punitory, exemplary damages*. O dinheiro decorrente da indenização é chamado de *smart money*.

A crítica à palavra *dano* diz respeito ao fato que compreende a diminuição do patrimônio da pessoa, o que não ocorre exatamente no dano moral.

Alguns autores fazem referência à *pecunia doloris* (pecúnia da dor), como Fischer[8]. Outros fazem menção ao *pretium doloris* (preço da dor).

Também é encontrada a expressão *dano imaterial* para configurar o dano moral, pois diz respeito exatamente ao dano não patrimonial, ao dano não material.

Há autores que preferem a expressão *dano extrapatrimonial*, como Sérgio Severo[9]. Entretanto, também é possível dizer que a pessoa tem um patrimônio moral, daí se entender incorreta a expressão *dano extrapatrimonial*.

Paulo, no Direito romano, fazia referência a *danos não patrimoniais*. Não se pode, porém, distinguir algo pela negativa, como não homem, não coisa etc. Não há um significado preciso e claro na denominação. Ao explicar alguma coisa, tenho de ser positivo, de dizer o que ela é e não o que ela não é.

Paulo Eduardo Vieira de Oliveira prefere a expressão *dano pessoal*, pois diz respeito à pessoa humana, "em suas diversas 'integralidades', quais sejam, a psicofísica, a intelectual, a moral propriamente dita e a social"[10].

A expressão *dano moral* é criticada em razão da polissemia da palavra *moral*, que tem vários significados e aceitações num âmbito histórico e cultural.

Na prática, porém, é usada a expressão *dano moral*.

---

5. MAZEAUD, H. *Comment limiter le nombre des actions intentées en réparations d´un préjudice moral à la suite d´un décès*. DH. 1932, Chronique, p. 77; PLANIOL. Traité élémentaire de droit civil. 3. ed. Paris, 1949, v. 2, n. 1.012.
6. NERSON, Roger. *Les droit extrapatrimoniaux*. Paris, 1939.
7. LAFAILLE. *Derecho civil*. t. VI. *Tratado de las obligaciones*, t. I, Buenos Aires, 1947, n. 228, p. 210.
8. FISCHER, Hans Albrecht. *A reparação dos danos no direito civil*. São Paulo: Acadêmica, 1938, p. 224.
9. SEVERO, Sérgio. *Os danos extrapatrimoniais*. São Paulo: Saraiva, 1996.
10. OLIVEIRA, Paulo Eduardo Vieira. *O dano pessoal no direito do trabalho*. São Paulo: LTr, 2002, p. 18.

3
DEFINIÇÃO

3.1 DEFINIÇÃO

Definição vem do latim *definitio*, que tem o significado de dar fins.

Conceito é "a ideia concebida pelo espírito"[1] sobre certo objeto. Definição é "a proposição que expõe com clareza e exatidão os caracteres e diferenciais de alguma coisa"[2]. O conceito é decorrente da percepção de certo objeto. É anterior à definição. Esta mostra a existência da certeza sobre certa coisa.

Os romanos entendiam que é perigoso estabelecer a definição ou que toda a definição é perigosa (*definitio periculosa est*).

Luís Alberto Walrat mostra os requisitos de uma boa definição:

(a) não deve ser circular;

(b) não deve ser elaborada em linguagem ambígua, obscura ou figurada;

(c) não deve ser demasiado ampla nem restrita;

(d) não deve ser negativa quando possa ser positiva[3].

Afirma o mesmo autor que: "as definições são das palavras que fazem referência aos objetos. Por intermédio de definições, o que se nos esclarece é o critério em função do qual a palavra pode ser aplicada a uma determinada classe de objetos"[4].

Para estabelecer um definição, há necessidade de verificar o gênero próximo e a diferença específica[5].

Dano é um prejuízo, ofensa, deterioração, estrago, perda. É o mal que se faz a uma pessoa. É a lesão ao bem jurídico de uma pessoa. O patrimônio jurídico da pessoa compreende bens materiais e imateriais (intimidade, honra etc.).

---

1. HOLLANDA, Sérgio Buarque de. *Dicionário brasileiro de língua portuguesa*. Rio de Janeiro: Egrégia, 1996, v. I, p. 307.
2. MICHAELLIS, Dicmaxi. *Moderno dicionário da língua portuguesa*, edição eletrônica DTS Software Brasil Ltda. São Paulo. Disponível em: <http://www.dtslatin.com>.
3. WALRAT, Luís Alberto. *A definição jurídica*. Porto Alegre: Atrium, 1977, p. 6.
4. Idem, ibidem, p. 8.
5. *Definitio per genus proximum et differentiam especificam.*

Paulo dizia que o dano vem a ser a diminuição do patrimônio (*Damnum est damnatio ab ademptione et quasi diminutione patrimonii dicta sunt*). Patrimônio é o acervo de bens com valor econômico. Esse conceito tem sido criticado, porque nem sempre a questão está ligada ao patrimônio, mas ocorre a diminuição ou a subtração de um bem jurídico. Na verdade, o dano envolve a lesão decorrente de certo evento a um bem ou interesse jurídico, patrimonial ou moral da pessoa.

O Código prussiano definia dano como "a lesão ou ofensa que o homem sofre no seu corpo, liberdade, honra ou patrimônio".

A teoria negativista nega que o dano moral tem característica pecuniária. René Savatier afirma que "dano moral é todo sofrimento humano que não é causado por uma perda pecuniária".[6]

A teoria objetiva do dano moral entende que ele afeta a dignidade humana.[7]

A teoria subjetivista do dano moral compreende as repercussões sentimentais do ato ilícito. Youssef Said Cahali leciona que dano moral é tudo aquilo que molesta gravemente a alma humana, ferindo-lhe gravemente os valores fundamentais inerentes à sua personalidade ou reconhecidos pela sociedade em que está integrado, sendo evidenciado na dor, na angústia, no sofrimento, na tristeza pela ausência de um ente querido falecido, na humilhação, no devassamento da privacidade, no desequilíbrio da normalidade psíquica, nos traumatismos e nas demais situações de desgaste psicológico.[8]

Antonio Chaves leciona que dano "é a dor resultante da violação de um bem juridicamente tutelado sem repercussão patrimonial. Seja a dor física – dor-sensação como a denomina Carpenter, nascida de uma lesão material; seja a dor moral, dor-sentimento, de causa material"[9]. Na verdade, não se pode dizer que dano é dor, mas prejuízo, lesão ao patrimônio de uma pessoa.

Afirma Carlos Alberto Bittar que dano é "qualquer lesão injusta a componentes do complexo de valores protegidos pelo Direito"[10].

Agostinho Alvim menciona que:

---

6. SAVATIER, René. Traité de la responsabilité civil en droit français civil, adminstratif, professional, procedural: conséquences et aspects divers. Paris: Librairié Générale de Droit et de Jurisprudence, t. II, 1939, n. 525.
7. CAVALIERI, Sergio. Programa de responsabilidade civil. 6ª ed. São Paulo: Atlas, 2005, p. 101.
8. CAHALI, Youssef Said. Dano moral. 3ª ed. São Paulo: Revista dos Tribunais, 2005, p. 22-23.
9. CHAVES, Antônio. *Tratado de direito civil*. São Paulo: Revista dos Tribunais, 1985, p. 573.
10. BITTAR, Carlos Alberto. *Reparação civil por danos morais*. 2. ed. São Paulo: Revista dos Tribunais, 1994, p. 14.

o termo dano, em sentido amplo, vem a ser a lesão de qualquer bem jurídico, e aí se inclui o dano moral; mas, em sentido estrito, dano é a lesão do patrimônio, e patrimônio é o conjunto das relações jurídicas de uma pessoa, apreciáveis em dinheiro[11].

Salazar assevera que dano:

em sentido, amplo, é toda e qualquer subtração em diminuição imposta ao complexo de nossos bens, das utilidades que formam ou propiciam o nosso bem-estar, tudo o que, em suma, nos suprime uma utilidade, um motivo de prazer ou nos impõe um sofrimento é dano, tomada a palavra na sua significação genérica. Na esfera do Direito, porém, o dano tem uma compreensão mais reduzida: é a ofensa ou lesão aos bens ou interesses suscetíveis de proteção jurídica[12].

A moral tem um conceito que varia com o tempo, em razão de questões políticas, sociais, econômicas. Esse conceito pode ser modificado no decorrer do tempo.

A palavra *moral* vem do latim *mos* ou *mores* que significa costumes. É um conjunto de normas que são cumpridas por hábito.

A moral de ontem pode não ser a moral de hoje. Essa palavra varia historicamente e em cada sociedade. Dentro da sociedade, a moral também poderá variar em cada classe.

Paulo dizia que nem tudo que é permitido juridicamente é moral (*non omne quod licet honestum est*).

A moral se diferencia do Direito. A primeira é unilateral, pois não existe sanção para o descumprimento da norma. O Direito é bilateral, pois, além de impor comportamento, determina também a sanção, daí se dizer que é bilateral-atributivo.

Poderia o dano moral ser conceituado pela negativa, no sentido de que seria o dano não patrimonial ou extrapatrimonial.

Afirma Aguiar Dias que o dano moral:

consiste na penosa sensação da ofensa e humilhação perante terceiros, na dor sofrida, enfim, nos efeitos puramente psíquicos sensoriais experimentados pela vítima do dano, em consequência deste, seja provado pela recordação do defeito ou da lesão, quando tenha deixado resíduo mais correto, seja pela atitude de repugnância da reação ao ridículo tomada pelas pessoas que o defrontam[13].

---

11. ALVIM, Agostinho. *Da inexecução das obrigações e suas consequências*. 3. ed. Rio de Janeiro: Jurídica e Universitária, 1975, p. 171.
12. SALAZAR, Alcino de Paulo. *Reparação do dano moral*. Rio de Janeiro: Borsoi, 1943, p. 125.
13. DIAS, José de Aguiar. *Da responsabilidade civil*. 10. ed. Rio de Janeiro: Forense, 1994, vol. II, p. 743.

Orlando Gomes informa que dano moral é "o constrangimento que alguém experimenta em consequência de lesão em direito personalíssimo, ilicitamente produzido por outrem"[14].

Rubens Limongi França assevera que dano moral é "aquele que, direta ou indiretamente, a pessoa física ou jurídica, bem assim a coletividade, sofre no aspecto não econômico dos seus bens jurídicos"[15].

Carlos Alberto Bittar leciona que "são morais os danos a atributos valorativos (virtudes) da pessoa como ente social, ou seja, integrada à sociedade; vale dizer, dos elementos que a individualizam como ser, como honra, a reputação, as manifestações do intelecto"[16].

Maria Helena Diniz declara que dano moral é "a lesão de interesses não patrimoniais de pessoa física ou jurídica, provocada pelo fato lesivo"[17]. Não se trata de lesão de interesses. Interesse vem antes do direito. A pessoa pode ter interesse, mas não ter direito.

Caio Mário da Silva Pereira assevera que o dano moral é a:

> ofensa a direitos de natureza extrapatrimonial – ofensas aos direitos integrantes da personalidade do indivíduo, como também ofensas à honra, ao decoro, à paz interior de cada um, às crenças íntimas, aos sentimentos afetivos de qualquer espécie, à liberdade, à vida, à integridade[18].

Cláudio Antônio Soares Levada pondera que:

> dano moral é a ofensa injusta a todo e qualquer atributo da pessoa física como indivíduo integrado à sociedade ou que cerceie sua liberdade, fira sua imagem ou sua intimidade, bem como a ofensa à imagem e à reputação da pessoa jurídica, em ambos os casos, desde que a ofensa não apresente quaisquer reflexos de ordem patrimonial do ofendido[19].

Wilson de Melo da Silva afirma que:

> danos morais são lesões sofridas pelo sujeito físico ou pessoa natural de direito em seu patrimônio ideal, entendendo-se por patrimônio ideal, em contraposição ao patrimônio material, o conjunto de tudo aquilo que não seja suscetível de valor econômico[20].

---

14. GOMES, Orlando. *Obrigações*. 11. ed. Rio de Janeiro: Forense, 1996, p. 271.
15. FRANÇA, Rubens Limongi. *Direito civil*. São Paulo: Revista dos Tribunais, 1977, p. 211.
16. BITTAR, Carlos Alberto. *Responsabilidade civil*: teoria e prática. Rio de Janeiro: Forense Universitária, 1989, p. 17.
17. DINIZ, Maria Helena. *Curso de direito civil brasileiro*. 17. ed. São Paulo: Saraiva, 2003, p. 84.
18. PEREIRA, Caio Mário da Silva. *Responsabilidade civil*. 8. ed. Rio de Janeiro: Forense, 1996, p. 88.
19. LEVADA, Cláudio Antônio Soares. *Liquidação de danos morais*. 2. ed. São Paulo: Copola, 1997, p. 23-24.
20. SILVA, Wilson Melo da. *Dano moral e sua reparação*. 3. ed. Rio de Janeiro: Forense, 1983, p. 1.

Silvio de Salvo Venosa menciona que dano moral é "o prejuízo que afeta o ânimo psíquico, moral e intelectual da vítima, abrangendo também os direitos da personalidade, direito à imagem, ao nome, à privacidade etc."[21].

Consiste o dano moral na lesão sofrida pela pessoa no tocante à sua personalidade. Compreende, portanto, o dano moral um aspecto não econômico, não patrimonial, mas que atinge a pessoa no seu âmago.

Ihering afirmava que a pessoa pode ser lesada no que tem e no que é, quer dizer, em relação ao seu patrimônio e no seu íntimo, à sua integridade moral. No dano moral, o ofendido é lesado em relação ao que a pessoa é e não quanto ao seu patrimônio.

A pessoa, em razão do dano moral, passa a ter problemas psíquicos, que podem repercutir no seu organismo, trazendo prejuízos a sua atividade física e intelectual, inclusive no desenvolvimento do seu trabalho.

As consequências ou efeitos do dano moral são dor, angústia, humilhação, aflição da vítima. São os sentimentos ou sensações da vítima. A dor moral só diminui com o passar do tempo.

O dano não é a lesão, mas a consequência dela.

Compreende o dano um ilícito, mas não haverá dano se o ato praticado for lícito, ou seja, se não for ilícito.

3.2 DISTINÇÃO

Quando se fala em dano, pressupõe-se algo geral. Tanto ele poderia ser patrimonial como moral.

O dano é patrimonial ou material quando tem característica econômica de um prejuízo para a pessoa. Pode ser dividido em:

(a) dano emergente, que é o que pessoa perdeu efetivamente. Compreende o que a pessoa teve de prejuízo, com a diminuição de seu patrimônio;

(b) lucro cessante, que é o que a pessoa deixou de ganhar em decorrência do evento.

O pagamento de indenização por dano material visa retornar à situação anterior para repor o patrimônio lesado. Indenização significa tornar indene a vítima, ausência de dano, suprimir o dano, tornar ausente o dano[22].

---

21. VENOSA, Sílvio de Salvo. *Direito civil*: responsabilidade civil. 6. ed. São Paulo: Atlas, 2006, p. 35.
22. A palavra *indenização* vem do latim *in + damnum*, de *indemnis*.

O dano moral não vai atingir os bens da pessoa, mas a sua moral, seu âmago. No dano moral, é impossível retornar ao *status quo ante*. Para evitar qualquer dúvida, é que há a adjetivação de dano moral, para demonstrar que ele não é patrimonial ou é extrapatrimonial.

O dano material recai sobre um bem físico. O dano moral compreende um aspecto psíquico da pessoa.

O dano que não repercute no patrimônio econômico da pessoa é moral. O que repercute é o patrimonial. A moral, porém, também é um patrimônio da pessoa.

Na indenização por dano material, o objetivo é repor o bem perdido ou parcialmente deteriorado. Na indenização por dano moral, visa-se compensar a dor sentida pelo ofendido.

A dor física diz respeito ao corpo. A dor moral é concernente à sua alma.

No dano moral a pessoa tem uma angústia, uma dor. No dano existencial, a pessoa deixa de fazer alguma coisa, em razão do ato praticado pelo agente.

O dano não se confunde com a pena. Esta pressupõe a existência de delito e previsão legal de sanção. No dano, basta a infringência de uma regra. A pena não passa da pessoa do infrator. A responsabilidade pelo pagamento da indenização passa para os herdeiros.

No delito, existe culpa do agente. No dano, a obrigação de indenizar pode ser objetiva, sem se falar em culpa do agente.

O dano moral é concernente a intimidade, a personalidade, a alma da pessoa. O dano estético diz respeito à deformação do corpo da pessoa em razão de ato ilícito praticado por outrem.

4
CLASSIFICAÇÃO

A responsabilidade pode ser objetiva e subjetiva. A primeira independe de culpa, pois a lei estabelece a responsabilidade em razão do risco criado para terceiros. A indenização deve ser paga sem que se discuta a existência de dolo ou culpa. Haverá necessidade apenas de se verificar o nexo casual. Exemplos: a previsão do § 6º do artigo 37 da Constituição, que trata da responsabilidade do Estado pelos atos de seus prepostos; a responsabilidade civil por danos nucleares independente da existência de culpa (art. 21, XXIII, *d*, da Constituição); o Estado indenizará o condenado por erro judiciário, assim como o que ficar preso além do tempo fixado na sentença (art. 5º, LXXV, da Constituição).

Na responsabilidade subjetiva, há necessidade de prova de dolo ou culpa. É preciso verificar três fatores:

(a) o elemento formal, que é o ato de violação de um dever jurídico;

(b) o elemento subjetivo: dolo ou culpa (negligência, imprudência e imperícia);

(c) o elemento causal-material, que é o dano.

Responsabilidade contratual é a que decorre do contrato.

Responsabilidade extracontratual ou aquiliana é proveniente de um ato ilícito. A obrigação de indenizar surge em razão da lesão a um direito, sem que anteriormente entre os envolvidos houvesse uma relação jurídica.

Os danos são classificados em patrimoniais (materiais) e não patrimoniais (imateriais).

O dano é patrimonial ou material quando atinge o patrimônio material da pessoa, trazendo prejuízo de ordem econômica ou diminuição de seu patrimônio.

Há dano não patrimonial, extrapatrimoniais ou moral quando o ato atinge a honra, a reputação da pessoa, o respeito aos mortos.

Podem ainda os danos ser mistos: materiais e morais ao mesmo tempo. É o que ocorre com o acidente de veículo causado por uma pessoa contra a outra, em que o veículo é dado por irrecuperável, mas que também causa a morte do motorista do segundo veículo. Há direito a danos patrimoniais, pela perda do veículo, e morais, pela morte do motorista.

Os danos também poderiam ser pessoais, que atingem a pessoa, como o seu corpo, a liberdade, a imagem, a intimidade.

Os danos podem ser sucessivos. O empregado, por exemplo, que todo o dia é assediado sexualmente ou moralmente.

Podem os danos ser simultâneos. Ao mesmo tempo que o empregador ofende o empregado, este também ofende o empregador ou, então, há ao mesmo tempo dano moral e patrimonial, com ofensa física e moral ao empregado por ato do empregador.

Miguel Reale divide o dano moral em objetivo e subjetivo. O dano moral objetivo "atinge a dimensão moral da pessoa no meio social em que vive, envolvendo o (dano) de sua imagem". Por sua vez:

> O dano moral subjetivo que se correlaciona com o mal sofrido pela pessoa em sua subjetividade, em sua intimidade psíquica, sujeita a dor ou sofrimento intransferíveis porque ligados a valores de seu ser subjetivo, que o ilícito veio penosamente subverter, exigindo inequívoca reparação[1].

Honra diz respeito ao nome da pessoa, à sua fama, ao seu prestígio, à sua reputação, à sua estima etc.

Imagem quer dizer algo físico da pessoa, como o rosto, as pernas, o busto etc. Representa o que se vê da pessoa. Dano à imagem pode ser reprodução de fotografia ou desenho não autorizado.

Honra subjetiva é a imagem ou o conceito que a pessoa tem de si, como ocorre com a pessoa física.

Honra objetiva é a imagem que a pessoa tem perante a sociedade, como pode ocorrer com a pessoa jurídica.

Dano moral puro é o que compreende a dor, a tristeza da pessoa em decorrência do ato ilícito praticado pelo ofensor.

Dano moral direto é a lesão a bem extrapatrimonial contido no direito à personalidade, como à integridade, à honra, à imagem, à intimidade, ao decoro, ao direito ao nome etc. Fere diretamente a intimidade da pessoa.

Dano moral indireto é o que provoca um dano patrimonial, como o acidente que causa deformação do corpo da pessoa, mas também a violação a bem extrapatrimonial. Há necessidade de serem reparados os prejuízos materiais sofridos pela pessoa e a dor moral, se ela existir. É o chamado dano em ricochete ou reflexo.

---

1. REALE, Miguel. *Temas de direito positivo*. São Paulo: Revista dos Tribunais, 1992, p. 23.

Seriam espécies de danos patrimoniais no Direito do Trabalho os seguintes: o empregador poderia retardar a entrega dos documentos relativos à aposentadoria do trabalhador, prejudicando a obtenção do benefício; a retenção da CTPS, impedindo a obtenção de novo emprego. São, portanto, espécies de dano patrimonial que devem ser reparadas por pagamento em dinheiro.

5
DANO EXISTENCIAL

5.1 DENOMINAÇÃO

No Direito inglês, usam-se as expressões *loss of amenities of life, loss of enjoyment of life* ou *hedonic damages*. As expressões representam as consequências não econômicas da destruição ou diminuição, permanente ou temporária, de uma faculdade que priva a pessoa lesada de participar de atividades normais e apreciar a vida por completo[1].

No Direito francês, o dano existencial é chamado de *prejudice d´agrément*. Em Quebec, no Canadá, se fala em *perdre de jouissance de vie*.

No Peru, se fala em frustração do projeto de vida da pessoa.

5.2 EVOLUÇÃO NA ITÁLIA

A doutrina, desde 1960, faz referência ao *danno alla vita di relazione*. O homem tem necessidade de se relacionar perante a sociedade, de fazer atividades que lhe dão prazer, visando diminuir os impactos causados pelo trabalho. Entendia-se que o referido dano atingia indiretamente a capacidade de trabalho da pessoa.

Surgiu o dano existencial na jurisprudência italiana. Inicialmente de julgamentos de questões biológicas ou de saúde da pessoa, que causaram prejuízo à vítima, devendo ela ser ressarcida. Foi analisada a constitucionalidade do artigo 2.059 do Código Civil italiano. Afirmou que não havia inconstitucionalidade e que haveria um *tertium genus*, que seria o dano à saúde. O dano biológico (ou fisiológico) é um dano específico, é um tipo de dano, identificado com um tipo de evento. O dano moral subjetivo é, ao contrário, um gênero de dano, consequência, que pode derivar de uma série numerosa de tipo de evento; como gênero de dano, consequência, condição objetiva de ressarcibilidade, é o dano patrimonial, que, a sua volta, pode derivar da de diverso evento típico (Sentença 184, de 14 de julho de 1986 da Corte Constitucional).

---

1. Referência feita no julgamento de Teubner v. Humble, 1963.

A Corte de Cassação julgou caso em que uma mulher teve necrose na vesícula em razão de que foi um exame de citoscopia e o médico não limpou corretamente o instrumento utilizado. Posteriormente, passou a sofrer de frequentes infecções urinárias. Seu marido postulou reparação, pois não podia manter relações sexuais com a mulher e ficou privado da comunhão material decorrente do casamento. Foi deferida a indenização[2].

A Sentença 500, de 22 de julho de 1999, determinou a reparação a qualquer dano a direitos constitucionalmente garantidos.

A Sentença do Tribunal de Milão, de 21 de outubro de 1999, analisou caso de ruídos excessivos de vizinho, que usava um torno e esmeril. Considerou que, apesar de o ruído não causar doença, provocou ânsia, irritação, dificuldade de fazer em razão às ocupações normais e deferiu a indenização, pois o artigo 2º da Constituição italiana prevê que não pode haver "qualquer alteração da privacidade".

A Corte de Cassação proferiu a Sentença 7.713, entendendo que o filho nunca foi considerado dessa forma pelo pai e foi sustentado pela mãe. Só foi reconhecido anos depois do seu nascimento. Somente pagou a pensão depois de intervenção judicial. O pai foi absolvido do crime de violação das obrigações de assistência familiar. A Corte de Cassação reconheceu que o pai retardou o pagamento da obrigação alimentar enquanto pôde e causou prejuízo ao filho. Entendeu que a Constituição e o artigo 2.043 do Código Civil asseguram a indenização de danos "que ao menos potencialmente obstaculizam a atividade realizadora da pessoa humana". Foi a primeira decisão que reconheceu expressamente o dano existencial (Sentença 7.713/2000). O dano existencial seria uma espécie de não fazer remunerado[3].

Médico fez três ecografias em mulher grávida. A menina que nasceu tinha graves malformações físicas. O Tribunal Penal de Locri, em 6 de outubro de 2000, deferiu indenização por dano biológico, por dano moral e por dano existencial. Este, em razão da alteração negativa e permanente das atividades cotidianas e realizadoras da mãe.

A Corte de Apelação de Áquila, em 27 de fevereiro de 2001, deferiu indenização a um trabalhador de área rural que vivia em habitação incômoda e pouco higiênica no local de trabalho. O artigo 2.145 do Código Civil prevê que a pessoa deve residir em casa adequada à família. Foi deferida indenização pelo fato de haver infiltrações de água na habitação, ter sido erguida junto à estrebaria e possuir degradação estrutural e higiênica, pois não era feita manutenção adequada.

---

2. Sentença 6.607, de 11 de novembro de 1986.
3. CENDON, Paolo. *Premessa* – La giurisprudenza del damno esistenziale, de Giuseppe Cassano. Piacenza: La Tribuna, 2002, p. 11-12.

Daniel Barillà foi preso injustamente em fevereiro de 1992 e assim ficou por sete anos por crime previsto na lei de entorpecentes. A Corte de Apelação de Gênova, em 17 de julho de 2000, o absolveu do crime. Entendeu que também houve dano existencial pelo fato de que foi preso injustamente, não podendo constituir família, ficando privado do contato com a família e com a noiva, não estava com o pai quando ele faleceu, além de ter sofrido preconceito e privações por ser considerado traficante de drogas.

A sentença da Corte Constitucional, de 11 de julho de 2003, deferiu a indenização por dano existencial em razão de responsabilidade por acidente de trânsito, decorrente de ação ajuizada pelos herdeiros da vítima. O artigo 2.059 do Código Civil compreende qualquer dano de natureza extrapatrimonial decorrente de lesões à pessoa.

Desde 2005, o dano existencial foi reconhecido pela Corte Interamericana de Direitos Humanos, no julgamento do caso Gutiérrez Soller *vs*. Colônia.

5.3 CONCEITO

Flaviana Rampazzo Soares afirma que dano existencial é "a lesão ao complexo de relações que auxiliam no desenvolvimento normal da personalidade do sujeito, abrangendo a ordem pessoal ou a ordem social"[4].

Leciona Hidemberg Alves da Frota que o "dano existencial se subdivide no dano ao projeto de vida e no dano à vida de relações"[5].

Dano existencial é a conduta praticada por alguém que causa à vítima prejuízo à sua vida pessoal, familiar ou social. Não se trata de um dano patrimonial, mas de uma privação que a pessoa sofre. A vítima tem um prejuízo no seu projeto de vida, no seu projeto familiar.

A família é a base da sociedade, tendo especial proteção do Estado (art. 226 da Constituição).

O dano existencial, segundo a Seção Única Suprema Corte de Cassação da Itália:

consiste em cada prejuízo (de natureza não meramente emotiva e interior, mas objetivamente avaliável) provocada por uma ação de fazer do sujeito, que altera o seu costume e a sua relação própria, induzindo-o a escolha de via diversa quanto à expressão e realização da sua personalidade no mundo externo (Sentença 6.572/2006).

---

4. SOARES, Flaviana Rampazzo. *Responsabilidade civil por dano existencial*. Porto Alegre: Livraria do Advogado, 2009, p. 44.
5. FROTA, Hidemberg Alves da. Noções fundamentais sobre o dano existencial, *Revista do Tribunal Regional da 13ª Região*, João Pessoa, v. 17, n. 1, 2010, p. 204.

Os doutrinadores não fazem referência a aspecto objetivo, pois inclusive não há lei regulando a matéria.

Fica caracterizado o dano existencial quando o empregado não goza férias por vários anos, trabalha em horas extras de forma excessiva, não tem repouso semanal, impedindo-o de ter contato com sua família, de ter convívio social, de ter lazer (art. 6º da Constituição), de ir à Igreja, do direito à felicidade[6], do direito à desconexão do trabalho[7]. Importa prejuízo à existência da pessoa, que se vê privada de fazer o que quiser. É o caso de empregados que trabalham diuturnamente, que levam serviço para casa, trabalham nas férias, no avião. Estão constantemente conectados com a empresa por meio de equipamentos eletrônicos.

O empregado pode, portanto, deixar de ter contato com seus amigos, deixar de ver o crescimento de seus filhos ou de ajudá-los com seus deveres de escola. Há uma frustração ao seu projeto de vida, à sua existência.

Em decorrência disso pode ter problemas de saúde, mas também ter prejuízos familiares, sociais, educacionais, etc.

O sofrimento pode ou não existir em razão da frustração ao seu projeto de vida ou de perder a possibilidade de realizar alguma coisa.

Julio César Bebber afirma que o impacto gerado no empregado "provoca um vazio existencial na pessoa que perde a fonte de gratificação vital"[8].

Todas as pessoas pensam em ser felizes e ter, portanto, uma plena existência, uma existência digna. Isso não pode ser vilipendiado pelo empregador, trazendo prejuízo ao empregado. A dignidade da pessoa humana (art. 1º, III, da Constituição) é um direito fundamental. É o núcleo da existência da pessoa. Ingo Sarlet assevera que:

> o Constituinte deixou transparecer de forma clara e inequívoca a sua intenção de outorgar aos princípios fundamentais a qualidade de normas embasadoras e informadoras de toda a ordem constitucional, inclusive (e especialmente) das normas definidoras de direitos e garantias fundamentais, que igualmente integram (juntamente com os princípios fundamentais) aquilo que se pode – e nesse ponto parece haver consenso – denominar de núcleo essencial da nossa Constituição formal e material[9].

---

6. Sobre o tema: LEAL, Saul Tourinho. *Direito à felicidade*: história, teoria, positivação e jurisdição. São Paulo: 2013. 357 f. Doutorado em Direito Constitucional. PUC-SP.

7. Sobre o tema: MAIOR, Jorge Luiz Souto. Do direito à desconexão do trabalho. *Revista do Departamento de Direito do Trabalho e da Seguridade Social da Faculdade de Direito da USP*, ano 1, 2006, n. 1, São Paulo: USP, p. 91.

8. BEBBER, Julio Cesar. Danos extrapatrimoniais (estético, biológico e existencial) – breves considerações. *Revista LTr: legislação do trabalho*, São Paulo, v. 73, n. 1, p. 26-29, jan. 2009.

9. SARLET, Ingo Wolfgang. *Dignidade da pessoa humana e direitos fundamentais*. Porto Alegre: Livraria do Advogado, 2002, p. 64.

Leciona José Afonso da Silva que a dignidade da pessoa humana "é um valor supremo que atrai o conteúdo de todos os direitos fundamentais do homem, desde o direito à vida".

A Constituição determina: "é assegurado o direito de resposta, proporcional ao agravo, além de indenização por dano material, moral ou à imagem" (art. 5º, V); "são invioláveis a intimidade, a vida privada, a honra e a imagem das pessoas, assegurado o direito a indenização pelo dano material ou moral decorrente de sua violação" (art. 5º, X).

A vida privada da pessoa natural é inviolável, e o juiz, a requerimento do interessado, adotará as providências necessárias para impedir ou fazer cessar ato contrário a esta norma (art. 21 do Código Civil).

O art. 186 do Código Civil prevê regra genérica no sentido de que "aquele que, por ação ou omissão voluntária, negligência ou imprudência, violar direito e causar dano a outrem, ainda que exclusivamente moral, comete ato ilícito". O dispositivo faz referência a causar dano a outrem. Não prevê expressamente a hipótese de dano nem enumera hipóteses cabíveis de dano, como ocorre com o Código Civil italiano. Logo, é perfeitamente cabível o dano existencial no Direito brasileiro, desde que fique provado o prejuízo causado à pessoa.

Nos casos West *vs.* Shepard, em 1964, e em Lim *vs.* Camdem, em 1980, os tribunais norte-americanos decidiram que deve haver a separação entre os danos morais puros e a privação de sensações, do prazer de viver.

No Direito norte-americano, no caso Bennet *vs.* Lembo, o primeiro causou acidente automobilístico, acarretando prejuízos ao segundo, que teve lesões na coluna cervical e não mais pôde dirigir, viajar nas férias para visitar os netos. O tribunal do júri, em 2000, entendeu que deveriam ser separados os diversos danos e deferiu indenização por dano existencial.

A Corte Interamericana de Direitos Humanos reconheceu, em 1998, que o dano existencial é uma hipótese de lesão à pessoa, considerando sua "vocação, atitudes, circunstâncias, potencialidades, aspirações, que lhe permite fixar razoavelmente a determinadas expectativas e aceder a elas".

O Tribunal da Relação de Guimarães decidiu sobre dano existencial e psíquico decorrente de sequelas de acidente de trânsito para jovem vitimado, que ficou dependente de terceiros[10].

O Tribunal da Relação do Porto declarou que uma empregada doméstica de meia-idade, que sofreu acidente de trânsito, teve dano existencial em razão da

---

10. Proc. 1.152/04.2, Apelação n. 560/2000, Acórdão de 23 de maio de 2004, rel. juiz desembargador José M. C. Vieira e Cunha.

dificuldade das relações sociais da pessoa, da incapacidade para o desempenho da atividade profissional de empregado doméstica[11].

A Corte Constitucional da Itália considerou que o dano não patrimonial biológico, à saúde, independe de repercussão financeira ou econômica (Sentença 184, de 14 de julho de 1986).

O Tribunal de Relação de Coimbra afirmou que:

> a privação da capacidade de desempenho de uma atividade relacionada com a habilitação profissional superior específica de que o autor é titular, com restrições no âmbito da prestação intelectual, traduz-se num dano biológico limitativo da capacidade de gozar a vida, num prejuízo concreto de afirmação pessoal – *prejudice d´agrément*, ou de fruição dos prazeres da vida[12].

5.4 DISTINÇÃO

Wilson de Melo da Silva afirma que:

> danos morais são lesões sofridas pelo sujeito físico ou pessoa natural de direito em seu patrimônio ideal, entendendo-se por patrimônio ideal, em contraposição ao patrimônio material, o conjunto de tudo aquilo que não seja suscetível de valor econômico[13].

Silvio de Salvo Venosa menciona que dano moral é "o prejuízo que afeta o ânimo psíquico, moral e intelectual da vítima, abrangendo também os direitos da personalidade, direito à imagem, ao nome, à privacidade, etc."[14].

Consiste o dano moral na lesão sofrida pela pessoa no tocante à sua personalidade. Compreende, portanto, o dano moral um aspecto não econômico, não patrimonial, mas que atinge a pessoa no seu âmago[15].

Atinge o dano moral a honra, a intimidade, a imagem da pessoa, a personalidade, o íntimo do ser humano. Implica dor, angústia da pessoa com o ato praticado por alguém.

O dano moral envolve um aborrecimento extremo, um desgosto profundo, uma contrariedade. É uma perturbação da psique do indivíduo[16]. É o que a pessoa sente.

---

11. Proc. 3.3138/06.7TBMTS.P1, Acórdão de 31 de março de 2009, rel. juiz desembargador José Manuela Cabrita Vieira e Cunha.
12. SILVA, José Afonso da. *Curso de direito constitucional*. 6. ed. São Paulo: Revista dos Tribunais, 1990, p. 93.
13. SILVA, Wilson Melo da. *Dano moral e sua reparação*. 3. ed. Rio de Janeiro: Forense, 1983, p. 1.
14. VENOSA, Silvio de Salvo. *Direito civil*. Responsabilidade civil. 6. ed. São Paulo: Atlas, 2006, p. 35.
15. MARTINS, Sergio Pinto. *Dano moral decorrente do contrato de trabalho*. São Paulo: Atlas, 2013, p. 23.
16. ALMEIDA NETO, Amaro Alves. Dano existencial a tutela da dignidade da pessoa humana. *Revista de Direito Privado*, n. 24, outubro-dezembro de 2005, São Paulo: Revista dos Tribunais, p. 34.

O dano existencial é algo que causa prejuízo ao empregado em razão da continuidade do ato que deixou de proporcionar ao trabalhador o contato com sua família, com os amigos, de praticar um esporte etc. Compreende um aspecto de não mais poder fazer aquilo que queria. Pode decorrer da frustração que o trabalhador tem por não ter feito um curso ou ter terminado a faculdade em razão do excesso de trabalho exigido pelo empregador. A pessoa não vai mais poder fazer aquilo que pretendia[17].

Se o dano é denominado existencial, não é, portanto, moral.

O prejuízo em valor que a pessoa teve é dano material e não dano existencial.

Tem-se dito que o dano moral independe de prova, ou seja, prova-se por si mesmo, presume-se sua existência (*in re ipsa*, da própria coisa, que surge de um fato, que se presume.). Exemplo pode ser da mãe que perdeu o filho. Presume-se que ela tem uma dor moral. Não há necessidade de prova, segundo essa teoria. Ao contrário, no dano existencial, há necessidade de que o autor prove suas alegações para fazer jus a indenização. Não é possível presumir o dano existencial.

5.5 TRABALHADOR PRESTAR HORAS EXTRAS

Em tese, pode-se considerar como limite de horas extras as que não excedam 10 horas diárias, em período não superior a 45 dias por ano, como nos casos de prorrogação da jornada por motivo de necessidade imperiosa (art. 61 da CLT).

O TST já decidiu:

RECURSO DE REVISTA. DANO EXISTENCIAL. PRESSUPOSTOS. SUJEIÇÃO DO EMPREGADO A JORNADA DE TRABALHO EXTENUANTE. JORNADAS ALTERNADAS

1. A doutrina, ainda em construção, tende a conceituar o dano existencial como o dano à realização do projeto de vida em prejuízo à vida de relações. O dano existencial, pois, não se identifica com o dano moral.

2. O Direito brasileiro comporta uma visão mais ampla do dano existencial, na perspectiva do art. 186 do Código Civil, segundo o qual "aquele que por ação ou omissão voluntária, negligência ou imprudência, violar direito e causar dano a outrem, ainda que exclusivamente moral, comete ato ilícito". A norma em apreço, além do dano moral, comporta reparabilidade de qualquer outro dano imaterial causado a outrem, inclusive o dano existencial, que pode ser causado pelo empregador ao empregado, na esfera do Direito do Trabalho, em caso de lesão de direito de que derive prejuízo demonstrado à vida de relações.

---

17. Pontes de Miranda já entendia que havia impropriedade técnica na equiparação de danos extrapatrimoniais ao dano moral (*Tratado de direito privado*. 3. ed. Rio de Janeiro: Borsoi, 1971, t. XXVI, p. 30-31).

3. A sobrejornada habitual e excessiva, exigida pelo empregador, em tese, tipifica dano existencial, desde que em situações extremas em que haja demonstração inequívoca do comprometimento da vida de relação.

4. A condenação ao pagamento de indenização por dano existencial não subsiste, no entanto, se a jornada de labor exigida não era sistematicamente de 15 horas de trabalho diárias, mas, sim, alternada com jornada de seis horas diárias. Robustece tal convicção, no caso, a circunstância de resultar incontroverso que o contrato de trabalho mantido entre as partes perdurou por apenas nove meses. Não se afigura razoável, assim, que nesse curto período a conduta patronal comprometeu, de forma irreparável, a realização de um suposto projeto de vida em prejuízo à vida de relações do empregado.

5. Igualmente não se reconhece dano existencial se não há demonstração de que a jornada de trabalho exigida, de alguma forma, comprometeu irremediavelmente a vida de relações do empregado, aspecto sobremodo importante para tipificar e não banalizar, em casos de jornada excessiva, pois virtualmente pode consultar aos interesses do próprio empregado a dilatação habitual da jornada. Nem sempre é a empresa que exige o trabalho extraordinário. Em situações extremas, há trabalhadores compulsivos, ou seja, viciados em trabalho (*workaholic*), quer motivados pela alta competitividade, vaidade, ganância, necessidade de sobrevivência, quer motivados por alguma necessidade pessoal de provar algo a alguém ou a si mesmo.

Indivíduos assim geralmente não conseguem desvincular-se do trabalho e, muitas vezes por iniciativa própria, deixam de lado filhos, pais, amigos e família em prol do labor. Daí a exigência de o empregado comprovar que o empregador exigiu-lhe labor excessivo e de modo a afetar-lhe a vida de relações.

6. Recurso de revista conhecido e provido (TST, 4ª T., RR 154-80.2013.5.04.0016, rel. Min. João Oreste Dalazen, j. 4-3-2015, *DEJT* 31-3-2015).

O TRT da 4ª Região deferiu indenização por dano existencial pelo fato de o trabalhador prestar horas extras:

DANO EXISTENCIAL. JORNADA EXTRA EXCEDENTE DO LIMITE LEGAL DE TOLERÂNCIA. DIREITOS FUNDAMENTAIS. O dano existencial é uma espécie de dano imaterial, mediante o qual, no caso das relações de trabalho, o trabalhador sofre danos/limitações em relação à sua vida fora do ambiente de trabalho em razão de condutas ilícitas praticadas pelo tomador do trabalho. Havendo a prestação habitual de trabalho em jornadas extras excedentes do limite legal relativo à quantidade de horas extras, resta configurado dano à existência, dada a violação de direitos fundamentais do trabalho que integram decisão jurídico-objetiva adotada pela Constituição. Do princípio fundamental da dignidade da pessoa humana decorre o direito ao livre desenvolvimento da personalidade do trabalhador, nele integrado o direito ao desenvolvimento profissional, o que exige condições dignas de trabalho e observância dos direitos fundamentais também pelos empregadores (eficácia horizontal dos direitos fundamentais). Recurso provido (TRT 4ª R., 1ª T., RO 105-14.2011.5.04.0241, rel. José Felipe Ledur, *DJe* 3-6-2011).

DANO EXISTENCIAL. JORNADA EXAUSTIVA. O dano existencial caracteriza-se pelo tolhimento da autodeterminação do indivíduo, inviabilizando a convivência social e frustrando seu projeto de vida. A sujeição habitual do trabalhador à jornada exaustiva implica interferência em sua esfera existencial e violação da dignidade e dos direitos fundamentais do mesmo,

5 • DANO EXISTENCIAL

ensejando a caracterização do dano existencial (TRT 4ª R., Proc. 0000123-28.2014.5.04.0662 AIRR, rel. Tânia Regina Silva).

TRABALHO EXAUSTIVO. EXCESSO DE HORAS EXTRAS PRESTADAS DE MODO HABITUAL. TRABALHO DEGRADANTE. SUPRESSÃO DO DIREITO CONSTITUCIONAL AO LAZER, AO REPOUSO SEMANAL REMUNERADO E À JORNADA DE TRABALHO LIMITADA (CRFB, Arts. 6º e 7º). DEVER DE REPARAR O DANO EXTRAPATRIMONIAL.

Comete ato ilícito o empregador que submete habitualmente seu empregado a regime laboral exaustivo, sem compensação e/ou pagamento correspondente, mormente quando se ultrapassava 70 (setenta horas extras mensais), ativando-se continuamente, de segunda a domingo, com apenas uma única folga em cada quatro semanas. Os danos sofridos pelo trabalhador privado da convivência familiar, social, comunitária, política, religiosa e de seu direito constitucional ao lazer e ao descanso, por força do regime de trabalho exaustivo, devem ser reparados por meio de indenização por danos extrapatrimonais (TRT 1ª R., 7ª T., RO 0011409-46.2013.5.01.0201, rel. Sayonara Grillo Coutinho Leonardo, j. 8-4-2015, *DJe* 11-5-2015).

O fato de o trabalhador prestar horas extras não é fundamento para a indenização por dano existencial. Muitas vezes, o empregado trabalha excessivamente porque quer. Nesse caso, é *workaholic*. Em outros casos, faz horas extras ordinárias por precisar melhorar a sua remuneração para pagar seus compromissos.

Quem trabalha em jornada extraordinária tem direito ao pagamento das horas extras acrescidas do adicional de pelo menos 50% (art. 7º, XVI, da Constituição). A Lei Maior já estabelece a consequência do trabalho em horas extras, que é o pagamento das horas extras e do adicional. Se elas forem postuladas em juízo, serão acrescidas de juros e correção monetária.

As seguintes ementas mostram que não há direito a indenização por dano existencial em trabalho extraordinário:

RECURSO DE REVISTA DA RECLAMADA. DANO EXISTENCIAL. DANO À PERSONALIDADE QUE IMPLICA PREJUÍZO AO PROJETO DE VIDA OU À VIDA DE RELAÇÕES. NECESSIDADE DE COMPROVAÇÃO DE LESÃO OBJETIVA NESSES DOIS ASPECTOS. NÃO DECORRÊNCIA IMEDIATA DA PRESTAÇÃO DE SOBREJORNADA. ÔNUS PROBATÓRIO DO RECLAMANTE. O dano existencial é um conceito jurídico oriundo do Direito civil italiano e relativamente recente, que se apresenta como aprimoramento da teoria da responsabilidade civil, vislumbrando uma forma de proteção à pessoa que transcende os limites classicamente colocados para a noção de dano moral. Nessa trilha, aperfeiçoou-se uma resposta do ordenamento jurídico àqueles danos aos direitos da personalidade que produzem reflexos não apenas na conformação moral e física do sujeito lesado, mas que comprometem também suas relações com terceiros. Mais adiante, a doutrina se sofisticou para compreender também a possibilidade de tutela do sujeito não apenas quanto às relações concretas que foram comprometidas pelas limitações decorrentes da lesão à personalidade, como também quanto às relações que potencialmente poderiam ter sido construídas, mas que foram suprimidas da esfera social e do horizonte de alternativas de que o sujeito dispõe.

Nesse sentido, o conceito de projeto de vida e a concepção de lesões que atingem o projeto de vida passam a fazer parte da noção de dano existencial, na esteira da jurisprudência da Corte Interamericana de Direitos Humanos. O conceito foi aos poucos sendo absorvido pelos Tribunais Brasileiros, especificamente na seara civil, e, mais recentemente, tem sido pautado no âmbito da Justiça do Trabalho. No âmbito da doutrina justrabalhista o conceito tem sido absorvido e ressignificado para o contexto das relações de trabalho como representativo das violações de direitos e limites inerentes ao contrato de trabalho que implicam, além de danos materiais ou porventura danos morais ao trabalhador, igualmente, danos ao seu projeto de vida ou à chamada "vida de relações".

Embora exista no âmbito doutrinário razoável divergência a respeito da classificação do dano existencial como espécie de dano moral ou como dano de natureza extrapatrimonial estranho aos contornos gerais da ofensa à personalidade, o que se tem é que dano moral e dano existencial não se confundem, seja quanto aos seus pressupostos, seja quanto à sua comprovação. Isto é, embora uma mesma situação de fato possa ter por consequência as duas formas de lesão, seus pressupostos e demonstração probatória se fazem de forma peculiar e independente. No caso concreto, a Corte regional entendeu que o reclamante se desincumbiu do ônus de comprovar o dano existencial tão somente em razão de o trabalhador ter demonstrado a prática habitual de sobrejornada. Entendeu que o corolário lógico dessa prova seria a compreensão de que houve prejuízo às relações sociais do sujeito, dispensando o reclamante do ônus de comprovar o efetivo prejuízo à sua vida de relações ou ao seu projeto de vida.

Portanto, extrai-se que o dano existencial foi reconhecido e a responsabilidade do empregador foi declarada à míngua de prova específica do dano existencial, cujo ônus competiria ao reclamante. Embora exista prova da sobrejornada, não houve na instrução processual demonstração ou indício de que tal jornada tenha comprometido as relações sociais do trabalhador ou seu projeto de vida, fato constitutivo do direito do reclamante. É importante esclarecer: não se trata, em absoluto, de negar a possibilidade de a jornada efetivamente praticada pelo reclamante na situação dos autos (ilicitamente fixada em 70 horas semanais) ter por consequência a deterioração de suas relações pessoais ou de eventual projeto de vida: trata-se da impossibilidade de presumir que esse dano efetivamente aconteceu no caso concreto, em face da ausência de prova nesse sentido. Embora a possibilidade abstratamente exista, é necessário que ela seja constatada no caso concreto para sobre o indivíduo recaia a reparação almejada. Demonstrado concretamente o prejuízo às relações sociais e a ruína do projeto de vida do trabalhador, tem-se como comprovado, *in re ipsa*, a dor e o dano a sua dignidade. O que não se pode admitir é que, comprovada a prestação em horas extraordinárias, extraia-se daí automaticamente a consequência de que as relações sociais do trabalhador foram rompidas ou que seu projeto de vida foi suprimido do seu horizonte. Recurso de revista conhecido e provido (TST, 7ª T., RR 523-56.2012.5.04.0292, rel. Min. Luiz Philippe Vieira de Mello Filho, j. 26-8-2015, *DEJT* 28-8-2015).

A jurisprudência do TST se firmou n o sentido de que o cumprimento de extensa jornada, por si só, não importa direito a indenização por danos morais, sendo imprescindível a demonstração efetiva de prejuízo pessoal, social ou familiar, o que não consta do acórdão recorrido. São exemplos os seguintes julgados:

"EMBARGOS EM RECURSO DE REVISTA INTERPOSTO NA VIGÊNCIA DA LEI Nº 13.015/2014 - DANO EXISTENCIAL - JORNADA EXCESSIVA. 1. Discute-se nos autos se o trabalho em jornada excessiva constitui dano in re ipsa. 2. A Turma entendeu que a realização de jornada excessiva habitual , por si só, enseja o pagamento de indenização ao empregado . 3. O dano existencial não pode ser reconhecido à míngua de prova específica do efetivo prejuízo pessoal, social ou familiar. Nessa situação, é inviável a presunção de que o dano existencial tenha efetivamente acontecido, em face da ausência de provas nos autos. 4. Embora a possibilidade, abstratamente, exista, é necessária a constatação no caso concreto para que sobre o indivíduo recaia a reparação almejada. Demonstrado concretamente o prejuízo às relações sociais e a ruína do projeto de vida do trabalhador, tem-se como comprovados, in re ipsa, a dor e o dano à sua personalidade. 5. O que não se pode admitir é que, comprovada a prestação de horas extraordinárias, extraia-se daí automaticamente a consequência de que as relações sociais do trabalhador foram rompidas ou que seu projeto de vida foi suprimido do seu horizonte. Precedentes. Recurso de embargos conhecido e provido." (TST-E-RR-402-61.2014.5.15.0030, SbDI-1 , Relator Ministro Luiz Philippe Vieira de Mello Filho, DEJT 27/11/2020 – destaques acrescidos)

"AGRAVO EM RECURSO DE EMBARGOS EM AGRAVO INTERNO EM RECURSO DE REVISTA REGIDO PELA LEI N.º 13.015/2014. JORNADA DE TRABALHO EXTENUANTE - DANO EXISTENCIAL - NÃO COMPROVAÇÃO. A jurisprudência do Tribunal Superior do Trabalho é no sentido de que o cumprimento de jornada extenuante pela prestação de horas extras habituais, por si só, não resulta em dano existencial, sendo imprescindível a demonstração inequívoca do prejuízo, que, no caso, não ocorre in re ipsa . Precedentes da SBDI-1 do TST e de Turmas. Nesse contexto, não prospera a alegação de divergência jurisprudencial, visto que o único aresto colacionado nas razões de embargos é inservível para a demonstração do dissenso, porquanto se encontra superado pela atual, iterativa e notória jurisprudência da SBDI-1 do TST, nos termos da norma insculpida no § 2.º do art. 894 da CLT. Agravo desprovido" (TST-Ag-E-Ag-ARR-310-74.2014.5.04.0811, SbDI-1 , Relator Ministro Renato de Lacerda Paiva, DEJT 03/12/2021 – destaques acrescidos)

"AGRAVO. 1 - HORAS EXTRAS. INTERVALO INTRAJORNADA. INTERVALO INTERJORNADAS. (...). O recurso de revista não foi admitido com fundamento na Súmula n.º 126 do TST, enquanto em suas razões de agravo a parte não faz qualquer referência ao fundamento adotado na decisão de admissibilidade, de onde se conclui que as razões de agravo não atendem ao princípio da dialeticidade recursal, o que atrai o entendimento da Súmula n.º 422, I, do TST. Agravo não provido. 2 - MULTA POR EMBARGOS DE DECLARAÇÃO PROTELATÓRIOS. Evidenciado o caráter protelatório dos embargos de declaração, correta a incidência da multa preconizada no art. 1.026, § 2º, do CPC, não divisando de ofensa aos dispositivos invocados. Agravo não provido." 3. DANO MORAL. JORNADA DE TRABALHO EXTENUANTE E ATRASO DE SALÁRIOS. PROVIMENTO. Ante a possibilidade de êxito do agravo de instrumento, o provimento ao agravo é medida que se impõe. Agravo a que se dá provimento . AGRAVO DE INSTRUMENTO. 1. RECURSO INTERPOSTO CONTRA DECISÃO PROFERIDA NA VIGÊNCIA DA LEI Nº 13.467/2017. DANO MORAL. JORNADA DE TRABALHO EXTENUANTE E ATRASO DE SALÁRIOS. TRANSCENDÊNCIA POLÍTICA RECONHECIDA. Ante a possibilidade de a decisão recorrida divergir de entendimento pacificado no âmbito desta Corte Superior, reconhece-se a transcendência política da causa, nos termos do artigo 896-A, § 1º, II, da CLT. 2. DANO MORAL. JORNADA DE TRABALHO EXTENUANTE E ATRASO DE SALÁRIOS. NÃO DEMONSTRAÇÃO DO EFETIVO PREJUÍZO. PROVIMENTO. Ante possível violação dos artigos 186 e 927 do Código Civil, o provimento do agravo de instrumento para o exame do recurso de revista é medida que se impõe. Agravo de instrumento a que se dá provimento. RECURSO DE REVISTA. DANO MORAL. JORNADA DE TRABALHO EXTENUANTE E ATRASO DE SALÁRIOS. NÃO DEMONSTRAÇÃO DO EFETIVO PREJUÍZO. PROVIMENTO. Este Tribunal Superior tem adotado posição de que a sujeição do empregado à jornada extraordinária extenuante revela-se como causa de dano existencial, o qual consiste em uma espécie de dano imaterial. E a lesão moral se estabelece no momento em que se subtrai do trabalhador o direito de usufruir de seus períodos de descanso, de lazer, bem como das oportunidades destinadas ao relacionamento familiar, ao longo da vigência do contrato de trabalho. Sucede que a mera demonstração de labor extraordinário, mesmo que excessivo, não caracteriza, de forma automática, dano moral existencial, sendo necessária a demonstração do efetivo prejuízo causado ao projeto de vida do trabalhador nos âmbitos profissional, social e/ou pessoal. A simples ocorrência de labor suplementar, ressalte-se, tem como a consequência jurídica tão somente reflexos de ordem patrimonial, não gerando, por si só, dano moral existencial. Precedentes de Turmas e da SBDI-1. Na hipótese, o Tribunal Regional, após arbitrar a jornada do reclamante como sendo de segunda a domingo, das 6h às 22h, com 40 minutos de intervalo intrajornada, concluiu que o autor estava submetido à jornada de trabalho extenuante, sem que fosse demonstrado qualquer prejuízo causado ao projeto de vida do trabalhador nos âmbitos profissional, social e/ou pessoal. A referida decisão, como visto, destoa da compreensão firmada por este Tribunal Superior, na medida em que se considerou como caracterizado o dano moral existencial pelo simples fato de o empregado ter, de forma presumida, se submetido à jornada extenuante (dano in re ipsa). (...) Recurso de revista de que se conhece e a que se dá provimento" (RR-1501-57.2016.5.12.0005, 8ª Turma, Relator Ministro Guilherme Augusto Caputo Bastos, DEJT 19/02/2024).

Dano existencial.

O autor não provou que trabalhou em horas extras. Ficou demonstrado que exercia cargo de confiança. Não há previsão legal para pagar indenização por dano existencial decorrente de horas extras (TRT 2ª R., 18ª T., Proc. n. 0000681-32.2014.5.02.0055 (20150027061), Ac. n. 20150455598, rel. Sergio Pinto Martins, *DJe* 1º-6-2015).

INDENIZAÇÃO POR DANO EXISTENCIAL. Embora a jornada cumprida pelo autor fosse excedente à normal, tal não enseja a indenização por dano existencial, o que somente se justifica caso se verifique efetivo prejuízo à vida pessoal do trabalhador, afastando-o de seu convívio familiar e social, privando-o de atividades de lazer, instrução, bem como do planejamento de sua vida privada, o que não verifico na espécie. Provimento negado ao recurso do autor (TRT 4ª R., RO 0020338-78.2013.5.04.0009, rel. Tânia Rosa Maciel de Oliveira).

RECURSO ORDINÁRIO DA RECLAMANTE. DANO EXISTENCIAL. NÃO CONFIGURAÇÃO. INDENIZAÇÃO INDEVIDA. O trabalho em jornadas extensas, bem assim doença não relacionada com o trabalho não são aptos a ensejar a indenização por dano existencial, sendo devida, tão somente, a reparação patrimonial quanto à primeira circunstância, consubstanciada no pagamento das horas extras realizadas. Recurso negado (TRT 4ª R., 8ª T., RO 0000155-33.2014.5.04.0662, rel. Juracy Galvão Júnior, *DJe* 8-6-2015).

DANO EXISTENCIAL. INDENIZAÇÃO. O cumprimento de jornadas de trabalho extensas, ainda que já reconhecido judicialmente a prestação de inúmeras horas extras, não basta para caracterizar o direito à indenização pleiteada a título de dano existencial, mormente em se considerando que o deferimento de diferenças de horas extras, com os acréscimos e reflexos previstos em lei, é suficiente para compensar o tempo despendido quando do labor em horas adicionais (TRT 4ª R., 4ª T., RO 0000409-39.2012.5.04.0027, red. João Batista de Matos Danda).

DANO MORAL. HORAS EXTRAS. Hipótese em que a narrativa dos fatos contida na petição inicial e a prova dos autos não permitem concluir pela existência de dano moral. A exigência de prestação de horas extras, por si só, não caracteriza dano moral apto a gerar reparação (TRT 4ª R., 8ª T., Proc. n. 0012500-06.2008.5.04.0512, rel. Des. Maria da Graça Ribeiro Centeno, j. 19-11-2009).

INDENIZAÇÃO POR DANO MORAL. A imposição de jornada de trabalho excessiva, por si só, não justifica o pagamento de indenização decorrente de dano moral, mormente quando não relacionada a qualquer espécie de doença ocupacional (TRT 4ª R., 9ª T., Proc. n. 0211600-51.2008.5.04.0411, j. 14-4-2010, rel. Des. Cláudio Antônio Cassou Barbosa).

É necessário, porém, demonstrar que o trabalhador teve prejuízo ao seu convívio familiar, social etc., para fazer jus a indenização por danos existenciais. Há julgados nesse sentido:

DANO EXISTENCIAL. Há dano existencial quando a prática de jornada exaustiva por longo período impõe ao empregado um novo e prejudicial estilo de vida, com privação de direitos de personalidade, como o direito ao lazer, à instrução, à convivência familiar. Prática reiterada da reclamada em relação aos seus empregados que deve ser coibida por lesão ao princípio constitucional da dignidade da pessoa humana (art. 1º, III, da Constituição Federal) (TRT 4ª R., 2ª T., RO 0001133-16.2011.5.04.0015, rel. Raul Zoratto Sanvicente, j. 18-4-2013).

5.6 SEPARAÇÃO JUDICIAL

O TRT da 4ª Região julgou caso em que a empregada trabalhava de forma excessiva e, em razão disso, houve o término do seu casamento. A autora sustentou que executava jornadas das 8h às 21h ou 22h de segunda a sexta-feira e das 8h às 16h no sábado, sempre com apenas uma hora de intervalo. Também trabalhava três domingos ao mês, das 8h às 13h.

Em depoimento pessoal a autora afirmou que:

(...) no período em que estava desempregada ficava bastante em casa e seu marido chegava em casa por volta das 17 h; quando entrou na reclamada queria muito crescer profissionalmente; que passaram a se ver pouco em razão do trabalho; que quando a depoente passou para Canoas passava muito tempo em trajeto (viagens).

O juiz de primeiro grau perguntou à autora em depoimento pessoal:

O Rodrigo que teve iniciativa de se separar? A reclamante contraiu os ombros, apertou os lábios, ficou com os olhos marejados. Não respondeu de imediato. Respirou e falou que sim. Não teatralizou. Tentou esconder a emoção, mas não conseguiu. Foi contida, sincera e não deixou a menor sombra de dúvida de que sua narrativa é verdadeira.

A 4ª Turma do TRT da 4ª Região fixou a indenização por dano existencial em R$ 20.000,00:

DANO EXISTENCIAL. As condições em que era exercido o trabalho da reclamante no empreendimento réu apontam a ocorrência de dano existencial, pois sua árdua rotina de trabalho restringia as atividades que compõem a vida privada lhe causando efetivamente um prejuízo que comprometeu a realização de um projeto de vida. No caso, a repercussão nociva do trabalho na reclamada na existência da autora é evidenciada com o término de seu casamento enquanto vigente o contrato laboral, rompimento que se entende provado nos autos teve origem nas exigências da vida profissional da autora (TRT 4ª R., 4ª T., 0001533-23.2012.5.04.0006, j. 15-6-2011, rel. André Reverbel Fernandes).

5.7 FÉRIAS

O TST já analisou o dano existencial em relação ao empregador que não concedeu férias ao empregado por vários anos:

DANO MORAL. DANO EXISTENCIAL. SUPRESSÃO DE DIREITOS TRABALHISTAS. NÃO CONCESSÃO DE FÉRIAS. DURANTE TODO O PERÍODO LABORAL. DEZ ANOS. DIREITO DA PERSONALIDADE. VIOLAÇÃO.

1. A teor do artigo 5º, X, da Constituição Federal, a lesão causada a direito da personalidade, intimidade, vida privada, honra e imagem das pessoas assegura ao titular do direito a indenização pelo dano decorrente de sua violação. 2. O dano existencial, ou o dano à existência da pessoa, "consiste na violação de qualquer um dos direitos fundamentais da pessoa, tutelados pela Constituição Federal, que causa uma alteração danosa no modo de ser do indivíduo ou nas atividades por ele executadas com vistas ao projeto de vida pessoal, prescindindo de qualquer repercussão financeira ou econômica que do fato da lesão possa decorrer." (ALMEIDA NETO, Amaro Alves de. Dano existencial: a tutela da dignidade da pessoa humana. Revista dos Tribunais, São Paulo, v. 6, n. 24, mês out/dez, 2005, p. 68.). 3. Constituem elementos do dano existencial, além do ato ilícito, o nexo de causalidade e o efetivo prejuízo, o dano à realização do projeto de vida e o prejuízo à vida de relações. Com efeito, a lesão decorrente da conduta patronal ilícita que impede o empregado de usufruir, ainda que parcialmente, das diversas formas de relações sociais fora do ambiente de trabalho (familiares, atividades recreativas e extralaborais), ou seja que obstrua a integração do trabalhador à sociedade, ao frustrar o projeto de vida do indivíduo, viola o direito da Este documento pode ser acessado no endereço eletrônico personalidade do trabalhador e constitui o chamado dano existencial.

4. Na hipótese dos autos, a reclamada deixou de conceder férias à reclamante por dez anos. A negligência por parte da reclamada, ante o reiterado descumprimento do dever contratual, ao não conceder férias por dez anos, violou o patrimônio jurídico personalíssimo, por atentar contra a saúde física, mental e a vida privada da reclamante.

Assim, face à conclusão do Tribunal de origem de que é indevido o pagamento de indenização, resulta violado o art. 5º, X, da Carta Magna. Recurso de revista conhecido e provido, no tema (TST, 1ª T., RR 727-76.2011.5.24.0002, rel. Min. Hugo Scheuermann, *DJe* 28-6-2013).

5 • DANO EXISTENCIAL

I – AGRAVO DE INSTRUMENTO EM RECURSO DE REVISTA. RESPONSABILIDADE CIVIL DO EMPREGADOR. INDENIZAÇÃO POR DANOS MORAIS. NÃO CONCESSÃO DAS FÉRIAS POR MAIS DE DEZ ANOS. Demonstrada possível violação do art. 5º, X, da Constituição Federal, impõe-se o provimento do agravo de instrumento para determinar o processamento do recurso de revista. Agravo de instrumento provido. II – RECURSO DE REVISTA. RESPONSABILIDADE CIVIL DO EMPREGADOR. INDENIZAÇÃO POR DANOS MORAIS. NÃO CONCESSÃO DAS FÉRIAS POR MAIS DE DEZ ANOS. A reiterada conduta omissiva da reclamada, consistente no descumprimento de seu dever contratual, ao deixar de conceder férias ao reclamante, por mais de dez anos, constitui ato ilícito, notadamente porque põe em risco a saúde do trabalhador, direito inerente à dignidade da pessoa humana, configurando-se, ainda, quebra da boa-fé contratual. Recurso de revista conhecido e provido (TST, 7ª T., RR 1900-28.2010.5.03.0044, rel. Min. Delaíde Miranda Arantes, j. 14-11-2012, *DEJT* 23-11-2012).

O TST entendeu que o fato de não gozar férias poderia o empregado ter ajuizado ação para obtê-las. A ausência de férias não teria comprometido suas relações sociais e seu projeto de vida (TST, RR 2169.55.2014.5.03.0014, Rel. Min. Dora Maria da Costa, j. 8.6.2016, DEJJT 10.6.2016).

As férias são um direito do empregado. Este tem direito ao gozo anual de férias remuneradas (art. 7º, XVII, da Constituição). Pode ser considerado como um direito fundamental.

As férias devem ser concedidas ao empregado para que ele possa descansar e recuperar a energia gasta no período de trabalho. Compreende questão de saúde, que não pode ser menosprezada pelo empregador. Corretas, portanto, as decisões que fixaram a indenização por dano existencial pelo fato de que o empregado não gozou férias por mais de 10 anos.

A Seção Única da Suprema Corte de Cassação de Itália asseverou que a reparabilidade do dano existencial exige, unicamente, a presença da:

(a) injustiça do dano;

(b) lesão a uma posição constitucionalmente garantida (Sentença 500/1999).

Afirma Alain Supiot que "a razão humana não é jamais um dado imediato da consciência: ela é o produto das instituições que permitem a cada homem dê sentido à sua existência, que lhe reconhece um lugar na sociedade e lhe permite exprimir seu próprio talento"[18].

O empregador não pode prejudicar a existência do empregado, o seu tempo livre, que ele pode empregar em estar com sua família, ir ao clube, à Igreja, fazer um curso etc. Se o empregador impede o empregado de fazer os seus projetos de vida ou pessoais, causando-lhe prejuízo, deve indenizá-lo.

---

18. SUPIOT, Alain. *Critique du droit du travail*. Paris: Presses Universitaires de France, 2002, p. XX.

6
NATUREZA JURÍDICA

Em países que adotam o sistema do *Common Law*, utiliza-se a teoria da dissuasão (*theory of deterrence*) do *exemplary damages* ou *punitive damages*. É o que ocorre no Direito inglês. Existe a fixação de indenização elevada para servir de exemplo a outras pessoas na sociedade, pois o comportamento do autor do dano é condenável e deve ser fixada uma sanção complementar.

Nos Estados Unidos usa-se a teoria do valor do desestímulo. Os valores são altos para desestimular o dano moral.

Há autores que entendem que a natureza jurídica da indenização por dano moral é uma pena, uma pena civil[1]. Não tem natureza de pena, pois a pena é inerente ao Direito Penal, em razão do crime cometido. Diz respeito ao direito público e não ao direito privado.

A Constituição mostra que o causador do dano deve ser indenizado e não punido, pois o inciso X do artigo 5º, que trata da indenização por dano moral, assim dispõe: "são invioláveis a intimidade, a vida privada, a honra e a imagem das pessoas, assegurado o direito a indenização pelo dano material ou moral decorrente da sua violação".

Indenização vem do latim *indemnis* (indene). A indenização é uma forma de reparação e não de punição.

O dano moral não é instituto de Direito do Trabalho, mas de Direito Civil ou de Direito Constitucional, por ter previsão nos incisos V e X do artigo 5º da Constituição.

A natureza da indenização por dano moral não é alimentar, pois as obrigações de indenizar por ato ilícito não têm essa característica, nem se trata de prestação mensal, mas de pagamento único.

O juízo civil não tem por objetivo estabelecer punição, mas reparação.

Tem natureza sancionadora a indenização por dano moral, de reprimir o ato praticado pelo ofensor. É um ressarcimento do prejuízo moral.

---

1. RIPERT, Georges. *A regra moral nas obrigações civis*. São Paulo: Saraiva, n. 181, p. 345; DEMOGUE, René. *Traité des obligations en géneral*. Paris: 1924, t. IV, n. 406; SAVATIER. *Traité de la responsabilité civile en droit français*. 2. ed. Paris: LGDJ, 1951, v. 1, t. II, n. 525, p. 102.

Visa à indenização compensar a vítima pelo dissabor passado, pela sua dor, angústia, humilhação. Seria uma forma de consolação da vítima. A dor seria compensada ou substituída pelo pagamento da indenização correspondente, ou seja, por dinheiro. A tristeza da dor moral tem de ser compensada com a alegria que o dinheiro possa comprar. Visa neutralizar ou diminuir a situação de dor com o pagamento de uma indenização correspondente. Não vai ter uma correspondência exata, mas compensatória.

Daí por que se falar que não seria uma indenização, mas uma espécie de compensação, pois indenização compreende a eliminação do prejuízo, o que é impossível na reparação do dano moral. A indenização não tem por objetivo refazer o patrimônio do ofendido, mas apenas compensar a dor sofrida.

Na verdade, o dano moral não será indenizável, mas compensável, pois é impossível eliminar o efeito do agravo ou sofrimento à pessoa por meio do pagamento em dinheiro, isto é, não se podem restituir as partes ao *status quo ante*. Assim, o pagamento tem por objetivo compensar essa situação. O artigo 182 do Código Civil mostra que, se não é possível retornar ao estado anterior, é o caso de se pagar a indenização equivalente.

O pagamento da indenização não tem por objetivo que o lesado esqueça o passado, mas que possa compensar a dor do passado e viver melhor no presente. É como se o ofendido tivesse sua "alma lavada". O pagamento da indenização em dinheiro tem por fundamento proporcionar meios ao ofendido para minorar seu sofrimento, adquirindo bens ou utilizando o numerário na forma de lazer que entender cabível. Visa ao desestímulo de situações iguais acontecerem novamente.

O dano moral não é decorrente da dor, pois a pessoa jurídica não sofre dor. Uma pessoa em estado de coma também não está sofrendo dor.

No dano moral é impossível a recomposição do patrimônio do ofendido. Daí se falar em compensação.

O dinheiro a ser recebido vai minorar, minimizar ou atenuar o sofrimento, mas não vai exatamente curar as feridas. Funcionará como lenitivo, como espécie de conforto ao ofendido, para amenizar, amortecer o sofrimento.

É uma maneira de aportar recurso financeiro ao ofendido para diminuir sua mágoa ou aflição.

O prazer proporcionado pelo dinheiro, ao poder adquirir bens que o ofendido não tinha, terá por objetivo diminuir a sua dor, como de bens que proporcionem o melhor conforto. Ele poderá ter uma satisfação para compensar a dor. Com isso, haverá um equilíbrio entre a ofensa e a dor sofrida.

O pagamento visa proporcionar ao lesado que ele tenha outra sensação ou até um bem-estar pela ofensa irrogada. Objetiva que ele tenha melhor condição de vida para viver o futuro. Pode usar o dinheiro para viajar e tentar esquecer a dor sofrida.

É uma forma de se fazer com que o lesado receba um valor em decorrência da perda ou prejuízo moral sofrido.

A tristeza do ofendido será compensada com a alegria em receber um valor e poder comprar algum bem para poder esquecer o passado, tentando neutralizar a situação.

Luiz da Cunha Gonçalves afirma que a indenização "não é remédio, que produza a cura do mal, mas sim um calmante. Não se trata de suprimir o passado, mas sim de melhorar o futuro"[2].

O procedimento de ofensor excede o padrão normal da sociedade de ter conduta decente entre indivíduos[3]. A indenização deve, assim, funcionar como um fator inibidor de atitudes ofensivas.

Pode-se dizer que a indenização por danos morais tem dupla função:

(a) compensar a dor, a angústia, a humilhação do ofendido;

(b) impor punição ao ofensor para que não proceda da mesma forma outra vez, servindo-lhe de característica pedagógica ou de exemplo, além de ser castigado pela ofensa.

Visa desestimular ou dissuadir o ofensor a praticar outro ato semelhante. Nesse sentido, tem natureza exemplar, de exemplo para que não seja praticado o mesmo ato novamente. Pune-se porque pecou e para que não peque mais (*punitur quia peccatur et ne peccetur*).

Muitas vezes, a vítima não busca apenas um valor pecuniário para compensar a dor moral, mas o reconhecimento pelo Poder Judiciário e depois pela sociedade que o ofensor procedeu de forma ilícita, cometendo injustiça e humilhação em relação ao ofendido.

Cunha Gonçalves usa a palavra *sucedâneo* para proporcionar o meio adequado para a pessoa esquecer a dor. Sucedâneo, segundo Caudas Aulete, tem o sentido de medicamento ou substância que pode substituir outro medicamento ou outra substância, com igual ou semelhante vantagem. O pagamento pela dor moral não é um sucedâneo, um medicamento que substitui outro.

---

2. *Tratado de direito civil*. São Paulo: Max Limonad, 1957, v. 12, t. II, p. 543.
3. O´CONNEL, J. F. *Remedies*. St. Paul: Minn, West Publishishing, 1981, p. 59.

Augusto Zenun prefere a palavra *derivativo*[4], que serve como divertimento com que se procura fugir a estados melancólicos. O dinheiro da indenização seria um meio para proporcionar divertimentos.

Derivativo é um contrato no qual são estabelecidos pagamentos futuros, cujo montante é calculado com base no valor assumido por uma variável, por exemplo, o preço de outro ativo (*e.g.* uma ação ou *commodity*), a inflação acumulada no período, a taxa de câmbio, a taxa básica de juros ou qualquer outra variável com significância econômica. Ele tem essa denominação em razão de que o preço de venda e compra é derivado do preço de outro ativo.

Para o empregado, a indenização decorrente do dano moral teria por objetivo reparar a alegação insincera do empregador na dispensa, *v. g.*, que feriu a sua honra. Teria por fundamento impedir a má-fé do empregador, e este passa a ter maior responsabilidade ao acusar o empregado da prática de certo ato, que deve efetivamente ser provado. A dignidade de qualquer pessoa impõe que haja um ressarcimento.

---

4. ZENUN, Augusto. *Dano moral e sua reparação*. 5. ed. Rio de Janeiro: Forense, 1997, p. 2-3, 60-61, 80.

7
SUJEITO PASSIVO

7.1 SUJEITO PASSIVO

Geralmente, quem pratica o dano moral é o empregador contra o empregado. Nada impede, porém, que o empregado também ofenda moralmente o empregador.

Não se pode dizer que apenas os mais ricos ou mais letrados sofreriam dor moral. Todas as pessoas podem sofrer dor moral, independentemente de serem ricas ou pobres, de terem mais ou menos escolaridade.

O fato de a pessoa ser rica não quer dizer que tenha direito a uma indenização maior do que o pobre. Isso dependerá de cada caso, em concreto, a ser analisado.

Orlando Teixeira da Costa afirmava:

> ser impossível a reparação civil por dano moral de um empregador quando o autor do dano for um empregado de salário-mínimo ou de baixíssima renda, pois isso constituiria um ato desumano, inaceitável pelos princípios éticos da nossa sociedade[1].

O fato de o empregado receber salário ou ser de baixíssima renda não impede a existência do dano moral nem se constitui em ato desumano. Desumana pode ser a afirmação que o empregado fez contra o empregador.

O empregado também poderia ser condenado a obrigação de fazer ou não fazer, como de prestação de serviços comunitários; não haveria, portanto, prejuízo sobre seu salário.

O valor do salário do empregado não é parâmetro para a existência ou não do dano moral e sim se ele existiu.

O que poderia ser feito é fixar uma indenização proporcional à possibilidade de o empregado pagar, como 10% do salário mínimo. Para o empregado, o valor será uma espécie de punição e não o impedirá de sobreviver.

O empregador não responde por danos causados por terceiros que não sejam seus empregados ou prepostos no ambiente de trabalho, por falta de previsão legal nesse sentido, salvo se concorrer com dolo ou culpa.

---

1. COSTA, Orlando Teixeira. Da ação trabalhista sobre dano moral. *Trabalho & Doutrina*, n. 10, São Paulo: Saraiva, 1996, p. 68.

Terceiros, que não tenham parentesco com o ofendido, não poderão postular indenização por dano moral, por falta de legitimidade. O parágrafo único do artigo 76 do Código Civil de 1916 mostrava que o interesse moral só autoriza a ação quando toque diretamente ao autor, ou à sua família. Havia entendimento firmado na III Conferência de Desembargadores, realizada no Rio de Janeiro, em 1965, que o dano moral pode ser reclamado pela vítima, pelos descendentes, cônjuges e colaterais até o segundo grau.

O § 847 do Código Civil alemão menciona que "a pretensão de indenização por dano moral não é transmissível para os herdeiros, a não ser que tenha sido reconhecida por contrato ou que se tenha tornado litispendente".

7.2 PESSOA JURÍDICA

Leciona Wilson de Melo da Silva que:

outro corolário do princípio é que as pessoas jurídicas, em si, jamais teriam direito à reparação dos danos morais. E a razão é óbvia.

Que as pessoas jurídicas sejam, passivamente, responsáveis por danos morais, compreende--se. Que, porém, ativamente, possam reclamar indenizações, consequentes deles é absurdo[2].

A pessoa jurídica não tem sensação de dor. Não sofre. Não fica humilhada ou psicologicamente abalada.

Yussef Said Cahali leciona que a pessoa jurídica, quando ferida em seus sentimentos específicos, somente fará jus a indenização a título de dano material[3].

José Afonso da Silva assevera que "o princípio é o de que os direitos e garantias assegurados nos incisos do art. 5º se dirigem às pessoas físicas, ao indivíduo, e não às pessoas jurídicas"[4].

Os incisos V e X do artigo 5º da Constituição não fazem distinção entre pessoa física e jurídica. O inciso X faz referência a pessoas, mas não especifica apenas pessoas físicas. Isso mostra que podem ser pessoas jurídicas. O Capítulo I do Título II trata de direitos e deveres individuais e coletivos, mas não apenas de direitos e garantias do indivíduo. A pessoa jurídica também pode apresentar mandado de segurança e *habeas corpus*, que estão garantidos no artigo 5º da Lei Maior.

Wagner Giglio afirma que:

---

2. SILVA, Wilson Melo da. *Dano moral e sua reparação*. Rio de Janeiro: Forense, 1983, p. 650.
3. CAHALI, Yussef Said. *Dano moral*. 2. ed. São Paulo: Revista dos Tribunais, 1998, p. 344-345.
4. SILVA, José Afonso. *Curso de direito constitucional positivo*. 6. ed. São Paulo: Revista dos Tribunais, 1990, p. 171.

deve o empregado reparar os prejuízos de ordem moral causados ao empregador. Contudo, é preciso ficar claro, a bem da boa técnica jurídica, que o empregador a que nos referimos é o empregador-proprietário-pessoa física, pois o dano moral é um sofrimento de ordem psíquica, não havendo como considerá-lo a uma pessoa jurídica, ainda que por reflexo ela possa ser atingida pelo dano moral lançado[5].

A existência do dano diz respeito tanto à pessoa física como à jurídica, pois esta também pode ter abalada a sua reputação no mercado, sua imagem e ser ofendida em relação ao seu nome, inclusive por afirmações falsas. A própria lei de imprensa prevê o ressarcimento de dano causado à pessoa jurídica (art. 49, II, c/c art. 16 da Lei n. 5.250/67).

Vários autores entendem que a pessoa jurídica é passível de dano moral[6].

Dispõe o artigo 52 do Código Civil que: "aplica-se às pessoas jurídicas, no que couber, a proteção dos direitos de personalidade".

A Súmula 225 do STJ mostra que o dano moral também atinge a pessoa jurídica. Indica que a pessoa jurídica tem um nome a zelar no mercado. Seu nome e sua reputação podem ser abalados no mercado em razão de veiculação de ofensas à sua imagem.

O trabalhador normalmente atinge o bem patrimonial da empresa – a propriedade –, mas poderia atingir a fama, a boa reputação que ela goza, daí advindo o dano moral.

O empregador pode, portanto, ser passível de dano moral. Não apenas o empregador pessoa física, mas também o empregador pessoa jurídica. A letra *k* do art. 482 da CLT mostra a possibilidade de ofensa a honra e boa fama do empregador por ato praticado pelo empregado.

O dano moral a pessoa jurídica ocorre em caso da honra objetiva (difamação) e não da honra subjetiva (calúnia ou injúria). O STJ já entendeu que:

A pessoa jurídica, criação da ordem legal, não tem capacidade de sentir emoção e dor, estando por isso desprovida de honra subjetiva e imune à injúria. Pode padecer, porém, de ataque à honra objetiva, pois goza de uma reputação junto a terceiros, passível de ficar abalada por ator que afetam seu bom nome no mundo civil ou comercial onde atua (STJ, 4ª T., REsp 60.033-2 ME, rel. Min. Ruy Rosado, *RSTJ* 85/268-274).

---

5. GIGLIO. *Justa causa*. 3. ed. São Paulo: Saraiva, LTr, 1996, p. 251.
6. DIAS, José de Aguiar. *Da responsabilidade civil*. 9. ed. Rio de Janeiro: Forense, 1994, v. II, p. 937; BITTAR, Carlos Alberto. *Reparação civil por danos morais*. 2. ed. São Paulo: Revista dos Tribunais, 1994, p. 46-47; FRANÇA, Rubens Limongi. Reparação do dano moral. *Revistas dos Tribunais*, n. 631, São Paulo, maio 1988, p. 31; SEVERO, Sérgio. *Os danos extrapatrimoniais*. São Paulo: Saraiva, 1996, p. 21.

8
CABIMENTO DA INDENIZAÇÃO POR DANO MORAL

8.1 TEORIAS

Os positivistas entendem cabível a indenização para reparar o dano moral.

Os negativistas trazem ponto de vista diverso. O dano seria irreparável por não ser possível a sua conversão em valor econômico. A questão seria mais de moral do que de direito. Não seria possível a reparação do dano moral em nenhum caso.

A teoria restritiva mostra que é possível a reparação do dano moral nos casos previstos em lei, mas nega o direito à indenização no dano moral puro.

Há os que negam o dano moral em casos de dor, luto de parentes, mas admitem o dano moral em caso de violação à honra, à reputação, à virgindade da mulher.

Outros pensam que é possível o dano moral quando conjugado com a responsabilidade criminal.

Outro grupo admite a reparação do dano moral apenas quando em conjunto com o dano material.

Pires de Lima[1], professora da Universidade de Coimbra, apresenta nove objeções à reparabilidade, por meio de indenização, do dano moral.

8.1.1 Falta de um efeito penoso durável

Gabba afirma que a diminuição de um prazer ou da manutenção da dor é sempre passageira, o que é incompatível com o conceito de dano, que pressupõe a duração do efeito penoso[2].

O dano moral não é caracterizado pela maior ou menor duração da dor, mas pela existência, em algum momento, da dor.

---

1. LIMA, Zulmira Pires de. Responsabilidade civil por danos morais. *Revista Forense*, v. 83, p. 218.
2. GABBA, C. F. 2. ed. Turim, 1911, v. II, p. 229.

Muitas vezes, a dor moral é tão grande e duradoura, que a pessoa passa a desenvolver outras doenças, inclusive o câncer, pelo desgosto de ter passado por certa situação.

8.1.2 A incerteza, nessa espécie de dano, de um verdadeiro direito violado e de um dano real

Chironi afirma que não há um direito violado para ser reparado por meio de indenização. Haveria exagero e incerteza. Exagero quando não observado o término e a razão da injúria, sem a qual não há ato ilícito[3].

Pode o dano moral ser decorrente de um dano patrimonial ou não, mas o que importa é que ele gera um efeito extrapatrimonial.

O dano, na verdade, não é patrimonial para se verificar quanto a pessoa gastaria para reformar ou comprar outro bem.

Se houvesse pagamento da indenização apenas para os danos patrimonais, os danos morais ficariam desprotegidos, implicando que poderia haver uma tendência da prática de danos morais, pois, para eles, não haveria sanção. Não são apenas os danos patrimoniais que são amparados pelo Direito, mas também deve ser protegida a moral das pessoas. O Direito tem de proteger o homem de um modo geral, tanto no aspecto material como no imaterial ou não patrimonial.

A moral da pessoa perdura no tempo, inclusive depois que falece. Os bens materiais são transitórios. Serão usados enquanto a pessoa for viva. Pode a pessoa também perder seus bens materiais, mas sua honra não pode ser maculada se tem reputação ilibada. A jurisprudência também admite a reparação de danos morais da pessoa morta.

O dano não pode ser reparado apenas em parte, na sua esfera material. Tem de ser reparado na sua integralidade, incluindo o dano moral.

Afirma Clayton Reis que "o dano é a causa da qual a reparação é o efeito"[4].

8.1.3 A dificuldade de descobrir-se a existência do dano

Gabba assevera que é impossível verificar se o dano ocorreu ou não no ânimo da vítima, pois tem característica subjetiva[5].

De fato, é difícil dizer se a pessoa tem ou não uma dor, mas ela pode ser demonstrada, inclusive por meio de testemunhas.

---

3. CHIRONI. *Culpa extra-contrattuale*. 2. ed. Turim, 1903, v. II, n. 412.
4. REIS, Clayton. *Dano moral*. Rio de Janeiro: Forense, 1991, p. 42.
5. GABBA, Op. cit., v. II, p. 236.

Muitas vezes, a dor moral é aparente na pessoa. Ela transparece no seu semblante, na sua face. Outras vezes, a dor fica apenas no coração ou na alma da pessoa, não transparecendo para outras pessoas. Certas pessoas choram em razão da dor que sentem. Outras pessoas, mais fortes, não choram ou demonstram sua insatisfação ou sua dor.

A dor moral de uma mãe que perdeu o filho em razão de um acidente de trânsito praticado com dolo ou culpa é evidente.

A dificuldade em se apurar o valor do dano não pode inviabilizar o direito à indenização.

8.1.4 A indeterminação do número das pessoas lesadas

Gabba informa que não só a pessoa ou seus parentes próximos, mas outros parentes também poderiam ter a dor moral. Haveria um número infinito de pessoas lesadas, impedindo o direito à indenização[6].

O fato de poder existir número indeterminado de pessoas lesadas não impede o direito à indenização pelo dano moral. O juiz pode, inclusive, arbitrá-la.

A dor do pai ou da mãe pela perda do filho seria uma coisa. A dor do amigo pela perda de uma pessoa não seria indenizada, pela falta de relação de parentesco.

As legislações dos países ou a jurisprudência limitam as pessoas que terão direito à indenização, que serão as que têm uma relação direta e por parentesco com o lesado.

8.1.5 A impossibilidade de uma rigorosa avaliação em dinheiro

Gabba menciona que a indenização por dano moral implica a impossibilidade de uma rigorosa avaliação em dinheiro. Não haveria *unità di misura*[7].

Maior dificuldade no arbitramento do valor não se pode confundir com impossibilidade de pagamento da indenização, pois é possível compensar a dor com dinheiro.

A impossibilidade de rigorosa avaliação em dinheiro não pode implicar a perda do direito à indenização. A avaliação será estimativa e não exata, mas será uma forma de reparar a dor sofrida pela pessoa. A vítima não pode ficar sem reparação, pois, do contrário, seria a negação ao direito e injustiça manifesta praticada contra ela. O direito, no caso, tem de ser interpretado em favor da

---

6. GABBA, Op. cit., v. II, p. 238-239.
7. GABBA, Op. cit., v. II, p. 232.

vítima e não em seu prejuízo. Não imputar a indenização ao responsável seria beneficiá-lo em decorrência do ato ilícito que praticou. Deve haver, portanto, a observância da reparação integral do dano cometido.

A dificuldade na apuração não pode tornar o direito letra morta ou simplesmente de se afirmar que a pessoa não tem ou perde o direito. É preferível que haja um pagamento ao ofendido a deixar o agente impune com suas afirmações, e o direito persistir violado.

O dinheiro é uma forma de exprimir em moeda algo que a pessoa possa comprar para superar ou compensar a dor sofrida.

É uma maneira de compensar a dor com a alegria que, por meio dele, se possa obter[8]. As sensações positivas obtidas com uma nova alegria iriam fazendo desaparecer, com o tempo, a dor.

8.1.6 A imoralidade de se compensar dor com dinheiro

A compensação da dor com dinheiro implicaria um comércio de sentimentos. Não poderia haver a tarifação do sentimento.

Não há outra forma de se compensar a dor a não ser com dinheiro, pois não é possível volta ao *status quo ante*.

De fato, não se pode fazer uma rigorosa avaliação em dinheiro, pois a dor não tem preço nem é tarifada a indenização. Todavia, é possível fazer uma estimativa para compensar a dor.

O lutador de boxe nada mais faz do que trocar a dor, ao receber socos no seu corpo e, principalmente, na cabeça, por dinheiro, o que, pode-se dizer, não é nada prazeroso.

O pagamento do prêmio no contrato de seguro de vida é uma forma de o beneficiário compensar a dor pela perda de um ente querido.

8.1.7 O ilimitado poder que se tem de conferir ao juiz. Excessivo arbítrio dado ao juiz

Chironi atribui um poder ilimitado ao juiz para decidir sobre a indenização por dano moral. Ficaria ao arbítrio do juiz a fixação da indenização. Daí poderia ocorrer um ato arbitrário.

Não há outra forma de se avaliar o dano moral, pois não há um preço para a dor. A indenização da dor não é tarifada, apenas o juiz deve proceder com razo-

---

8. MINOZZI, Alfredo. *Studio sul danno non patrimoniale*. 3. ed. Milão: S.E.L., 1917, p. 86.

8 • CABIMENTO DA INDENIZAÇÃO POR DANO MORAL   **49**

abilidade e proporcionalidade, mas seu ato, ao fixar a indenização, compreende um aspecto subjetivo e de arbítrio.

8.1.8 A impossibilidade jurídica de se admitir tal reparação

Gabba afirma que há impossibilidade jurídica do pedido. O dano não poderia ser reparado em razão da falta de previsão no ordenamento jurídico.

Não existe impossibilidade jurídica do pedido, pois a maioria das legislações estabelece que a pessoa que causar um dano fica obrigada a repará-lo.

O valor da indenização por dano moral não pode ser igual ao valor da indenização por dano patrimonial. As situações são distintas, devendo ter um tratamento diferente.

O dano moral tanto pode ser decorrente de um crime como de um ilícito civil. Ambos podem ser reparados por meio do pagamento de indenização.

8.1.9 Enriquecimento sem causa

Zulmira Pires de Lima entende que existem nove argumentos contra a tese da admissibilidade do dano moral[9]. Aponta um último argumento, no sentido de que haveria enriquecimento sem causa do ofendido em detrimento do ofensor.

Colmo afirma que haveria um enriquecimento sem causa do ofendido, com aumento do seu patrimônio, sem que houvesse contribuído com algum dinheiro para tanto[10].

O ofendido teria um aumento de seu patrimônio sem que tivesse havido diminuição do seu patrimônio para ser devida a indenização.

O autor não iria embolsar o que não desembolsou, pois "se se admitisse tão esdrúxulo pensamento, porque, no acidente, o acidentado não teria de receber qualquer reparação, vez que ele, por si e para si, nada desembolsa, ou, ainda, ficaria sem o mínimo reembolso"[11].

O argumento é válido se o dano fosse ao patrimônio ou fosse material. Entretanto, o dano é moral. Ele não envolve um prejuízo a bem material, mas a um bem extrapatrimonial.

Não se pode, portanto, exigir um materialismo exacerbado para considerar válida a indenização por dano moral, sob pena de não se conseguir fazer justiça.

---

9. LIMA, Zulmira Pires de. Responsabilidade civil por danos morais. *Revista Forense*, n. 83, p. 419.
10. COLMO, Alfredo. De *las obrigaciones en general*. 3. ed. Buenos Aires: Guillermo Kraft, 1944, n. 158.
11. ZENUN, Augusto. *O dano moral e sua reparação*. 5. ed. Rio de Janeiro: Forense, 1997, p. 41.

8.2 NO BRASIL

No Brasil, também se discute sobre o cabimento da indenização para reparar o dano moral.

O artigo 31 do Código Penal de 1830 previa a possibilidade de reparação do dano moral, desde que posterior à condenação criminal do ofensor. Dispunha o artigo 338 que a sentença que condenasse o réu na pena o condenasse também nas reparações de injúrias e prejuízos.

O Código Penal de 1890, no artigo 276, tratava da prestação pecuniária satisfatória no caso de atentado contra a honra da mulher. Determinava que, nos defloramentos, bem como nos casos de estupros de mulher honesta, a sentença que condenasse o criminoso também o obrigasse a dotar a ofendida.

A Lei n. 496, de 1º de maio de 1898, versava sobre direitos autorais, distinguindo danos morais e patrimoniais do autor e de sua obra.

Previa a Lei n. 2.681, de 7 de junho de 1912, a respeito da responsabilidade civil nas estradas de ferro, que "no caso de lesão corpórea, ou deformidade, à vista da natureza da mesma e de outras circunstâncias, especialmente a inviabilidade para o trabalho ou profissão habitual, além das despesas com o tratamento e os lucros cessantes, deverá pelo juiz ser arbitrada uma indenização conveniente" (art. 21). A indenização conveniente dizia respeito ao dano moral.

O STF, num primeiro momento, entendia que "o dano moral não é indenizável"[12], pois só seria indenizável o dano material, visto que o dano moral seria insusceptível de avaliação.

Alguns julgados do STF entenderam que o dano moral seria indenizável. Pedro Lessa afirma que o dano moral é o que não tem expressão econômica, mas que haveria dever de indenizar. Foi determinado o pagamento de indenização em razão da "privação da felicidade doméstica resultante da morte do marido, conforme se executasse na execução". Estimou-se o valor da indenização por dano material em 360 contos e o dano moral em 6 contos.[13]

Do acórdão citado houve recurso de embargos, que foram recebidos dois anos depois pelo STF. O julgamento entendeu não ser possível a indenização por dano moral. Foi dito que "a legislação pátria nunca consagrou a obrigação de indenizar danos puramente morais, sendo expressamente excluída essa obrigação do art. 22 da Lei n. 2.681, de dezembro de 1912". Enéas Galvão afirmou no seu voto que a indenização por dano moral seria impossível de ser determinada,

---

12. *RF* 45/521.
13. STF, Ac. de 13-12-1913, rel. Min. Pedro Lessa, j. 13-12-1913, *RT* 8:180.

pois a indenização somente seria cabível em casos em que houvesse efeitos de ordem econômica.

O artigo 159 do Código Civil de 1916 não era claro a respeito do dano moral: "aquele que, por ação ou omissão voluntária, negligência ou imprudência, violar direito ou causar prejuízo a outrem, fica obrigado a reparar o dano". Não havia distinção em relação à espécie de dano, que, poderia, portanto, ser moral. Não se fazia referência à modalidade do dano. Logo, poderia ser qualquer um. O geral abrange o especial (*specialia in generalibus sunt*), o que significa que, se foi falado no gênero dano, abrangeu a espécie, o dano moral. Inicialmente, não se discutia se o dano poderia ser moral em razão da situação histórica da época, de o Brasil ser um país com característica muito mais agrícola.

O Código Civil não mencionava, porém, que o dano era apenas material ou patrimonial. A expressão *reparar o dano causado pelo ofensor* era empregada num sentido amplo, genérico, significando tanto o dano patrimonial como o moral. O prejuízo diz respeito ao dano material e à violação a direito a dano moral, pois a moral também é um direito: à personalidade e à intimidade da pessoa. Todo e qualquer dano poderia ser reparado, inclusive o moral.

O artigo 76 do Código Civil de 1916 tratava de regra de natureza processual. Mencionava que "para propor, ou contestar uma ação, é necessário ter legítimo interesse econômico, ou moral". Dispunha o parágrafo único do referido artigo que o interesse moral só autoriza a ação quando toque diretamente ao autor. Clóvis Bequiláqua mostra que o fundamento do dano moral estaria no parágrafo único do artigo 76 do Código Civil:

> c) Para a reparação do dano moral, aquele que se sente lesado dispõe de ação adequada (artigo 76, parágrafo único); d) Mas, nem sempre, é ressarcível, não somente por não se poder dar-lhe valor econômico, por não se poder apreçá-lo em dinheiro, como ainda, porque essa insuficiência dos nossos recursos abre a porta a especulações desonestas, acobertadas pelo manto do mobilíssimo de sentimentos afetivos. Por isso o Código Civil afastou as considerações de ordem exclusivamente moral, nos casos de morte e de lesões corpóreas não deformante (artigos 1.537 e 1.538); e) Atendeu, porém, a essas considerações, no caso de ferimentos, que produzem aleijões ou deformidades (art. 1.538, parágrafos 1º e 2º); tomou em consideração o valor da afeição, providenciando, entretanto, para impedir o arbítrio, o desvirtuamento (artigo 1.543); as ofensas de dano moral, cuja indenização o Código disciplina; f) Além dos casos especiais capitulados no Código Civil, como de dano moral ressarcível outros existem que ele remete para o arbitramento, no artigo 1.553, que se refere, irrecusavelmente, a qualquer modalidade de dano, seja patrimonial ou meramente pessoal. [...] Ao contrário, a irreparabilidade do dano moral aparece no Código como exceção, importa

por considerações de ordem étnica e mental. A reparação é a regra para o Dano, seja moral, seja material. A irreparabilidade é exceção[14].

Esclarece, ainda, Clóvis Beviláqua que:

se o interesse moral justifica a ação para defendê-lo e restaurá-lo, é claro que tal interesse é indenizável, ainda que o bem moral se não exprima em dinheiro. É uma necessidade dos nossos meios humanos, sempre insuficientes, e não raro grosseiros, que o direito se vê forçado a aceitar que se compute em dinheiro o interesse de afeição e os outros interesses morais[15].

Estabelece o artigo 1.537 do Código Civil de 1916 que a indenização nos casos de homicídio consiste: "I – No pagamento das despesas com o tratamento da vítima, seu funeral ou luto da família". Augusto Zenun entende que a palavra *luto*, contida no referido inciso, também dá ensejo ao pagamento da indenização por dano moral[16]. Caudas Aulete afirma que luto é tanto um profundo sentimento de tristeza causado pela perda de qualquer pessoa que nos era cara como tristeza profunda causada pelo desgosto, sofrimento ou abatimento.

O artigo 1.547 do Código Civil de 1916 mostra ser devida indenização por injúria ou calúnia, que consistirá na reparação do dano que delas resulte para o ofendido. Aqui, o dano só pode ser moral, inclusive porque não há distinção no referido dispositivo. Em se tratando de ofensa decorrente de injúria ou calúnia, o dano só pode ser moral.

O artigo 1.548 mostra que a mulher agravada em sua honra tem direito a exigir do ofensor, se este não puder ou não quiser reparar o mal pelo casamento, um dote correspondente à sua própria condição e estado. A indenização também diz respeito ao dano moral e não patrimonial.

Nos demais crimes de violência sexual, ou ultraje ao pudor, arbitrar-se-á a indenização (art. 1.549), que é a pelo dano moral.

Previa o artigo 1.550 que a indenização por ofensa à liberdade pessoal consistiria no pagamento das perdas e dos danos que sobrevierem ao ofendido e no de uma soma calculada nos termos do parágrafo único do artigo 1.547: "se não puder provar prejuízo material, pagar-lhe-á o dobro da multa no grau máximo da pena criminal respectiva".

No Brasil, alguns autores eram contrários à indenização no dano moral. Somente nos casos previstos no Código Civil ou em lei especial é que se admitia o pagamento de indenização por dano moral.

---

14. BEVILÁQUA, Clóvis. *Código civil dos Estados Unidos do Brasil*. 5. ed. São Paulo: Francisco Alves, 1943, t. 2, v. V, p. 319.
15. BEVILÁQUA, Clóvis. *Teoria geral do direito civil*. 4. ed. Rio de Janeiro: Francisco Alves, 1954, p. 30.
16. ZENUN, Augusto. *Dano moral e sua reparação*. 5. ed. Rio de Janeiro: Forense, 1997, p. 115.

8 • CABIMENTO DA INDENIZAÇÃO POR DANO MORAL

Inicialmente, o STF entendeu que o dano moral não era indenizável: "Dano moral: Não é indenizável ante o nosso direito positivo" (STF, 2ª T., RE 29.447, Rel. Afrânio Costa, j. 25.11.1958).

Lafaiete Rodrigues Pereira entendia que só haveria direito à indenização quando houvesse um ferimento ou houvesse relação com o patrimônio do ofendido[17].

J. X. Carvalho de Mendonça entendia que o dano seria exclusivamente patrimonial ou material, não podendo ser moral[18].

Álvaro Villaça Azevedo não admitia a indenização do dano moral na vigência do Código Civil de 1916: "Se o dano for moral, para que se indenize, no Direito Brasileiro, é preciso que ocasione prejuízo ao vitimado que se conte pecuniariamente"[19]. O ofendido só seria indenizado se sofresse um prejuízo material, como se perdesse um empréstimo em razão da ofensa[20]. "Como vemos, o dano moral, embora em nosso entender devesse ser, não é indenizável, em nosso direito, a não ser que o determine a lei, nos exatos termos desta"[21].

Em acórdão isolado, a indenização do dano moral foi deferida pelo STF:

> Embora o dano moral seja um sentimento de pesar íntimo da pessoa ofendida, para o qual não se encontra estimação perfeitamente adequada, não é isso razão para que se lhe recuse em absoluto uma compensação qualquer. Essa será estabelecida, como e quando possível, por meio de uma soma, que, não importando uma exata reparação, todavia representará a única salvação cabível nos limites das forças humanas (STF, 2ª T., RE 69.754, j. 11-3-1971, rel. Min. Thompson Flores, *RT* 485:230).

O STF julgava que a indenização por dano moral só seria cabível em casos de leis especiais e quando previsto no Código Civil. Afirmou que "o art. 21 do Dec. n. 2.681, de 7 de dezembro de 1912, que dispõe sobre a responsabilidade civil das estradas de ferro, admite a indenização pelos danos extrapatrimoniais sofridos em caso de lesão corpórea deformante"[22].

Em alguns casos, o STF admitia a indenização por dano moral:

> O dano moral é ressarcível. A corrente que lhe restringe a ressarcibilidade é contrária à lei e à lógica jurídica.

---

17. PEREIRA, Lafaiete Rodrigues. *Direito das coisas*. 3. ed. § 205, nota 8.
18. MENDONÇA, J. X. Carvalho de. *Tratado de direito comercial brasileiro*. 3. ed. v. VI, 1ª parte, n. 581, alínea 3.
19. AZEVEDO, Álvaro Villaça. *Teoria geral das obrigações*. 3. ed. São Paulo: Revista dos Tribunais, 1981, p. 269.
20. Idem, ibidem, p. 270.
21. Idem, ibidem, p. 270.
22. STF, 1ª T., RE 83.978-0/RJ, rel. Min. Antônio Néder, v.u, j. 3-6-1980, *RT* 549.205.

A regra geral é a da responsabilidade plena, não havendo como confundir princípio de liquidação com princípio atinente ao direito da reparação (RE 59.940, j. 26-4-1966, *RTJ* 39/38 e *RF* 217/67).

A perda de um filho representa sério prejuízo de ordem moral e material para seus pais (2ª T., rel. Min. A. M. Vilas Boas, j. 8-11-1966, *RTJ* 40/285).

Em outros julgados, o STF admitia a indenização por dano moral, se decorrente de dano material:

A morte de menor em acidente de trânsito inclui-se na condenação à indenização dos lucros cessantes e do dano moral, além das despesas de funeral, luto e sepultura (Pleno, rel. Min. Amaral Santos, j. 29-10-1970, *RTJ* 56/783).

Em outro julgado do STF, a ementa dizia:

Dano moral. Não é indenizável, de acordo com a orientação do Supremo Tribunal (2ª T., RE 91.502, rel. Min. Leitão de Abreu, *DJ* 17-10-1980).

O STF editou, porém, a Súmula 491, que admite ser "indenizável o acidente que causa a morte de filho menor, ainda que não exerça trabalho remunerado".

Os Tribunais de Justiça ou de Alçada entendiam cabível o dano moral.

Agostinho Alvim afirma que:

não é por causa desta ou daquela hipótese, mais ou menos ridícula, que havemos de rejeitar um instituto são e útil. Na realidade, não se pode admitir que o dinheiro faça cessar a dor, como faz cessar o prejuízo patrimonial. Mas, em muitos casos, o conforto que possa proporcionar mitigará, em parte, a dor moral, pela compensação que oferece[23].

Se houve um prejuízo moral, houve dano. Assim, ele tem de ser indenizado. É a ideia da restituição integral (*restitutio in integrum*).

A propaganda eleitoral injuriosa ou deletéria dá direito a indenização por dano moral (§§ 1º e 2º do art. 243 da Lei n. 4.737/65). Prevê o § 1º do artigo 244 da mesma norma que o ofendido por calúnia ou injúria, sem prejuízo e independentemente da ação penal correspondente, poderá demandar no juízo cível a reparação do dano moral, respondendo por esta o ofensor e, solidariamente, o partido político deste, quando responsável por ação ou omissão, e quem quer que, favorecido pelo crime, haja de qualquer modo contribuído para ele.

As ofensas afirmadas na imprensa também dão direito a indenização por dano moral com base nos incisos II e IV dos artigos 16 e 18 da Lei n. 5.620/67. Dispõe o artigo 49 que aquele que:

---

23. ALVIM, Agostinho. *Da inexecução das obrigações e suas consequências*. 4. ed. São Paulo: Saraiva, 1972, p. 208.

no exercício da manifestação do pensamento e de informação, com dolo ou culpa, viola direito ou causa prejuízo a outrem, fica obrigado a reparar os danos morais e materiais, se publicar notícias falsas ou fatos verdadeiros truncados ou deturpados, que provoquem desconfiança no sistema bancário ou abalo de crédito de instituição financeira ou de qualquer empresa, pessoa física ou jurídica, ou sensível perturbação na cotação das mercadorias e dos títulos imobiliários no mercado financeiro.

O artigo 2º do CPC de 1939 determinava que para propor ou contestar ação é necessário legítimo interesse econômico ou moral. O interesse do autor poderá limitar-se à declaração da existência ou inexistência de relação jurídica ou à declaração da autenticidade ou falsidade de documento (parágrafo único do art. 2º).

Previa o artigo 126 da Lei n. 5.988, de 14 de dezembro de 1973, a indenização por dano moral em valor compensatório em razão dos aborrecimentos e transtornos decorrentes da atitude ilícita.

O artigo 1º da Lei n. 7.347/85 (Lei da Ação Civil Pública) foi alterado pela Lei n. 8.884/94, passando a prever que a referida norma rege as ações de responsabilidade por danos morais e patrimoniais.

O Código Brasileiro do Ar, Lei n. 7.565, de 19 de dezembro de 1986, mostra que os danos morais culposos decorrentes de sinistros dão ensejo à reparação de dano moral.

Estabeleceu o inciso III do artigo 1º da Lei Maior de 1988 que um dos fundamentos da República Federativa do Brasil, que se constitui num Estado Democrático de Direito, é a dignidade da pessoa humana. Uma das formas de se assegurar a dignidade da pessoa humana é reparar e preservar a imagem da pessoa.

Assegura o inciso V do artigo 5º da Constituição de 1988 o direito de resposta, proporcional ao agravo, além de indenização por dano material, moral ou à imagem.

Declara o inciso X do artigo 5º da Lei Maior que são invioláveis a intimidade, a vida privada, a honra e a imagem das pessoas, assegurado o direito à indenização pelo dano material ou moral decorrente de sua violação. A própria Lei Maior, portanto, determina a indenização por dano moral e por dano material, que são distintas. Não havia previsão anteriormente na Constituição a respeito da reparabilidade do dano moral. Trata-se de uma conquista, que valoriza também os direitos humanos da pessoa. Os referidos incisos são considerados direitos e garantias fundamentais, pois estão incluídos no Título II da Constituição. Não se poderia mais dizer que o dano moral não seria indenizável, pois a matéria passou a ter previsão na própria Lei Maior de 1988.

Afirma Celso Bastos, comentando o inciso X do artigo 5º da Lei Magna, que a segunda parte do inciso:

cuida de assegurar um direito à indenização pelo dano material ou moral decorrente de sua violação.

É óbvio que a Constituição não quis excluir outras formas de punição também compatíveis com a lesão a estes direitos, haja vista a existência dos crimes contra a honra. O que ela quis deixar certo é que, além da responsabilização administrativa, quando for o caso, cabe também uma responsabilização de natureza civil.

A novidade que há aqui é a introdução do dano moral como fator desencadeante da reparação. De fato não faz parte da tradição do nosso direito o indenizar materialmente o dano moral.

No entanto essa tradição no caso há de ceder diante da expressa previsão constitucional[24].

O dano moral fere a honra, a intimidade, a imagem da pessoa.

Vida privada pode dizer respeito à família da pessoa.

O Estatuto da Criança e do Adolescente prevê que essas pessoas têm direito à integridade moral (art. 17 da Lei n. 8.069/90).

Dispõe o artigo 6º do Código de Defesa do Consumidor que são direitos básicos do consumidor a efetiva prevenção e reparação de danos patrimoniais e morais, individuais, coletivos e difusos (VI); o acesso aos órgãos judiciários e administrativos, com vistas à prevenção ou reparação de danos patrimoniais e morais, individuais (VII).

Os artigos 24 a 27 da Lei n. 9.610/98 tratam do direito moral do autor.

A Lei n. 9.623, de 12 de janeiro de 1996, regulamenta o § 7º do artigo 226 da Constituição. Versa sobre a reparação de danos morais e materiais decorrentes de esterilização não autorizada. O artigo 21 mostra que os agentes do ilícito e, se for o caso, as instituições a que pertençam, ficam obrigados a reparar os danos morais e materiais decorrentes da esterilização não autorizada.

Atualmente, o artigo 186 do Código Civil de 2002 é claro: "aquele que, por ação ou omissão voluntária, negligência ou imprudência, violar direito e causar dano a outrem, ainda que exclusivamente moral, comete ato ilícito". Não há mais, portanto, dúvida a respeito da reparabilidade do dano moral. O legislador civil evitou a dúvida de ser ou não reparável o dano moral. O referido dispositivo passa a prever especificamente a possibilidade de uma pessoa causar exclusivamente dano moral a outra, o que não era previsto expressamente ou claramente no artigo 159 do Código Civil de 1916.

O Código Civil de 2002 passou a ter o Capítulo II, do Título I, do Livro I, tratando "Dos direitos da personalidade". Não havia previsão nesse sentido no código anterior. Dispõe o artigo 12 do Código Civil que se pode exigir que cesse

---

24. BASTOS, Celso; MARTINS, Ives Gandra da Silva. *Comentários à Constituição do Brasil.* São Paulo: Saraiva, 1989, v. 2, p. 65.

a ameaça, ou a lesão, a direito da personalidade, e reclamar perdas e danos, sem prejuízo de outras sanções previstas em lei. Reza o artigo 21 que a vida privada da pessoa natural é inviolável, e o juiz, a requerimento do interessado, adotará as providências necessárias para impedir ou fazer cessar o ato contrário a esta norma.

São responsáveis pelo dano extrapatrimonial todos os que tenham colaborado para a ofensa ao bem jurídico tutelado, na proporção da ação ou da omissão (art. 223-E da CLT).

A dificuldade em avaliar o dano moral e a sua subjetividade não pode, porém, ser considerada fator impeditivo para o pagamento de indenização por dano moral, pois, na verdade, se o dano existe, deve ser reparado.

A indenização por dano moral não visa pagar o preço da dor (*pretium doloris*), mas compensar ou atenuar a dor da vítima, sua angústia, visando impedir que, em outras oportunidades, o agente cometa o mesmo ato. Não se trata, portanto, de um preço pela dor moral.

Não se está mercantilizando a dor, mas estabelecendo uma forma de compensá-la, de amenizá-la.

Hoje, o entendimento pacífico, seja na doutrina, seja na jurisprudência, é o cabimento da indenização para reparar o dano moral.

Todo homem tem um valor moral. Essa moral do homem não pode ser menosprezada ou vilipendiada por qualquer outro. Assim, tem de ser indenizada, caso haja violação à sua moral.

A teoria do valor do desestímulo pretende punir o infrator, compensar a vítima e prevenir novas condutas.

São excludentes da responsabilidade:

(a) culpa exclusiva da vítima;

(b) ausência de nexo causal;

(c) fato de terceiro.

Na culpa concorrente há redução do valor da indenização.

Julgava o STF que não seriam cumuláveis danos morais e materiais, pois na reparação de um estaria incluído o outro:

> Indenização por acidente. Dano patrimonial e dano moral. A jurisprudência do STF já se firmou no sentido de que não se indenizem cumulativamente danos patrimoniais e danos morais, pois a indenização daqueles absorve a destes. Recurso conhecido em parte e nela provido (2ª T., RE 98.761/RJ, rel. Min. Moreira Alves, j. 5-11-1982, *RT* 573/295).

Em outro julgado o entendimento foi o mesmo[25].

O STF entendia, porém, que "a indenização acidentária não exclui a do direito comum, em caso de dolo ou culpa grave do empregador" (Súmula 229).

O STF entendeu pela possibilidade de indenização por dano puramente moral (1ª T., RE 105.157/SP, rel. Min. Octávio Gallotti, *DJ* 18-10-1983, p. 18.459).

A jurisprudência do STJ firmou-se em outro sentido, pois, se houvesse apenas um dos danos, ele seria indenizado e o outro não. Existindo, porém, os dois danos, há necessidade de duas reparações, pois são distintas as bases e fundamentos, mostrando que apenas uma única indenização não vai reparar duas consequências diversas, apesar de poderem ser decorrentes de um mesmo fato. Uma indenização não absorve a outra. Foi, assim, expedida a Súmula 37 da referida Corte, com a seguinte redação: "são cumuláveis as indenizações por dano material e dano moral oriundo do mesmo fato". É, portanto, uma forma de reparação integral de cada dano cometido.

Dano estético não está incluído no dano moral, pois se relaciona ao fato de a pessoa ter sofrido mutilações ou deformações físicas.

O STJ entende que é possível a cumulação do dano moral e do dano estético, desde que derivados do mesmo evento tenham consequências que podem ser separadamente identificáveis (REsp 40.259/RJ, 3ª T., rel. Min. Waldemar Zveiter, *DJU* 25-4-1994). É lícita a cumulação das indenizações de dano estético e dano moral (Súmula 387 do STJ).

---

25. STF, 2ª T., RE 97.672-8, rel. Min. Moreira Alves, j. 3-9-1982, *DJU* 10-12-1982, p. 12.793.

9
CARACTERIZAÇÃO DO DANO MORAL

Para a caracterização do dano moral, é mister que estejam presentes alguns requisitos.

9.1 CERTEZA DO DANO

No dano moral, não existe diminuição ou destruição de um bem tangível, daí por que para a sua existência é mister que seja certo. O dano moral deve afetar a personalidade do trabalhador.

O dano deve ser real e efetivo. Deve, portanto, ser determinado, definido. Não se admite dano eventual, incerto ou hipotético, como de uma possibilidade de ocorrer.

Não se discute inicialmente o valor do prejuízo moral, mas se houve o prejuízo moral.

Não se admite mera possibilidade de dano ou um dano moral em potencial, mas um dano efetivo. Se existe a possibilidade ou probabilidade de o dano ocorrer no futuro, ele ainda não ocorreu e não é indenizável.

9.2 ATUALIDADE

O dano deve ser atual.

Se o ofendido deixa passar muito tempo para depois postular em juízo a reparação, presume-se que houve perdão da ofensa. A ação deve ser proposta logo após o dano ter sido concretizado.

Há julgado que entendeu que, passados vários anos, não mais se pode falar em dano moral, pois deve haver imediação na apresentação da ação. Do contrário, entende-se que não existe dano moral a ser indenizado, por ter desaparecido a dor:

Indenização por dano moral – Falta de imediatividade – Indeferimento – Na análise de alegado dano moral é perfeitamente invocável o princípio da imediatividade, pois se há uma dor, um sofrimento ou um abalo emocional, mas estes não chegam a inibir a continuidade da relação entre as partes, não se cogita de dano moral. Transcorrido considerável lapso de tempo desde a ocorrência do apontado ato danoso, isto demonstra, no mínimo, ou uma escassa emoção de quem depois se diz ofendido, ou, então, o demérito que o fato tem sob sua ótica, inviabilizando, assim reparação indenizatória (TRT 9ª R., 1ª T., RO 01220-2004-071-09-00-0, Ac. 29155/05, rel. Juiz Ubirajara Carlos Mendes, *DJ-PR* 11.11.05, p. 524; *Suplemento de Jurisprudência LTr* 52/2005, p. 413).

Não teria sentido alguém que foi dispensado há 19 anos e 11 meses ingressar com ação postulando indenização por dano moral decorrente de acidente do trabalho, pois teria desaparecido a sensação de dor imposta ao ofendido.

9.3 PESSOALIDADE

O dano deve ser causado à pessoa do ofendido. Se um dano é dirigido a uma coisa, não existe dano moral, a não ser que tenha reflexos na moral da pessoa, como no dano indireto ou por ricochete.

9.4 NEXO DE CAUSALIDADE

Deve haver um nexo de causalidade entre o dano e o fato.

Nexo causal é o liame que une a conduta do agente ao dano[1].

A relação de causa e efeito entre o ato praticado e o dano é o nexo causal.

Há um antecedente e uma consequência. Deve haver relação entre o ato praticado e o prejuízo experimentado ou sofrido pela vítima.

O dano que ocorreu por culpa exclusiva da vítima não será indenizável, por faltar o nexo causal.

9.5 LEGITIMIDADE

O autor da ação deve ser parte legítima para postular o dano moral.

Dispõe o artigo 3º do CPC que para postular em juízo é necessário haver interesse e legitimidade.

Em princípio, a pessoa que não foi diretamente ofendida moralmente não pode postular o dano moral. Exemplo é a hipótese de quem vê uma ofensa contra uma pessoa e fica também altamente ofendido. A ofensa não foi dirigida a segunda pessoa, que não pode postular o dano moral.

---

1. VENOSA, Sílvio de Salvo. Direito Civil. *Responsabilidade civil*. 2. ed. São Paulo: Atlas, 2002, v. IV, p. 36.

9.6 ATO ILÍCITO

Dispõe o artigo 186 do Código Civil de 2002 que "aquele que, por ação ou omissão voluntária, negligência ou imprudência, violar direito e causar dano a outrem, ainda que exclusivamente moral, comete ato ilícito".

O dispositivo é claro no sentido de que o ato ilícito é cometido por uma pessoa por ação ou omissão.

Leciona Álvaro Villaça Azevedo que "o ato ilícito é a manifestação de vontade, dolosa ou culposa, que viola direito e causa dano à vítima"[2].

Carlos Roberto Gonçalves assevera que "ato ilícito é o praticado com infração ao dever legal de não violar direito e não lesar a outrem"[3].

Rubens Limongi França afirma que ato ilícito é "toda ação ou omissão voluntária, ou que implique negligência ou imprudência, cujo resultado acarrete violação de direito ou ocasione prejuízo a outrem"[4].

Luigi Cariota Ferrara menciona que o ato ilícito:

> é todo ato jurídico (quer dizer voluntário) que, violando a norma jurídica, produz dano a outrem: dele nasce, a cargo do agente, a obrigação do ressarcimento do dano, se o ato foi praticado por pessoa capaz de entender e de querer e a quem pode ser atribuído dolo ou culpa[5].

Ato ilícito é o que não é lícito, que não foi exercido de acordo com a ordem jurídica. É a ação ou omissão praticada por alguém com dolo ou culpa em desconformidade com a ordem jurídica, causando dano a outrem.

O autor da ação ou da omissão faz algo que não é permitido e, portanto, que não é considerado lícito.

Não constituem atos ilícitos os praticados em legítima defesa ou no exercício regular de um direito reconhecido (art. 188, I, do Código Civil). É abusivo o negócio jurídico praticado de forma irregular ou anormal. É, portanto, um ato ilícito.

Se o autor pratica um ato em legítima defesa, pois foi provocado, ou no exercício regular de um direito, não se pode falar em ato ilícito e, portanto, em dano.

Quem exercita regularmente um direito reconhecido não pratica ato ilícito (art. 188, I, do Código Civil).

---

2. AZEVEDO, Álvaro Villaça. *Código Civil comentado*. São Paulo: Atlas, 2003, v. II, p. 348.
3. GONÇALVES, Carlos Roberto. *Comentários ao Código Civil*. Parte Especial. Direito das obrigações. São Paulo: Saraiva, 2003, v. II, p. 281.
4. FRANÇA, Rubens Limongi. Ato ilícito. In: *Enciclopédia Saraiva de Direito*. São Paulo: Saraiva, 1978, v. 9, p. 16.
5. FERRARA, Luigi Cariota. *Il negocio giuridico nel diritto privato italiano*. Nápoles: Morano, p. 28, n. 8.

Também comete ato ilícito o titular de um direito que, ao exercê-lo, excede manifestamente os limites impostos pelo seu fim econômico ou social, pela boa-fé ou pelos bons costumes (art. 187 do Código Civil). O ato exercido com má-fé, causando prejuízo a outrem, ou em desacordo com os bons costumes também é ilícito.

Causa dano de natureza extrapatrimonial a ação ou omissão que ofenda a esfera moral ou existencial da pessoa física ou jurídica, as quais são as titulares exclusivas do direito à reparação (art. 223-B da CLT).De acordo com este artigo a indenização por dano moral é apenas devida a pessoa física, não sendo transmissível para os seus herdeiros.

A etnia, a idade, a nacionalidade, a honra, a imagem, a intimidade, a liberdade de ação, a autoestima, o gênero, a orientação sexual, a saúde, o lazer e a integridade física são os bens juridicamente tutelados inerentes à pessoa física (art. 223-C da CLT). O rol é taxativo . Não é exemplificativo. Não se usa tais como no artigo.

A imagem, a marca, o nome, o segredo empresarial e o sigilo da correspondência são bens juridicamente tutelados inerentes à pessoa jurídica (art. 223-D da CLT). A pessoa jurídica também poderá sofrer dano moral.

10
DANO MORAL DECORRENTE DO CONTRATO DE TRABALHO

10.1 INTRODUÇÃO

A maioria dos empregados não tem patrimônio material ou então ele não é considerável. Entretanto, têm os empregados um patrimônio muito maior a ser respeitado, que é sua honra, sua intimidade. Caso haja desrespeito ao íntimo do empregado, causando-lhe dor em decorrência do ato do empregador, haverá dano moral a ser indenizado.

O empregador detém o poder de dirigir o empregado (art. 2º da CLT), determinando o que ele deve fazer no emprego, o que compreende o poder de controle, de fiscalização e disciplinar.

O empregado é subordinado ao empregador na relação de emprego, como se verifica no artigo 2º da CLT. Está sujeito às ordens do empregador.

Em decorrência disso, podem surgir excessos, principalmente, do empregador ou seus prepostos ao ofenderem o empregado ou causar-lhe dor moral em razão do ato que pratica.

O empregador pode dirigir o trabalho do empregado, mas não sua maneira de viver.

Na relação entre empregado e empregador, o dano moral pode surgir dos exageros de tratamento ocorrentes entre qualquer uma das partes do contrato de trabalho. O empregador muitas vezes pode exagerar no seu poder de direção, atingindo a honra do empregado, desrespeitando a sua dignidade. Daí surge o dano moral.

As partes no contrato de trabalho devem estar imbuídas de boa-fé e de respeito mútuo. Devem tratar-se com respeito mútuo.

Reza o parágrafo 1.º do artigo 8º da CLT que "o direito comum será fonte subsidiária do direito do trabalho, naquilo em que não for incompatível com os princípios fundamentais deste". O Direito do Trabalho não trata exatamente de dano moral ou da sua responsabilidade. Existe, portanto, omissão na CLT sobre o tema. O dano moral é compatível com os princípios fundamentais do Direito do Trabalho, que também visa proteger a intimidade do trabalhador. *Direito comum* é o Direito Civil. É desnecessário que a norma pertença ao campo do Direito do Trabalho para ser aplicada na Justiça Laboral, podendo pertencer ao Direito Civil e ter incidência na relação de emprego. Exemplo: a aplicação do artigo 412 do Código Civil para limitar a multa prevista na norma coletiva. Trata-se apenas da aplicação subsidiária do direito comum, como prevê o parágrafo 1.º do artigo 8º da CLT. Logo, deve ser aplicado o Código Civil.

O artigo 159 do Código Civil de 1916 não era claro a respeito do dano moral: "aquele que, por ação ou omissão voluntária, negligência, ou imprudência, violar direito, ou causar prejuízo a outrem, fica obrigado a reparar o dano". Estabelecia a regra de não lesar a outrem.

Previa o inciso III do artigo 1.521 do Código Civil de 1916 a responsabilidade do patrão, amo ou comitente por seus empregados, serviçais e prepostos no exercício do trabalho que lhes competir, ou por ocasião dele. Essa responsabilidade abrangia as pessoas jurídicas que exercessem exploração industrial. Verificava-se do Código Civil que a palavra *patrão* se referia, na linguagem mais moderna, a empregador, e amo dizia respeito ao empregador doméstico, tanto que o referido código usava a palavra *serviçal*, que significava o empregado doméstico da época. Assim, havia a responsabilidade civil do empregador pelos atos de seus empregados.

Dispõe o artigo 186 do Código Civil que "aquele que, por ação ou omissão voluntária, negligência ou imprudência, violar direito e causar dano a outrem, ainda que exclusivamente moral, comete ato ilícito". Assim, o dano moral também será reparável. Não há mais dúvida a respeito da reparabilidade do dano moral.

O inciso III do artigo 932 do Código Civil de 2002 reza que são também responsáveis pela reparação civil o empregador ou comitente por seus empregados, serviçais e prepostos, no exercício do trabalho que lhes competir, ou em razão dele. O Código ainda emprega a palavra *serviçais*.

A criança e o adolescente têm direito à integridade física, psíquica e moral (art. 17 da Lei n. 8.069/90 – Estatuto da Criança e do Adolescente). O menor de 14 anos pode trabalhar na condição de aprendiz. A pessoa entre 16 e 18 anos também pode trabalhar. Assim, também deve ser resguardada a moral da criança e do adolescente do ponto de vista trabalhista.

Em relação ao trabalho do menor, também há uma preocupação com a sua moralidade.

Ao menor não será permitido o trabalho em locais ou serviços prejudiciais à sua moralidade (art. 405, II, da CLT). Considera-se prejudicial à moralidade do menor o trabalho:

(a) prestado de qualquer modo em teatros de revista, cinemas, boates, cassinos, cabarés, *dancings* e estabelecimentos análogos;

(b) em empresas circenses, em funções de acrobata, saltimbanco, ginasta e outras semelhantes;

(c) de produção, composição, entrega ou venda de escritos, impressos, cartazes, desenhos, gravuras, pinturas, emblemas, imagens e quaisquer outros objetos que possam, a juízo da autoridade competente, prejudicar sua formação moral;

(d) consistente na venda, a varejo, de bebidas alcóolicas (§ 3º).

O juiz pode autorizar o trabalho do menor nas hipóteses *a* e *b* acima desde que a representação tenha fim educativo ou a peça de que participe não possa ser prejudicial à sua formação moral (art. 406, I, da CLT).

Verificado pela autoridade competente que o trabalho executado pelo menor é prejudicial à sua saúde, ao seu desenvolvimento físico ou à sua moralidade, poderá ela obrigá-lo a abandonar o serviço, devendo a respectiva empresa, quando for o caso, proporcionar ao menor todas as facilidades para mudar de funções (art. 407 da CLT). Quando a empresa não tomar as medidas possíveis e recomendadas pela autoridade competente para que o menor mude de função, configurar-se-á a rescisão do contrato de trabalho de forma indireta, de acordo com o artigo 483 da CLT.

Ao responsável legal do menor, é facultado pleitear a extinção do contrato de trabalho, desde que o serviço possa acarretar para ele prejuízos de ordem física ou moral (art. 408 da CLT).

O artigo 27 da Lei n. 6.533 estabelece que "nenhum artista ou técnico em espetáculo de diversão será obrigado a interpretar ou participar de trabalho passível de pôr em risco sua integridade física ou moral".

Os danos morais podem ocorrer nas seguintes fases: pré-contratual, durante o contrato de trabalho ou na sua execução, em razão da cessação do contrato de trabalho e pós-contratual.

10.2 FASE PRÉ-CONTRATUAL

A fase pré-contratual compreende o período anterior ao contrato de trabalho. É a fase de testes, de análise de currículo, exame médico, psicotécnico, dinâmica de grupo, questionários, que compreende o processo de seleção do trabalhador. Nessa fase, também ocorrem as tratativas a respeito do futuro contrato de trabalho.

A simples participação em processo seletivo, sem que tenha havido contratação, não importa dano moral (TRT 15ª R., Proc. 0000618-06.2010.5.15.0016-RO, rel. Helena Rosa Mônica S. L. Coelho), pois o empregador é livre para contratar ou não o empregado.

O fato de o empregado deixar um emprego para trabalhar em outro, em razão de proposta mais vantajosa que lhe foi feita e que, posteriormente, não se concretizou, não enseja, em princípio, dano moral. Há de ficar demonstrado que o empregado teve algum prejuízo ou que o fato atingiu a sua moral.

Muitas vezes, acontece de o empregado não ser contratado por ter ajuizado ação na Justiça do Trabalho. Seu ex-empregador passa a apresentar informações negativas e inverídicas a seu respeito. São elaboradas listas negras entre empregadores, que não contratam trabalhadores que tiverem ajuizado ação na Justiça do Trabalho. O dano moral também poderá ocorrer nesses casos.

O empregado pode deixar de ser contratado em razão de alegações do empregador, como o fato de ser viciado, doente de Aids, homossexual, cleptomaníaco, ladrão, desonesto etc.

A jurisprudência entendeu que houve dano moral no tratamento discriminado de homossexual:

> Dano moral. Suposta opção sexual. Discriminação. Dispensa indireta. Ato lesivo da honra e boa-fama. Cabimento. Enseja indenização por dano moral, de responsabilidade da empresa, atos reiterados de chefe que, no ambiente de trabalho, ridiculariza subordinado, chamando pejorativamente de "gay" e "veado", por suposta opção sexual. Aliás, é odiosa a discriminação por orientação sexual, mormente no local de labor. O tratamento dispensado com requintes de discriminação, humilhação e desprezo à pessoa do reclamante afeta a sua imagem, o íntimo, o moral, dá azo à reparação por dano moral, além de configurar a dispensa indireta por ato lesivo da honra e boa-fama do trabalhador, eis que esses valores estão ao abrigo da legislação constitucional e trabalhista (arts. 3º, IV, 5º, X, da CF; art. 483, e, da CLT) (TRT 15ª R., RO 00872-2005-015-15-00-8, 6ª T., rel. Juiz Edison dos Santos Pelegrini, *DJSP* 7-4-2006).

O trabalhador também pode ser submetido a polígrafo para verificar se diz a verdade durante a entrevista de admissão. Isso também pode ensejar o dano moral, como no seguinte caso:

> Uso de polígrafo, como instrumento técnico de avaliação, para fins admissionais de emprego. Configuração de dano moral. Por certo que o uso de meios técnicos, para fins de avaliação da idoneidade da pessoa, como critério inadequado e evidentemente falho, só por si, acaba por re-

presentarumato de constrangimento pessoal – ainda que desprezado, aqui, o *modus procedendi*, de acoplagem de aparelhos capazes de identificar reações de sudorese, batimentos cardíacos e reações emocionais. Comprimido pela necessidade de um emprego, qualquer cidadão de melhor índole e sensibilidade, só pela certeza da falha desse critério e pelo receio de não vir a alcançar o objetivo perseguido, por certo que se encontra extremamente exposto a reações daquela ordem – sem que, nem por isso, as mesmas guardem qualquer relação com a meta da verdade perseguida. De tanto se pode concluir, pois, inequivocamente, tratar-se de método duplamente atentatório, contra a dignidade da pessoa: em si, como ato vexatório; e quanto ao seu resultado, enquanto que eventualmente oposto à realidade examinada. A todos os títulos, portanto, afrontoso à privacidade da pessoa e que fere, frontalmente, a sua dignidade – substrato e fundamento do direito à reparação por dano moral, melhor dito dano não patrimonial (TRT 3ª R., 1ª T., RO 00298-2003-092-03-00-0, rel. Juiz Manuel Cândido Rodrigues, j. 26-4-2004, *DJMG* 30-4-2004, p. 5).

Nas entrevistas, não se deve fazer perguntas de natureza pessoal, como de orientação sexual, preferências políticas ou religiosas, hábitos sexuais etc. As perguntas devem dizer respeito à aptidão para o exercício da função, como experiência, cursos, trabalho em empresas anteriores na mesma função.

O artigo 1º da Lei n. 9.029, de 13 de abril de 1995, veda a prática discriminatória no acesso ao contrato de trabalho por motivo de sexo, origem, raça, cor, estado civil, situação familiar, deficiência, reabilitação profissional ou idade, entre outros, permitindo também a postulação de dano moral (art. 4º).

As três teses aprovadas (em votação majoritária) pelo TST quanto a indenização por danos morais em relação a requisito de fornecimento de certidão de antecedentes criminais são as seguintes:

1 – Não é legítima e caracteriza lesão moral a exigência de certidão de antecedentes criminais de candidato a emprego, quando traduzir tratamento discriminatório ou não se justificar em razão de previsão de lei, natureza do ofício ou do grau especial de fidúcia exigido. Vencidos os ministros Dalazen, Emmanoel Pereira e Caputo Bastos;

2 – A exigência de certidão de antecedentes criminais de candidato a emprego é legítima e não caracteriza lesão moral quando amparada em expressa previsão legal ou justificadas em razão da natureza do ofício ou do grau especial de fidúcia exigido, a exemplo de empregados domésticos, cuidadores de crianças, idosos e deficientes, motoristas rodoviários de carga, empregados do setor de agroindústria, de manejo de ferramentas ou trabalho perfurocortante, bancário e afins, trabalhadores que manejam substâncias tóxicas, entorpecentes e armas, trabalhadores que atuam com informações sigilosas. Vencidos os ministros Augusto Cesar, Aloysio Correa da Veiga, Walmir Oliveira da Costa e Cláudio Mascarenhas Brandão;

3 – A exigência de certidão de antecedentes criminais quando ausente alguma das justificativas de que trata o item dois caracteriza dano moral *in re ipsa* passível de indenização independentemente do candidato a emprego ter ou não sido admitido. Vencidos Dalazen. Emanoel Pereira e Caputo Bastos e totalmente, Aloysio Correa, Renato Lacerda Paiva e Ives Gandra. (Proc. IRR 243000-58.2013.5.13.0023, 10157.2457196.2018.04.30).

10.3 FASE CONTRATUAL

Durante a vigência do contrato de trabalho não é comum o empregado ajuizar ação contra o empregador. Isso ocorre porque o trabalhador tem receio de ser perseguido pelo patrão no emprego ou de ser dispensado por fazer reivindicações. As postulações geralmente são feitas quando o trabalhador é dispensado, quando o empregador não poderá fazer retaliações ao ato do empregado.

Nem todo o descumprimento do contrato de trabalho enseja dano moral, pois a reparação pode ser o pagamento da verba trabalhista correspondente.

O empregado pode não ser registrado na empresa. A informalidade é uma característica no mercado de trabalho, atingindo 60% da população economicamente ativa no país. Entretanto, o trabalhador não precisa ser registrado para postular dano moral. Provando que era empregado e que houve o dano moral, terá direito à respectiva indenização. Em princípio, não seria devida a indenização por dano moral pelo fato de o empregado não ser registrado, pois o reconhecimento do vínculo de emprego e o pagamento das verbas decorrentes do contrato de trabalho seriam as reparações cabíveis.

O empregador tem obrigação de proporcionar trabalho ao empregado. Se não o faz, pode dar ensejo ao dano moral, pelo fato de que o empregado que fica ocioso é motivo de gozações, por ficar o dia todo sem trabalhar. Essa situação ocorre nos casos de assédio moral, principalmente de empregados reintegrados no serviço.

O inciso III do artigo 1º da Constituição assegura a dignidade da pessoa humana. O inciso IV prevê que o trabalho é um valor social.

A Convenção n. 111 da OIT, ratificada pelo Brasil, veda qualquer discriminação que se funde em razão de raça, cor, sexo, religião, opinião política, ascendência nacional ou origem social.

No caso a seguir, a foto do empregado foi divulgada num *site* na internet, porém o autor expressamente autorizou a divulgação e também recebeu em torno de R$ 400,00 para tanto. O dano moral ficou descaracterizado, pois o empregado deu causa à questão:

> Dano Moral – Divulgação de foto na Internet. O reclamante autorizou a cessão de sua imagem para divulgação na Internet. Até mesmo recebeu numerário para esse fim. O fato de o reclamante trabalhar em local destinado a homossexuais não quer dizer que também o seja. Se trabalhava no local como *barman*, assumiu o risco de o confundirem como homossexual. A caracterização de a pessoa ser homossexual é revelada pelas suas atitudes, pelo modo de se portar e não em razão de trabalhar em certo lugar. Dessa forma, não se pode falar em dano moral, pois autorizou a divulgação de sua imagem na Internet, não existindo agressão à sua imagem, intimidade, honra e vida privada (TRT 2ª R., 3ª T., RO 02470200001602005, Ac.

20030671447, j. 2-12-2003, rel. Juiz Sergio Pinto Martins, *Revista da Associação dos Advogados de São Paulo*, n. 2.377, 26 de julho a 1º de agosto de 2004, p. 3151).

O STJ entende que independe de prova do prejuízo a indenização pela publicação não autorizada da imagem da pessoa (Súmula 403).

Não dispõe o art. 11 do Código Civil que os direitos da personalidade sejam inalienáveis. Logo, podem ser alienáveis. Não houve renúncia do referido direito no caso anterior.

O artigo 18 do Código Civil pode ser usado por analogia, pois sem autorização não pode haver a utilização da imagem alheia.

O empregador poderia fazer a revista no empregado de maneira desrespeitosa, importando na existência do dano moral. As revistas podem ser feitas no empregado, mas devem ser discretas, moderadas, impessoais, de acordo com a razoabilidade e feitas por pessoas do mesmo sexo. Homens não podem fazer revistas em mulheres.

O inciso VI do artigo 373-A da CLT proíbe revistas íntimas em relação às mulheres. Isso mostra que é possível serem feitas revistas nas empregadas, mas não revistas íntimas. O dispositivo não implica, a contrário senso, que são permitidas revistas íntimas nos homens, pois ferem a sua intimidade.

A revista *Veja* de 19 de junho de 1991 menciona que:

no Brasil, a 37ª Vara Criminal do Rio de Janeiro, através da sentença proferida pelo juiz Sérgio de Souza Verani, condenou o proprietário da empresa De Millus a elevada multa, por incorrer na prática de crime de constrangimento ilegal, ao submeter 3.000 empregadas do setor de produção a revistas periódicas, no final do expediente. As operárias eram encaminhadas a cabines sem cortina, em grupos de trinta, e recebiam instruções para levantar as saias e blusas ou abaixar as calças compridas, a fim de que fossem examinadas as etiquetas de peças íntimas e, quando ocorria de estarem menstruadas, deveriam mostrar a ponta do absorvente higiênico para provar que não havia peças escondidas no local (p. 24).

Em casos de revistas abusivas, vexatórias, os tribunais trabalhistas têm deferido indenização por dano moral:

Dano moral – Revista – Nudez. *A priori*, a revista dos empregados ao final da jornada de trabalho, por si só, não constitui motivo para provocar o constrangimento, nem viola a intimidade da pessoa, de modo a gerar direito à indenizáíxo por danos morais. Entretanto, apurando-se que o Autor trabalhava usando apenas um macacão sem bolsos e um par de chinelos, com a finalidade de impedir que subtraísse valores, escondendo-os nos bolsos ou no interior dos calçados, não se encontra justificativa plausível para a exigência de que se despisse totalmente antes da troca de roupa no vestiário, quando era revistado por seguranças, na presença de outros colegas de trabalho. O uniforme utilizado já afasta qualquer possibilidade de furto, sendo a revista despicienda, até porque há circuito interno monitorado por câmeras de filmagem. Dessa forma, restou vulnerada a inviolabilidade da intimidade, da vida privada, da honra e da imagem do trabalhador, asseguradas pela Constituição Federal, pelo que resta-lhe assegurado o direito à indenização pelo dano moral (TRT 3ª R., 6ª T., RO 01619.2003.010.03.00.3, rel. Juíza Emília Facchini, j. 17-5-2004, *DJMG* 27-5-2004, p. 16).

Em hipótese em que a revista é moderada e não vexatória e há sorteio ou os empregados são escolhidos aleatoriamente, não se entendeu ser devida a indenização por dano moral:

Dano moral, fábrica de lingerie – Revista. A revista levada a efeito sem constrangimento e sem qualquer objetivo desmerecedor, *v. g.*, com discriminação de certos empregados, traduz atos contidos no poder de comando do empregador em defesa do patrimônio. Em sendo o material produzido de fácil portabilidade, dada a sua leveza e pequenez, não pode a empresa correr riscos. A revista, em tais casos, é uma exigência que em nada desmerece a funcionária. Inexiste aí, qualquer constrangimento a dar suporte a dano moral. O instituto é por demais importante para que seja transformado em espécie de panaceia (TRT 2ª R., 6ª T., RO 00379200136102000, rel. Juiz Francisco Antônio de Oliveira, j. 27-1-2004, *DJSP* 13-2-2004, p. 16).

O ideal, talvez, seria que as revistas também fossem acompanhadas por membro do Sindicato dos trabalhadores para serem evitados abusos por parte do empregador ou, então, que a matéria fosse definida na norma coletiva da categoria.

O empregador não poderá instalar câmeras nos banheiros para filmar os empregados, principalmente quando estão trocando de roupa, nus ou satisfazendo necessidades fisiológicas.

No caso a seguir ficou configurado o dano moral pelo fato de que o empregador instalou câmeras de vídeo no banheiro da empresa:

Dano moral – Instalação de câmera de vídeo em banheiros – Caracterização – A instalação de câmeras de vídeo no banheiro da empresa ofende a garantia da inviolabilidade da intimidade da pessoa, assegurada no art. 5º da Constituição da República e, por conseguinte, autoriza o deferimento da indenização por danos morais postulada na inicial (TRT 3ª R., 1ª T., RO 01674.2004-043-03-00-5, rel. Juiz Marcus Moura Ferreira, j. 29-8-2005, *DJMG* 2-9-2005, p. 6).

Em caso em que o advogado dono do escritório colocou câmera dentro do banheiro das empregadas, foi mantida a sentença que deferiu indenização por dano moral:

Dano moral. Câmera em banheiro.

Caracteriza-se o dano moral pelo fato de que o escritório coloca câmera dentro do banheiro das funcionárias e faz filmagens no local enquanto a empregada está fazendo suas necessidades fisiológicas. Indenização devida (TRT 2ª R, 18ª T., Proc. n. 0002748-10.2014.5.02.0074 (20170004382), rel. Sergio Pinto Martins).

Determinada empresa aérea americana foi condenada a pagar indenização por dano moral em razão do uso de polígrafo após cada viagem da comissária de bordo. Nesse processo em que fui o revisor, foi dito que "uma empresa pode fiscalizar seus empregados e proteger seu patrimônio, mas não pode subverter a escala de valores e, usurpando o poder de polícia, utilizar de práticas que infrinjam sofrimento ao trabalhador. A dignidade, o direito à boa imagem que cada indivíduo detém e resguarda, em relação à sociedade, à família e a si próprio, não podem ser violentados pela empresa" (TRT 2ª R., 2ª T., 00656.2004.311.02.00-1, rel. Juíza Rosa Maria Villa).

Muitas vezes, o chefe faz cobranças ou os empregados põem apelidos uns nos outros. Isso pode ensejar o dano moral. No caso abaixo, isso não ocorreu:

> Dano moral. Caracterização.
>
> Não se caracteriza o dano moral se o gerente da empresa é veemente, mas não humilha ou ofende outros funcionários, ainda que eleve seu tom de voz. A testemunha do reclamante declarou que foi chamado de "cabeção", mas isso não ocorreu com o autor. Dano moral indevido (TRT 2ª R., 2ª T., RO 20030718443 (00868.2002.047.02.00-2), Ac. 20050318092, rel. Sergio Pinto Martins, j. 19-5-2005, *DJSP* 7-6-2005).
>
> O simples fato de o empregado ser chamado na sala de segurança da empresa, durante a jornada de trabalho, para prestar esclarecimentos sobre fato ocorrido durante o trabalho, não configura dano moral, desde que o empregado não tenha violada sua honra e imagem (TRT 10ª R., 2ª T., RO 00538-2006-021-10-00-4, rel. Juiz Brasilino Santos Ramos, *DJU 3* 24-11-2006, p. 42).

Dependendo do caso, o assédio sexual também implicaria a existência de dano moral se demonstrado o gravame contra o ofendido. O assédio sexual normalmente é feito contra as mulheres, mas pode ser feito contra os homens. É preciso que seja repetido e que não haja aceitação por parte do assediado. Na maioria das vezes, é realizado pelo superior em relação ao funcionário subalterno, mas pode ocorrer entre funcionários do mesmo nível.

Em certo caso, entendi que não houve assédio sexual:

> Assédio sexual. Não caracterização. Não revelam assédio sexual os bilhetes que mostram amor pela autora, sem conotação sexual e sem qualquer caráter desrespeitoso. Não foi provada a autoria dos bilhetes. O suposto autor não era superior a reclamante para se falar em assédio (TRT 2ª R., 2ª T. RO 003182004.341.02.00-1, rel. Sergio Pinto Martins, *DJSP* 13-6-2006).

O pedido de dano moral por assédio sexual pode ser cumulado com rescisão indireta do contrato de trabalho, pela falta descrita na alínea *e* do artigo 483 da CLT. O mesmo pode ocorrer com o assédio moral, como nos casos em que o empregado fica o dia todo sem fazer nada, pois o empregador não lhe dá serviço, descumprindo as obrigações do contrato de trabalho (art. 483, *d*, da CLT).

Permite o § 1º do artigo 462 da CLT ao empregador descontar do salário do empregado o dano por ele causado se decorrente de dolo. Se ocorrer culpa, o dano pode ser descontado desde que exista previsão no contrato de trabalho. Não esclarece, porém, a norma legal que tipo de dano é esse, mas na época em que tal preceito foi editado dizia muito mais respeito ao dano patrimonial do que ao dano moral, que é difícil de ser quantificado.

As alterações do contrato de trabalho também podem dar ensejo ao dano moral. Estabelece o artigo 468 da CLT que nos contratos de trabalho só é lícita a alteração das respectivas condições por mútuo consentimento; ainda assim, desde que não resultem, direta ou indiretamente, prejuízos ao empregado, sob pena de nulidade da cláusula infringente desta garantia. O prejuízo também pode ser moral. Exemplo pode ser de o empregado ter sido promovido para outra função. Posteriormente, é rebaixado para função inferior, sendo humilhado por algum motivo ou até pelos demais empregados. Muitas vezes, é o que ocorre nos casos de assédio moral, em que o empregador faz pressão ao empregado visando que ele peça para sair da empresa.

O empregador, diretamente ou por seu representante, detém o poder potestativo e a liberdade de dirigir seus negócios e a forma de administração da sua empresa, mas não pode abusar do exercício do seu direito nem exceder os limites da lei.

Certos adjetivos servem para ofender ou ridicularizar, e, valendo-se do poder econômico ou social que exercem sobre outras, algumas pessoas humilham e constrangem seu semelhante. É o que ocorre com o termo *gordinha*, que mostra o menosprezo pela pessoa que tem alguns quilos a mais do que o normal.

As testemunhas presenciaram a autora sendo chamada de "gordinha". Uma das testemunhas presenciou a autora sendo maltratada pelo chefe, que dizia que a autora "deveria usar as escadas por estar gorda". Viu a autora chorando por ser maltratada pelo empregador.

Se a reclamante foi objeto de brincadeira, a brincadeira foi de mau gosto e violou sua intimidade. É o que indica a ementa abaixo:

Dano moral. Caracterização.

Verifica-se dos depoimentos das testemunhas da reclamante que era atribuído à autora, por seu chefe, tratamento que ofendia sua dignidade. A autora era chamada de "gordinha". Evidentemente que a autora não gostou do adjetivo que lhe era atribuído, porém não podia reclamar na vigência do contrato de trabalho, sob pena de ser dispensada. Todas as pessoas têm nome, que fica incorporado ao seu patrimônio moral. Tendo nome a autora, não poderia ser chamada de "gordinha" com sentido pejorativo. Indenização por dano moral mantida (TRT 2ª R., 2ª T., 20040328770 [01836.2002.029.02.00-2], rel. Sergio Pinto Martins).

Em caso semelhante também ficou configurado o dano moral:

Dano moral. Ofensas a autora.

A autora era chamada de "gorda, relaxada, barriga de pochete, topeira, pera cintura". O dano moral ficou evidenciado. Em razão da condição financeira da recorrida, que se trata de empresa de grande porte, aumento a indenização para R$ 16.000,00 (TRT 2ª R., 8ª T., RO 01480200540102007, rel. Sergio Pinto Martins, *DJSP* 14-8-2007).

Num caso de uma secretária do dono de uma empresa de fabricação de pisos e aparelhos sanitários, ela era chamada pelo proprietário de vários nomes, como cachorra, prostituta etc. Isso ocorreu por vários anos. A empresa foi condenada a pagar indenização por dano moral à empregada.

Um empregado era obrigado, todos os dias, no início do expediente, a "pagar o mico", isto é, a dançar e rebolar na frente dos colegas a dança da "boquinha da garrafa", por ser intolerável qualquer manifestação de insatisfação e desânimo em relação às vendas. O autor confessou em depoimento pessoal que não foi constrangido ou humilhado com o procedimento da empresa, razão pela qual não lhe foi deferido o dano moral por esse motivo.

A prova testemunhal comprovou que o autor foi exposto a situação humilhante, no sentido de que o gerente apresentou o autor aos demais funcionários dizendo que passava por dificuldades financeiras, que lhe foram reveladas, por falta de pagamento de comissões, mas, mesmo assim, continua fazendo as vendas. Assim, era um campeão. O procedimento do gerente expôs o empregado ao ridículo perante os demais colegas. A situação passada pelo autor foi negativa, pois nenhum campeão de vendas passa por dificuldades financeiras.

Trata-se de afirmação contraditória, pejorativa e diminutiva, em razão de que não é possível ser campeão e, ao mesmo tempo, passar por dificuldades financeiras. O gerente não poderia divulgar a situação financeira do empregado aos demais colegas, inclusive sem a autorização do autor, de forma a fazê-lo passar por situação ridícula. Na verdade, o autor pretendia receber as comissões atrasadas e, em razão disso, expôs ao gerente sua situação financeira precária. Houve intenção da empresa em ofender o autor. A decisão visou evitar que a empresa menospreze e humilhe seus funcionários:

Dano moral. Exposição da situação financeira do autor aos colegas.

A prova testemunhal demonstrou que o reclamante foi exposto a situação humilhante, no sentido de que o gerente apresentou o reclamante aos demais funcionários dizendo que passava por dificuldades financeiras, que lhe foram reveladas, por falta de pagamento de comissões, mas, mesmo assim, continua fazendo as vendas. Assim, era um campeão. O procedimento do gerente expôs o reclamante ao ridículo perante os demais colegas. A situação passada pelo autor foi negativa, pois nenhum campeão de vendas passa por dificuldades financeiras. Trata-se de afirmação contraditória e pejorativa, em razão de que não é possível ser campeão e, ao mesmo tempo, passar por dificuldades financeiras. O gerente não poderia divulgar a situação financeira do reclamante aos demais colegas, inclusive sem a autorização do autor (TRT 2ª R., 2ª T., RO 20030718362, rel. Sergio Pinto Martins, *DJ-ESP* 24-5-2005).

Empregado era chamado de "cavalo paraguaio, incompetente, idiota e burro" por não atingir as metas de venda da empresa. Era obrigado a dançar a "dança do piripipi" na frente dos colegas (AI RR 8.498/2005.06.12-40, rel. Min. Renato de Lacerda Paiva).

No caso a seguir as testemunhas comprovaram que a reclamante foi ofendida moralmente, pois a empresa determinava que a obreira colocasse sobre sua mesa de trabalho tartaruga de brinquedo a fim de identificar o descumprimento de metas fixadas. Isso era recebido com constrangimento pelos demais colegas.

O gerente chamava a reclamante de Magda, em alusão à personagem vivida por Marisa Orth no programa *Sai de Baixo*, da TV Globo, que era considerada burra, e também dizia que a autora deveria parar de comer bananas. O gerente usava o sistema de colocar a tartaruga na mesa dos funcionários que não cumprissem as metas do banco. A testemunha ouviu o gerente dizer para a reclamante "parar de comer bananas". A tartaruga era passada para as pessoas que não tivessem cumprido as metas do banco. Testemunha presenciou a autora fazendo objeções ao gerente pelo fato de ser chamada de Magda.

Logo, ficou constrangida com o fato, que era público no local de trabalho. A testemunha chegou a comprar produtos do banco para atingir a meta e, assim, não ficar com a tartaruga. Outros funcionários tiveram o mesmo procedimento. Notou indignação dos funcionários com a brincadeira da tartaruga.

Não se trata de mera brincadeira, mas de ofensa a obreira. Ainda que se tratasse de brincadeira, seria de completo mau gosto.

O clima de descontração, informalidade e realização de brincadeiras no local do trabalho é próprio do povo brasileiro. Entretanto, as pessoas não podem ser ofendidas.

A falta de respeito teve reflexo em relação a outros colegas, prejudicando o moral da empregada.

O dano foi decorrente do contrato, no período em que a autora estava trabalhando nas dependências do banco.

Todos os homens estão sujeitos a aborrecimentos, mas não podem ser ofendidos em sua honra por seus superiores:

Dano moral. Configuração.

Configura-se o dano moral quando a prova demonstra que a autora foi ofendida moralmente, pois a empresa determinava que a obreira colocasse sobre sua mesa de trabalho tartaruga de brinquedo a fim de identificar o descumprimento de metas fixadas. Isso era recebido com constrangimento pelos demais colegas. O gerente chamava a reclamante de Magda, em alusão a personagem vivida por Marisa Orth no programa da TV Globo, que era considerada burra e também que a reclamante deveria "parar de comer bananas". Evidente o dano moral, que deve ser reparado pela empresa (TRT 2ª R., 2ª T., 20030761195 [00981.2003.051.02.00-8], rel. Sergio Pinto Martins).

Em certo caso, empregado era chamado de "javali" (aquele que já valeu alguma coisa para a empresa). O empregador foi condenado no pagamento da indenização por dano moral. O TST manteve a decisão, não dando provimento ao agravo de instrumento (AIRR 801/2003-032-15-40.3, 3ª T., rel. Juiz conv. Ricardo Machado, *DJU* 1 23-2-2007).

No caso a seguir, determinada apresentadora do programa de televisão chamou o câmera para trabalhar no seu programa. Ele passou a ficar na cama enquanto garotas passavam em trajes mínimos ou o abraçavam na cama. Além disso, o autor era chamado de Toddynho ou Nescauzinho, porque "era marronzinho e tinha o canudo pequenininho". O dano moral ficou configurado:

Dano moral. Caracterização. Ficou evidenciado que o autor passou por constrangimento público ao participar do programa de televisão, em que era exposto a piadas, inclusive de natureza sexual (TRT 2ª R., 2ª T., RO 00563200420102001 [20060542815], rel. Sergio Pinto Martins, *DJSP* 8-8-2006).

O empregado não pode ter seu nome incluído em listas negras de Sistema de Proteção ao Crédito por culpa do empregador que não lhe paga os salários ou não os paga no momento próprio.

Se ficar provado que o empregador pagou salários ou verbas rescisórias com cheque sem fundos e causou insuficiência de fundos na conta do empregado, a indenização por dano moral é devida, pois causou constrangimento ao empregado. A simples devolução indevida de cheque caracteriza dano moral (Súmula 388 do STJ).

O artigo 42 do Código de Defesa do Consumidor mostra que na cobrança de débitos o consumidor inadimplente não será exposto a ridículo nem será submetido a nenhum tipo de constrangimento ou ameaça. O constrangimento não poderá ser ilegal ou abusivo.

No seguinte caso foi configurado o dano moral pelo fato de o empregador não pagar os salários do empregado:

Dano moral. Atraso no pagamento de salários. O Município atrasou o pagamento de salários em vários meses. O nexo causal foi decorrente do atraso no pagamento dos salários do autor e dos encargos que incorreu em razão disso. Evidente é a vergonha do reclamante em ter seu nome incluído no SPC e Serasa e em listas negras dos bancos, razão pela qual não pode ter conta bancária. Devida a indenização por dano moral (TRT 2ª R., 2ª T., rel. Sergio Pinto Martins, *DJSP* 2-6-2005).

Inclusão do nome na malha fina, por disponibilizar dados contábeis equivocados (TST, RR 2857.98.2010.5.15.0010, Rel. Min. Hugo Scheuermann, *DJe* 31-10-2014).

O § 1º do artigo 1º da Lei n. 10.820/03 prevê que o empregador se obriga a descontar até o limite de 30% sobre o valor das verbas rescisórias para cobertura de parcelas de empréstimo feito pelo empregado junto a instituição financeira. Deve reter o valor do empregado e repassar à instituição financeira. Se não o faz e causa prejuízo ao empregado, que tem incluído seu nome em cadastro de inadimplentes, responde a empresa também por dano moral. Nesse sentido houve decisão do TRT da 3ª Região (3ª T., RO 00180.2006.043.03.00-5, rel. Juiz Cesar P. S. Machado Júnior, *DJMG* 12-10-2006).

10.4 SEQUESTRO DO EMPREGADO

Em caso de sequestro de empregado de banco, entendi que o dano moral era indevido, pois o banco informou que foi oferecido afastamento ao autor, assim como transferência de agência, tendo o recorrente recusado os referidos benefícios e não conversou com a assistente social da empresa.

Na época do autor, havia um sistema de segurança. Não houve violação à integridade física do autor ou de sua família por parte da empresa. Não foi violada a honra, a vida privada, a intimidade ou a imagem do autor por parte do banco. Não houve imprudência ou negligência do banco em relação ao autor:

Dano moral. Sequestro.

A empresa não deu causa ao sequestro. A empresa não fez nenhuma ameaça ao autor. Quem fez ameaça ao autor foi o sequestrador. Assim, o autor deveria pedir indenização por dano moral aos sequestradores. Não houve violação à integridade física do autor ou de sua família por parte da empresa. Não foi violada a honra, a vida privada, a intimidade ou a imagem do autor por parte do banco (TRT 2ª R., 2ª T., RO 20040329628 [01198.2002.065.02.00-3], rel. Juiz Sergio Pinto Martins).

No sequestro, quem causa o dano não é o banco, mas o sequestrador. A ação do sequestro é praticada pelo sequestrador e não pelo banco. Assim, não se pode falar em ato ilícito ou em dano moral.

A questão do sequestro me parece que é ligada ao infortúnio ou azar da pessoa. Não se trata de responsabilidade do banco.

Se o banco cumpriu a previsão da legislação sobre segurança, praticou um ato lícito e não ilícito. É o que se depreende do inciso I do artigo 188 do Código Civil.

Não existe abuso de direito, mas exercício normal de um direito previsto em lei, utilizando-se do sistema de segurança determinado pelo Banco Central.

Não há nexo causal no caso, pois o banco não deu causa ao sequestro. Quem deu causa foi o sequestrador. O banco não praticou nenhum ato de negligência em relação à segurança para se falar em culpa.

Em 2 de maio de 2006 o *site* do TST noticiou que a 4ª Turma do Tribunal Superior do Trabalho confirmou, segundo o voto do Ministro Barros Levenhagen (relator), o direito de um bancário inativo a indenização de cerca de R$ 400.000,00, a título de danos morais. O Banco do Brasil foi condenado à reparação das graves sequelas sofridas por um ex-tesoureiro que, ao lado dos familiares, sofreu sequestro e cárcere privado e, em seguida, foi utilizado como refém em assalto à agência bancária onde trabalhava. O TST também confirmou o direito do inativo ao pagamento de danos materiais (RR 2143/2001-462-05-00.7).

Em novembro de 1997, o bancário exercia a função de tesoureiro de agência do Banco do Brasil no município de Itabuna (BA). Foi sequestrado numa via pública e mantido em cárcere privado ao lado da esposa e dos filhos. Após sofrer ameaças de morte e outras formas de tortura psicológica durante toda a noite, foi levado, no dia seguinte, à agência e obrigado a abrir o cofre, de onde os sequestradores retiraram grande soma em dinheiro.

A violência sofrida pelo bancário provocou sua aposentadoria por invalidez. O empregado passou a apresentar quadro irreversível de ansiedade e depressão, com ataques de pânico. O quadro levou-o ao ajuizamento da ação trabalhista, na qual pediu a responsabilização do Banco do Brasil pelos danos sofridos.

A primeira instância negou o pedido, mas o Tribunal Regional do Trabalho da Bahia (5ª Região) fixou a indenização por dano moral em 120 vezes o valor da remuneração do tesoureiro à data dos crimes. "Para a concretização do assalto, muito concorreu a deficiência do sistema de segurança do Banco, que permitiu o ingresso dos assaltantes no interior da sua sede", declarou o TRT baiano.

O Banco do Brasil recorreu ao TST alegando a impossibilidade da sua condenação, pois não teria concorrido para o evento e não estaria obrigado a fornecer segurança individual para os seus empregados fora do estabelecimento. Também alegou que o valor da condenação fora excessivo.

O Ministro Antonio de Barros Levenhagen afirmou, porém, que o TRT baiano deu a correta interpretação ao artigo 4º da Lei n. 7.102, de 1983, que impede o funcionamento de estabelecimento financeiro onde haja guarda de valores ou movimentação de dinheiro que não possua sistema de segurança. Destacou que o TRT não exigiu "segurança individual" aos empregados e usuários da agência bancária.

Afirmou o relator que:

Muito ao contrário, fundado nos valores sociais que norteiam a sociedade brasileira, deu interpretação precisa ao artigo 4º da Lei 7.102/83, no sentido de priorizar a responsabilidade do banco pela segurança dos empregados e usuários da respectiva agência, da qual se furtara culposamente, na medida em que se mostrara falho o sistema de segurança, ao permitir que o empregado, na condição de refém, adentrasse à agência, acompanhado por assaltante, abrisse o cofre e lhe entregasse alta soma em dinheiro.

Informou a inviabilidade de reexame dos fatos pelo TST. De fato, essa questão é importante, pois em recurso de revista o TST não pode reexaminar fatos e provas (Súmula 126 do TST), principalmente eventual falha no sistema de segurança do banco.

Entretanto, o texto contido no *site* faz referência ao artigo 4º da Lei n. 7.102/83, que não trata da matéria, pois versa sobre transporte de numerário em veículo especial da própria instituição ou de empresa especializada.

O certo seria fazer referência ao artigo 1º da Lei n. 7.102/83, que reza:

é vedado o funcionamento de qualquer estabelecimento financeiro onde haja guarda de valores ou movimentação de numerários, que não possua sistema de segurança aprovado pelo Banco Central do Brasil, na forma desta Lei.

Se o banco cumpre com o sistema de segurança, por meio de empresa de segurança, na forma determinada pelo Banco Central, não se pode falar em responsabilidade por dano moral decorrente de sequestro.

A gravidade das sequelas sofridas pelo trabalhador levaram o TST a concluir que o valor fixado para o dano moral foi razoável. O Ministro Barros Levenhagen destacou trecho do relatório médico onde é dito que:

o paciente apresenta manifestações de ansiedade (ataques de subpânico), com somatização tipo palpitação, elevação da pressão arterial, sensação de falta de ar, dormência nas mãos; dores musculares frequentes (mialgias) e incapacidade de relaxar (desassossego e sempre apreensivo, considerações fixas ou *flashbacks* do sequestro de que foi vítima na época em que trabalhou como bancário).

O TRT estabeleceu condenação do banco por danos materiais, fixada em pensão vitalícia de 25% do valor da remuneração de tesoureiro. Segundo o relator, o inconformismo manifestado pelo Banco do Brasil "não resiste a uma análise sequer superficial", pois diante das gravíssimas sequelas, "a pensão rigorosamente deveria equivaler à integralidade daquela remuneração".

O TST modificou um único ponto da decisão em relação ao Banco do Brasil. Decidiu-se pela redução do valor dos honorários advocatícios a 15% da condenação.

A hipótese citada é de acidente do trabalho, pois decorreu do trabalho prestado ao banco. Penso que o banco poderia ser responsabilizado por danos materiais, com o tratamento do empregado. Quanto aos danos morais, há necessidade de se saber se houve ou não falha no sistema de segurança do banco.

Em 7 de maio de 2007, o *site* do TST noticiou outro caso de sequestro de empregado de banco. A 6ª Turma do Tribunal Superior do Trabalho manteve decisão que determinou a indenização por dano moral ao ex-gerente do Banco ABN AMRO Real S.A. rendido em assalto (AIRR 345/2003-051-18-40.3). O funcionário atendeu às ordens do bandido e deixou-o entrar na agência, enquanto seu cúmplice mantinha como refém a família de outro gerente. Segundo a relatora do processo no TST, Ministra Rosa Maria Weber, o Tribunal Regional do Trabalho da 18ª Região (Goiás) reconheceu a responsabilidade do banco pelos danos morais recorrentes das agressões psicológicas sofridas pelo funcionário durante o assalto.

O bancário, admitido como contínuo, ocupou diversos cargos durante os dez anos em que trabalhou para o banco, até alcançar o de gerente-geral de agência, na cidade de Anápolis (GO), do qual foi dispensado sem justa causa. Afirmou que em julho de 2002, perto das 19 horas, estava trabalhando com mais dois colegas quando outro gerente chegou à agência contando que a sua família estava rendida em casa por um sequestrador. O comparsa do bandido o aguardava do lado de fora, exigindo a abertura do cofre em dois minutos, "senão o sequestrador mataria os reféns", ameaçando jogar granadas na agência.

O funcionário se viu obrigado a abrir o cofre, deixando o assaltante entrar. Este recolheu todo o dinheiro e determinou que fechassem a agência e fossem, com ele, à residência onde a família era mantida como refém. Todos foram amarrados em um cômodo, enquanto os bandidos fugiram com o carro do gerente. Cinco meses depois do assalto, ele e um colega que também estava na agência na hora do episódio foram dispensados como se tivessem sido negligentes, por estarem além do horário do expediente no banco e permitirem a entrada do assaltante.

Na 1ª Vara do Trabalho de Anápolis (GO), o bancário pediu indenização por dano moral, afirmando que a situação vivida lhe trouxe danos que afetaram seu estado psíquico, causando angústia e depressão, além do abalo emocional vivido durante e depois do assalto. O banco alegou em defesa que a responsabilidade pela segurança dos funcionários é do Estado. Sustentou não ter transgredido qualquer norma de segurança bancária que contribuísse para facilitar o assalto, pois cumpria todas as normas e determinações expedidas pelos órgãos competentes.

A sentença não responsabilizou o banco pelos atos de violência sofridos pelo funcionário. Asseverou que a segurança pública não é compromisso do empregador, negando a indenização por dano moral e pela dispensa arbitrária. O juiz afirmou que o banco usou seu poder de rescisão, assegurado pela legislação atual, e, "se houve alguma arbitrariedade no despedimento do bancário, por ficar demonstrado um motivo injusto, a pretensão que melhor poderia ser aceita seria a reintegração", o que não foi pedido.

No TRT/GO, o empregado pediu a reforma da sentença e a concessão da indenização por dano moral, entre outras verbas. O Regional reconheceu as agressões físicas e psicológicas durante o assalto ao funcionário. O valor da indenização foi fixado em 20 vezes o salário do empregado.

Declarou o acórdão do TRT que "é totalmente previsível que, com os atuais níveis de violência, os bancos que não providenciam proteção privada para seus funcionários com função de confiança, resultem em culpa".

O Banco Real recorreu ao TST afirmando que o valor arbitrado fora "exagerado". A relatora explicou que o TRT adotou a tese da responsabilidade objetiva, decorrente da teoria do risco social, de que trata o parágrafo único do artigo 927 do Código Civil. Asseverou que:

> diante da sofisticação da conduta dos bandidos, tornou-se obrigatória a providência pelos bancos da segurança privada dos empregados exercentes dos cargos de confiança, dentre eles, os gerentes conhecedores do segredo do cofre.

De acordo com o voto da ministra, o argumento do banco "revelou-se inespecífico", conforme a Súmula 296 do TST.

O parágrafo único do artigo 927 do Código Civil mostra que:

> haverá obrigação de reparar o dano, independentemente de culpa, nos casos especificados em lei, ou quando a atividade normalmente desenvolvida pelo autor do dano implicar, por sua natureza, risco para os direitos de outrem.

O referido parágrafo mostra hipótese de responsabilidade objetiva, pois independe de culpa. Indica a teoria do risco da atividade da empresa. Toda a pessoa que exerce uma atividade cria um risco de dano para terceiros. Parece que o artigo se aplica mais a atividade insalubre ou perigosa do empregador, de ser dono da máquina, do que para assalto a banco. À época dos fatos o parágrafo único do artigo 927 do Código Civil não estava em vigor, pois o novo Código só entrou em vigor em janeiro de 2003. Não havia dispositivo semelhante no Código Civil de 1916. Não sei se o artigo foi invocado na petição inicial.

Não existe obrigação legal de o empregador manter escolta privada para gerentes conhecedores do segredo do cofre. Isso pode ser estabelecido em norma coletiva, mas não há lei dispondo nesse sentido até o momento. Não se pode dizer que se trata de negligência do banco em assim não fazer. Ninguém é obrigado a fazer ou deixar de fazer algo a não ser em virtude de lei (art. 5º, II, da Constituição).

A questão da segurança pública de fato é do Estado. O artigo 144 da Constituição é claro no sentido de que "a segurança pública, dever do Estado, direito e responsabilidade de todos, é exercida para a preservação da ordem pública e da incolumidade das pessoas e do patrimônio…". O particular não pode fazer a atividade de segurança pública, que é atribuição do Estado.

Entretanto, a acusação de que o trabalhador estava prestando serviço em horas extras e deixou o sequestrador entrar no banco pode ter alguma implicação, pois o trabalhador estava à disposição do empregador prestando serviços. O resultado do trabalho do autor foi obtido pelo banco, inclusive no período em que ele estava prestando serviços em horas extras. O banco assume os riscos da sua atividade econômica (art. 2º da CLT). Logo, esse tipo de acusação não poderia ser feita.

Nos dois julgados do TST faltam dados no *site* para se saber mais detalhes sobre os casos. Não é possível fazer outras afirmações sob pena de incorrer em erro, por falta de informações.

O dano moral não pode ser concedido simplesmente pelo fato de ter havido o sequestro do empregado ou de seus familiares. Assalto é fato de terceiro. Não pode ser imputado ao empregador. Há necessidade de prova de dolo ou culpa do empregador.

O TST tem entendimento pacífico no sentido de que é de risco a atividade de carteiro que realiza entrega de mercadorias, de modo a atrair a responsabilidade objetiva do empregador. Assim, se o empregado sofre assaltos no desempenho de suas atividades, é devido o pagamento de indenização por danos morais.

Os seguintes julgados refletem esse entendimento:

"I - AGRAVO INTERNO EM EMBARGOS. DANOS MORAIS. CARTEIRO. ENTREGA DE MERCADORIAS. VIAS PÚBLICAS. DEZ ASSALTOS. USO DE VIOLÊNCIA E DE ARMA DE FOGO. ATIVIDADE DE RISCO. RESPONSABILIDADE CIVIL OBJETIVA. DIVERGÊNCIA SUPERADA POR ITERATIVA, NOTÓRIA E ATUAL JURISPRUDÊNCIA DO TRIBUNAL SUPERIOR DO TRABALHO. A ocorrência de assaltos, mormente os violentos, evidencia a exposição do carteiro que porta mercadorias ou valores expressivos a maior risco que outros trabalhadores, razão pela qual esta Corte tem firme jurisprudência no sentido de que se aplica a responsabilidade civil objetiva da empregadora prevista no art. 927, parágrafo único, do Código Civil, afastando a ocorrência de fato de terceiro excludente de responsabilidade. Incidência do art. 894, § 2º, da CLT. Agravo interno a que nega provimento. II - EMBARGOS - ECT. CUSTAS PROCESSUAIS. Nos termos da OJ 247, II, da SbDI-1 do TST, esta Corte reconhece à Empresa Brasileira de Correios e Telégrafos (ECT) o mesmo tratamento destinado à Fazenda Pública em relação à imunidade tributária e à execução por precatório, além das prerrogativas de foro, prazos e custas processuais, autorizando, assim, a dispensa das custas. Embargos de que se conhece e a que se dá provimento" (TST-Ag-E-RR-11281-11.2015.5.01.0054, Subseção I Especializada em Dissídios Individuais, Rel. Min. Marcio Eurico Vitral Amaro, DEJT de 28/09/2018)

"AGRAVO DE INSTRUMENTO EM RECURSO DE REVISTA - EMPRESA BRASILEIRA DE CORREIOS E TELÉGRAFOS - ECT - ASSALTO - ILEGITIMIDADE PASSIVA. O entendimento firmado pelo Tribunal Regional quanto à teoria da asserção, coaduna-se com a jurisprudência desta Corte. Precedentes. RESPONSABILIDADE CIVIL OBJETIVA - ASSALTO - CARTEIRO MOTORIZADO. A jurisprudência desta Corte já teve a oportunidade de se manifestar sobre os assaltos sofridos pelos carteiros motorizados da reclamada e a sua responsabilidade objetiva. Precedentes. DANO MORAL IN RE IPSA. O entendimento desta Corte é no sentido de que, na hipótese de assaltos, o dano moral é in re ipsa. Precedentes. DANO MORAL - VALOR ARBITRADO - ALEGAÇÕES GENÉRICAS. Para possibilitar a revisão do valor atribuído aos danos morais, a parte recorrente deve apontar, explicitar e demonstrar inequivocamente, em seu recurso de revista, o desequilíbrio entre o valor da indenização e o dano extrapatrimonial causado ao empregado, considerando os critérios adotados pelo Tribunal Regional, o que não restou evidenciado. No caso, os critérios levados em consideração pela Corte regional foram a quantidade de assaltos sofridos pelo autor e o caráter pedagógico da medida. A parte limitou-se a requerer a redução do valor, sem apresentar os motivos pelos quais entende inadequados os elementos utilizados para realização do arbitramento pela Corte regional. Agravo de instrumento desprovido" (TST-AIRR-1242-19.2021.5.22.0002, 2ª Turma, Rel.ª Des. Conv. Margareth Rodrigues Costa, DEJT de 26/5/2023)

"RECURSO DE REVISTA INTERPOSTO NA VIGÊNCIA DA LEI Nº 13.467/2017. INDENIZAÇÃO POR DANOS MORAIS. ASSALTO A CARTEIRO MOTORIZADO. RESPONSABILIDADE OBJETIVA. Cuidam os autos de pedido de indenização por danos morais, formulado pelo reclamante, que, no exercício da profissão de carteiro (atividade de distribuição e coleta), foi vítima de assalto. O Regional rechaçou a pretensão do autor concluindo que, na hipótese, não se fez presente nenhum elemento capaz de ensejar a condenação da reclamada ao pagamento da indenização por danos morais. Destacou que a segurança pública seria dever do Estado e que'não cabe atribuir à recorrida a responsabilidade pelo assalto noticiado no boletim de ocorrência juntado com a inicial, porquanto o dano moral sofrido pelo demandante decorreu de ação de terceiros alheios à relação de emprego, e não de conduta comissiva ou omissiva do empregador'. Ora, em que pese à questão da ausência de segurança pública resultar, atualmente, em risco no exercício de qualquer atividade laboral, tratando-se de empregados que desenvolvem atividades na rua, entregando encomendas, por vezes de valor elevado, indubitavelmente, que se trata a atividade de risco acentuado, incidindo a excepcionalidade prevista no parágrafo único do artigo 927 do Código Civil. Não obstante a atividade de carteiro, regra geral, não possa ser considerada uma atividade de risco acentuado, no caso destes autos, não é crível que a atividade exercida pelo reclamante, vítima de assalto, conforme consignado pelo Regional, não o expusesse a risco muito maior do que aquele a que está exposto o trabalhador comum. Recurso de revista conhecido e provido" (TST-RR-1000477-20.2021.5.02.0606, 3ª Turma, Rel. Min. Jose Roberto Freire Pimenta, DEJT de 27/5/2022)

"AGRAVO EM AGRAVO DE INSTRUMENTO EM RECURSO DE REVISTA. ACÓRDÃO REGIONAL PUBLICADO NA VIGÊNCIA DA LEI Nº 13.467/2017. ECT. ASSALTOS. CARTEIRO. INDENIZAÇÃO POR DANO MORAL. RESPONSABILIDADE OBJETIVA. VALOR INDENIZATÓRIO. TRANSCENDÊNCIA NÃO RECONHECIDA. 1. Discute-se a responsabilidade civil da ré pelos abalos sofridos pelo empregado em decorrência de assaltos. 2. Na presente hipótese, o Tribunal Regional destacou que 'no caso da Empresa Brasileira de Correios e Telégrafos (trabalhos em agências e trabalhos externos dos carteiros motorizados), adota-se a regra da responsabilidade objetiva pela teoria do risco criado, tendo em vista que é de conhecimento geral que a atividade desenvolvida está mais vulnerável à ocorrência de assaltos do que em comparação com as demais atividades'. Concluiu o TRT que 'o exercício do labor de carteiro motorizado enseja o reconhecimento de responsabilidade objetiva na forma do art. 927, parágrafo único, do CC quando dela decorrem danos efetivos ao trabalhador, e desse modo não há necessidade de prova de culpa do empregador pelos danos acarretados ao empregado'. 3. Nesse sentido, o acórdão regional, nos moldes em que proferido, encontra-se em conformidade com iterativa, notória e atual jurisprudência desta Corte Superior, no sentido de atribuir a responsabilidade objetiva em caso de assaltos no exercício da atividade de carteiro entregador, em razão da aplicação da teoria do risco (Código Civil, art. 927, parágrafo único). Isso porque as atividades desenvolvidas implicam naturalmente maior risco à segurança de trabalhadores, em razão da possibilidade de assaltos. 4. De outra sorte, ao fixar o valor indenizatório, o Colegiado de origem, 'considerando a demonstração de total negligência da empresa recorrente para com a segurança dos seus empregados; a gravidade do dano comprovando-se o relato de como foi o assalto e quantidade de assaltos, a violência empregada - sob a mira de instrumento letal (revólver), o caráter pedagógico da reparação e o cuidado para que a indenização não implique em fonte de injustificável riqueza para a vítima bem como o princípio da razoabilidade', arbitrou em R$60.000,00 o valor da indenização por dano moral. A fixação da indenização deve ser pautada pelos princípios da razoabilidade e proporcionalidade (art. 944 do Código Civil: 'a indenização mede-se pela extensão do dano'), de modo a compensar o lesado e repreender a conduta do lesador. Assim, há que se considerar a gravidade da conduta, a extensão do dano (sofrimento, repercussões pessoais, familiares e sociais), a situação econômica do lesador e da vítima, além do caráter pedagógico da sanção. O arbitramento, na presente caso, observou tais parâmetros. Mantém-se a decisão recorrida. Agravo conhecido e desprovido" (TST-Ag-AIRR-912-53.2020.5.22.0003, 5ª Turma, Rel.ª Min.ª Morgana de Almeida Richa, DEJT de 5/5/2023)

"RECURSO DE REVISTA INTERPOSTO NA EFICÁCIA DA LEI 13.467/2017. RESPONSABILIDADE OBJETIVA DO EMPREGADOR. INDENIZAÇÃO POR DANO MORAL. CARTEIRO. ASSALTOS. TRANSCENDÊNCIA POLÍTICA. O Regional excluiu a indenização deferida na sentença, por considerar inaplicável a responsabilidade objetiva do empregador, consignando que 'embora incontroversas as situações traumáticas vivenciadas pelo reclamante - recorrido, a responsabilidade pela segurança pública não pode ser transferida ao empregador, atribuindo evento que decorreu de fato de terceiro'. A decisão recorrida contraria o entendimento desta Corte, circunstância apta a demonstrar o indicador de transcendência política, nos termos do art. 896-A, § 1º, II, da CLT. Transcendência política reconhecida. RESPONSABILIDADE OBJETIVA DO EMPREGADOR. INDENIZAÇÃO POR DANO MORAL. CARTEIRO. ASSALTOS. REQUISITOS DO ARTIGO 896, § 1º-A, DA CLT, ATENDIDOS. A decisão recorrida contraria o entendimento desta Corte que entende ser objetiva a reponsabilidade do empregador, no caso de empregado que trabalha como carteiro e sofre assaltos realizando a entrega de mercadorias, sendo devida a indenização por dano moral. Há precedentes. Recurso de revista conhecido e provido" (TST-RR-1000449-67.2016.5.02.0205, 6ª Turma, Rel. Min. Augusto Cesar Leite de Carvalho, DEJT de 8/10/2021)

"AGRAVO INTERNO. AGRAVO DE INSTRUMENTO. RECURSO DE REVISTA. ACÓRDÃO REGIONAL PUBLICADO NA VIGÊNCIA DA LEI Nº 13.467/2017. DANO MORAL. CARTEIRO. ASSALTO. RISCO DA ATIVIDADE. TRANSCENDÊNCIA. RECONHECIMENTO. I. Divisando que o tema 'dano moral -

carteiro-risco da atividade'oferece transcendência política, e diante da possível contrariedade à iterativa, notória e atual jurisprudência desta Corte, o provimento ao agravo interno é medida que se impõe. II. Agravo interno de que se conhece e a que se dá provimento para reformar a decisão em que se negou provimento ao agravo de instrumento e determinar o processamento do recurso de revista. RECURSO DE REVISTA. ACÓRDÃO REGIONAL PUBLICADO NA VIGÊNCIA DA LEI Nº 13.467/2017. DANO MORAL. CARTEIRO. ASSALTO. RISCO DA ATIVIDADE. TRANSCENDÊNCIA. RECONHECIMENTO. I. O tema em apreço oferece transcendência política, pois este vetor da transcendência mostra-se presente quando a questão jurídica devolvida a esta Corte Superior revela a contrariedade, pelo Tribunal Regional, à súmula ou orientação jurisprudencial do TST, à súmula do STF ou a decisões que, pelos microssistemas de formação de precedentes, de recursos repetitivos ou de repercussão geral, possuam efeito vinculante, ou seja, de observância obrigatória. No caso, a decisão do Tribunal de origem revela contrariedade à iterativa, notória e atual jurisprudência desta Corte. II. A jurisprudência dessa Corte Superior firmou-se no sentido de que o empregador deve responder objetivamente pelos danos morais suportados pelo empregado que, na função de carteiro, é vítima de assaltos no desempenho do labor de entrega de encomendas nas vias públicas, em razão do risco da atividade. Com efeito, entende-se que a referida atividade representa um elevado risco aos trabalhadores, os quais ficam mais expostos à ocorrência de assaltos. III. No caso vertente, o Tribunal de origem consignou que ' a atividade empresarial da ré (Correios), em si, não é potencialmente de risco ou perigosa ' e que ' não se pode falar em negligência da ré quanto à segurança de seus empregados contra assaltos, uma vez que o objeto específico do referido estabelecimento da empresa (entrega de correspondências e mercadorias) normalmente não demanda tal precaução ' (fls. 292/293 - Visualização Todos PDF). IV. Uma vez configurada a responsabilidade objetiva da parte reclamada, considerando as circunstâncias do caso com as suas peculiaridades, o bem jurídico ofendido e a capacidade financeira da parte reclamada, entende-se que a fixação da indenização por danos morais no importe de R$ 10.000,00 (dez mil reais) atende os padrões da razoabilidade e da proporcionalidade. V. Recurso de revista de que se conhece e a que se dá provimento" (TST-RR-101374-44.2019.5.01.0227, 7ª Turma, Rel. Min. Evandro Pereira Valadao Lopes, DEJT de 19/12/2022)

"RECURSO DE REVISTA - REGÊNCIA PELA LEI Nº 13.467/2017 - ECT. INDENIZAÇÃO POR DANO MORAL. ASSALTO NO DESEMPENHO DA FUNÇÃO DURANTE A JORNADA LABORAL. CARTEIRO. ENTREGA DE MERCADORIAS. RESPONSABILIDADE OBJETIVA DO EMPREGADOR. TESE VINCULANTE. TEMA 932 DA TABELA DE REPERCUSSÃO GERAL DO STF. TRANSCENDÊNCIA POLÍTICA RECONHECIDA. Esta Corte Superior firmou jurisprudência no sentido de que é de risco a atividade de carteiro que realiza entrega de mercadorias, de modo a atrair a responsabilidade objetiva do empregador. Assim, se, ao desempenhar suas funções, o empregado sofre assaltos, é devido o pagamento de indenização por danos morais. Ademais, no julgamento do RE 828.040, o STF firmou tese vinculante quanto ao Tema 932 da Tabela de Repercussão Geral, no sentido de que 'o artigo 927, parágrafo único, do Código Civil é compatível com o artigo 7º, XXVIII, da Constituição Federal, sendo constitucional a responsabilização objetiva do empregador por danos decorrentes de acidentes de trabalho, nos casos especificados em lei, ou quando a atividade normalmente desenvolvida, por sua natureza, apresentar exposição habitual a risco especial, com potencialidade lesiva e implicar ao trabalhador ônus maior do que aos demais membros da coletividade'. Assim, ao afastar a responsabilidade objetiva do empregador, a Corte Regional violou a literalidade do parágrafo único do art. 927 do Código Civil. Registro de ressalva de entendimento do Relator. Recurso de revista conhecido e provido" (TST-RR-1000046-69.2020.5.02.0331, 8ª Turma, Rel. Min. Sergio Pinto Martins, DEJT de 19/12/2023).

Entendo que se trata de fato de terceiro, que afasta o nexo de causalidade e, por conseguinte, o dever de indenizar.

10.5 ACIDENTE DE TRABALHO

Os acidentes do trabalho também podem dar origem ao dano moral no âmbito trabalhista, quando o empregador incorre em dolo ou culpa no ambiente de trabalho. O empregador tem obrigação de proporcionar ao empregado um meio ambiente do trabalho sadio. Deve orientar o trabalhador a operar as suas máquinas. Exemplo pode ser o fato de empregada perder dedos na máquina de moer carne por falta de orientação de como operá-la. Houve culpa da empresa em não ensinar o funcionário como operar a máquina. O fato ocorreu em serviço, demonstrando o nexo causal[1].

O inciso XXVIII do artigo 7º da Lei Maior trata do seguro contra acidentes do trabalho, a cargo do empregador, sem excluir a indenização a que está obrigado, quando incorrer em dolo ou culpa. Não mais se faz distinção, como fazia a Súmula 229 do STF, em apenas culpa grave. Ainda que a culpa do empregador seja levíssima, a indenização será devida, inclusive a por dano moral.

O inciso XXVIII do artigo 7º tem duas partes: uma que é o seguro contra acidentes do trabalho, que é recolhido pelo empregador; outra que é a responsabilidade civil de pagar indenização quando o empregador incorrer em dolo ou culpa.

A responsabilidade do empregador contida no inciso XXVIII do artigo 7º da Constituição é subjetiva e não objetiva. Depende da prova de dolo ou culpa. Não é sempre presumida como na hipótese do § 6º do artigo 37 da Constituição.

Haverá obrigação de reparar o dano, independentemente de culpa, nos casos especificados em lei, ou quando a atividade normalmente desenvolvida pelo autor do dano implicar, por sua natureza, risco para os direitos de outrem (parágrafo único do art. 927 do Código Civil).

O referido dispositivo não se aplica ao acidente do trabalho, pois o inciso XXVIII do artigo 7º da Lei Maior dispõe que a indenização só é devida em caso de dolo ou culpa. Se a Constituição regulamenta de forma clara a responsabilidade no acidente do trabalho, não pode a norma infraconstitucional dispor de forma contrária. O dispositivo constitucional é expresso. Não há lacuna na Constituição para ser complementada ou estabelecida pela lei ordinária.

---

1. TRT 2ª R., 3ª T., RO 19990387330, Ac. 416368, rel. Juiz Sergio Pinto Martins, j. 8-8-2000, *LTr* 65-04/500.

Determina o *caput* do artigo 7° da Constituição que "são direitos dos trabalhadores urbanos e rurais, além de outros que visem à melhoria da sua condição social". Prescrição, por exemplo, não é um direito do trabalhador, apesar de constar do inciso XXIX do mesmo artigo. O parágrafo único do artigo 927 do Código Civil não é regra de melhoria de condições sociais, mas de responsabilidade civil. Logo, não pode ser aplicado sob o argumento de melhorar condição social do trabalhador.

O parágrafo único do artigo 927 do Código Civil não é inconstitucional, apenas não se aplica em caso de acidente do trabalho, em razão da regra prevista no inciso XXVIII do artigo 7° da Constituição.

Responsabilidade objetiva é a do INSS por conceder o benefício acidentário ao segurado, tendo por base o fato de que o seguro contra acidentes do trabalho fica por conta do empregador (art. 7°, XXVIII, da Constituição).

O parágrafo único do artigo 927 do Código Civil não pode ser aplicado em casos de responsabilidade por acidente do trabalho, mas pode ser aplicado em outros casos.

Em decorrência do acidente do trabalho, o trabalhador pode adquirir algum trauma psíquico. Pode ser alvo de chacotas e gozações no ambiente do trabalho. Muitas vezes, é tratado como aleijado etc. A sua dor moral também será indenizada em decorrência do acidente do trabalho.

Se o empregador exercer regularmente um direito, não se pode falar em dano moral, pois não foi praticado nenhum ato ilícito.

O empregador não terá responsabilidade se não houver culpa, em caso de caso fortuito ou força maior, de culpa exclusiva da vítima ou de terceiro.

Se a vítima tiver concorrido culposamente para o evento danoso, a sua indenização deverá ser fixada tendo-se em conta a gravidade da sua culpa em confronto com a do autor do dano.

Não haverá a possibilidade de compensação da indenização por responsabilidade civil com o benefício previdenciário, pois os direitos são distintos.

Os herdeiros podem pedir indenização por dano moral, em razão do dano moral que eles sofreram. O direito de exigir a reparação e a obrigação de prestá-la transmitem-se com a herança (art. 943 do Código Civil).

Mazeaud e Mazeaud afirmam que "é irrecusável que o herdeiro sucede no direito de ação que o morto, quando vivo, tinha contra o autor do dano. Se o sofrimento é algo pessoal, a ação de indenização é de natureza patrimonial e, como tal, transmite-se aos herdeiros".[2]

---

2. MAZEAUD et Léon; MAZEAUD, Jean; CHABAS, François. Traité théorique pratique de la responsabilité civil, Paris: LGDJ, t. III, 2013, n. 2.525.

O direito à indenização por danos morais transmite-se com o falecimento do titular, possuindo os herdeiros da vítima legitimidade ativa para ajuizar ou prosseguir a ação indenizatória (S. 642 do STJ).

10.6 DANO MORAL POR SER DISPENSADO SEM JUSTA CAUSA

Não se pode dizer que haja dano moral a ser reparado pelo fato de o empregado ser dispensado sem justa causa.

A dispensa é um direito regular do empregador. Trata-se de um direito potestativo ao qual o empregado não pode se opor. O empregador não exerce um ato ilícito, irregular ou procede com abuso de direito ao dispensar sem justa causa o empregado.

O inciso I do artigo 7º da Constituição prevê a proteção contra a dispensa arbitrária ou sem justa causa, determinando que a lei complementar estabelecerá indenização compensatória, entre outros direitos. O inciso I do artigo 10 do ADCT dispõe que, enquanto não for editada a referida lei complementar, a indenização calculada sobre os depósitos do FGTS será de 40%.

Existe apenas uma limitação econômica para a empresa: pagar as verbas rescisórias ao empregado que são previstas em lei.

Não há dor moral a ser reparada, em razão de que o empregador exerce um direito lícito, de dispensar sem justa causa o empregado.

Afirma Yussef Said Cahali que:

> expressiva jurisprudência continua afirmando o não cabimento da indenização por pretensos danos morais relacionados com fatos invocados para a demissão do empregado, desde que não ultrapassados os limites do exercício regular de direito ou caracterizados com ilícito absoluto do art. 159 do C.C., pela ausência de dolo ou má-fé do empregador[3].

10.7 CESSAÇÃO DO CONTRATO DE TRABALHO

O artigo 1º da Lei n. 9.029, de 13 de abril de 1995, proíbe a prática discriminatória na manutenção do contrato de trabalho por motivo de sexo, origem, raça, cor, estado civil, situação familiar, deficiência, reabilitação profissional, idade, entre outros.

A alínea *e* do artigo 483 da CLT prevê como hipótese de rescisão indireta do contrato de trabalho a prática pelo empregador ou seus prepostos, contra o empregado ou pessoas de sua família, de ato lesivo da honra e da boa fama. Tais

---

3. CAHALI, Yussef Said. *Dano moral*. 2. ed. São Paulo: Revista dos Tribunais, 1998, p. 463.

circunstâncias poderão implicar o dano moral praticado pelo empregador contra o empregado.

A alínea *j* do artigo 482 da CLT menciona que a hipótese de dispensa por justa causa em relação a ato lesivo da honra ou da boa fama praticado pelo empregado no serviço contra qualquer pessoa. A alínea *k* do mesmo artigo prevê ato lesivo da honra ou da boa fama praticado pelo empregado contra o empregador ou superiores. O empregador ou seus prepostos poderiam pedir dano moral contra o empregado.

O caso mais típico, no âmbito trabalhista, de dano moral é a dispensa por justa causa com alegação de que o empregado roubou, furtou, apropriou-se indevidamente de alguma coisa do empregador ou que cometeu qualquer outro ato de improbidade, quando, na verdade, isso não ficou provado ou não foi o empregado que praticou o ato, mas outra pessoa. Adviria daí o dano moral.

> Dano moral. Alegação de improbidade.
>
> Comete dano moral a empresa que alega que a autora adulterou o relógio de luz, porém não prova tais alegações, principalmente diante do fato que os colegas ficam sabendo que a dispensa ocorreu pelo referido motivo (TRT 2ªT., 2ªT., RO 20040445423 [02180.2003.465.02.00-2], rel. Sergio Pinto Martins).

Nesse caso, a empregada era uma espécie de zeladora e foi acusada de adulterar o relógio de luz, o que não ficou provado.

Nos seguintes julgados, entendi que ficou configurado o dano moral:

> Dano moral. Dispensa com alegação de justa causa.
>
> É devida a indenização por dano moral se a empresa não prova a justa causa de que a autora estava mantendo relações sexuais com o porteiro num automóvel (TRT 2ª R., 2ª T., RO 02275. 2002.372.02.00-5, rel. Juiz Sergio Pinto Martins, j. 30-6-2005, *DOESP* 12-7-2005).

O empregado foi acusado de furtar rádios de veículos numa mecânica. Uma testemunha presenciou o líder certa vez falar com o depoente na frente do autor, em tom de brincadeira, que iria esconder um rádio para que o reclamante não o roubasse. Disse também o depoente que via os comentários dos empregados chamando o reclamante de "Lalau" dos rádios. Afirmou ainda que os comentários sobre o fato eram frequentes. O depoimento da testemunha do reclamante demonstra que houve o dano moral alegado pelo recorrente, pois o autor sofreu constrangimentos durante o contrato de trabalho, em virtude de desaparecimento de rádios. Os comentários que surgiram no ambiente de trabalho ofenderam a moral do empregado, devendo a empresa cuidar também para que o trabalhador não sofra humilhações e constrangimentos no local de trabalho:

10 • DANO MORAL DECORRENTE DO CONTRATO DE TRABALHO

Dano moral. Furto de rádios.

O autor afirmou em depoimento pessoal que o sr. Pedro, quando pegava os rádios dos carros, dizia ao reclamante que estava guardando-os porque o reclamado tinha pedido para escondê-los do autor. Havia brincadeiras feitas no local de trabalho para que fossem escondidos os rádios para que o autor não os roubasse. O autor era conhecido no local como "Lalau" dos rádios. Dano moral configurado (TRT 2ª R., 2ª T., RO 20040690606 [00971.2003.042.02.00-1], rel. Juiz Sergio Pinto Martins, j. 9-2-2006, *DOESP* 21-2-2006).

Dano moral. Furto. Caracteriza-se o dano moral pela acusação não comprovada de dispensa com justa causa por furto. Indenização devida. O objetivo da indenização não é enriquecer o trabalhador, mas reparar o dano que lhe foi causado. Reduzida a indenização para R$ 50.000,00 (TRT 2ª R., 2ª T., RO 005854200047102005, rel. Juiz Sergio Pinto Martins, *DOESP* 12-12-2005).

No caso acima, montadora de automóveis acusava o empregado de furto de ferramentas. O empregado foi dispensado por justa causa. No processo não foi provada a justa causa. O trabalhador ajuizou outra ação, postulando indenização por dano moral pela alegação não provada de furto.

O empregador não pode, portanto, fazer acusações ao empregado se não possui certeza sobre o fato. Na dúvida, ou apura a questão para chegar a uma conclusão ou dispensa o empregado sem justa causa.

Dano moral. Divulgação de furto não provado.

Foi divulgado o nome do autor em *e-mail*, informando que teria furtado a empresa e isso foi de conhecimento dos funcionários nas lojas, denegrindo sua imagem. No documento contido nos autos consta "parabéns à equipe envolvida, e que sirva de exemplo para os gtes de loja, temos que eliminar os ELEMENTOS TÓXICOS de nosso meio". Nos referidos documentos há referência ao fato de que o autor furtou produtos da empresa. Foi ainda chamado pelo gerente da empresa de elemento tóxico. Logo, evidente que houve o dano moral. Há comprovação, inclusive, que o *e-mail* foi colocado no mural da loja para ciência de todos os funcionários. Logo, houve propagação do ato de furto, mas não houve prova de que o autor tenha praticado tal ato. O ato ilícito foi a divulgação pela empresa do nome do autor em relação ao furto, o que lhe trouxe prejuízo à sua imagem e à sua moral. Isso foi feito por funcionários da ré e por *e-mail*. Indenização mantida (TRT 2ª R., 2ª T., RO 20040485344 [01034.2003.332.02.00-0], rel. Sergio Pinto Martins).

A dispensa com justa causa não dá direito ao empregado à reparação por dano moral, mas a ofensa à sua honra ou dignidade em decorrência da dispensa. A mera indicação da alínea do artigo 482 da CLT quando da dispensa também não é fundamento para indenização por dano moral.

A 9ª Turma do TRT da 2ª Região já decidiu que:

Dano moral. CF, art. 5º, inciso X. A alegação de justa causa não constitui, por si só, dano moral, ainda que o fato não tenha sido provado. Exige-se a extensão do fato para fora dos limites do contrato individual de trabalho e a prova indiscutível do dano moral sofrido pelo trabalhador (TRT 2ª R., 9ª T., rel. Juiz Luiz Edgar Ferraz de Oliveira, 20010835800, j. 17-12-2001, *DOESP* 1º-2-2002).

DISPENSA POR JUSTA CAUSA REVERTIDA EM JUÍZO. AUSÊNCIA DE ABUSO NA CONDUTA PATRONAL. DANO MORAL INEXISTENTE.

A dispensa por justa causa insere-se no poder potestativo do empregador e, portanto, ainda que revertida judicialmente por insuficiência de provas, não pode ser considerada como ato passível de indenização, exceto se houver abuso na conduta patronal, como, por exemplo, a divulgação dos atos que ensejaram a demissão, o que não se constata na hipótese dos autos, em que nem mesmo houve imputação de fato inverídico, e sim avaliação equivocada da ré que considerou o mau desempenho da empregada nos exames como suficiente à quebra do contrato por justa causa. In casu, o prejuízo sofrido pela obreira é de ordem material e se resolve com o deferimento das verbas rescisórias decorrentes da injusta dispensa (TRT 2ª R, 9ª T., RO 00019463920125020314 SP 00019463920125020314 A28, Rel. Mauro Vignotto, DJe 1.9.2015).

O empregador que presta informações na Delegacia de Polícia sobre a existência de crime não está praticando dano moral, apenas exercendo um direito, que deve ser feito por todo cidadão, tanto que é previsto no inciso II do artigo 5º do Código de Processo Penal. As pessoas devem colaborar para apuração da verdade a respeito de crimes ocorridos, noticiando-os ao órgão competente para a sua apuração. Trata-se de um exercício regular de direito com previsão legal. Em princípio, se não foi comunicado falso crime, o ato é lícito. Entretanto, é preciso verificar as afirmações que foram feitas pelo empregador na Delegacia de Polícia em relação ao empregado.

Se o empregador faz o empregado sair da empresa em automóvel da polícia (camburão) para prestar informações em interrogatório policial, é evidente a atitude infamante em relação ao empregado, se não provadas as acusações.

O empregado pode ser dispensado sob a alegação de ser viciado, doente de Aids ou homossexual ou de ter sido ofendido com tais palavras, impedindo-o de obter novo emprego, quando outras empresas procuram informações do empregado, mostrando o intuito do empregador em prejudicar o trabalhador.

Poderiam ser feitas outras afirmações pejorativas, como de que o empregado é um vagabundo, afetando o bom conceito que o obreiro tem de si e perante as outras pessoas.

O trabalhador que é dispensado por ato discriminatório do empregador tem a faculdade de optar entre:

(a) a reintegração com ressarcimento integral de todo o período de afastamento, mediante pagamento das remunerações devidas, corrigidas monetariamente, acrescidas de juros legais;

(b) a percepção, em dobro, da remuneração do período de afastamento, corrigida monetariamente e acrescida dos juros legais (art. 4º da Lei n.

9.029/95). A indenização estabelecida na lei tem natureza trabalhista. Não visa reparar o dano moral.

O dano moral também se tipifica se o empregado faz alegações ofensivas ao empregador, que dariam direito à reparação por dano moral.

A publicação em jornal de que o empregado abandonou o serviço pode dar ensejo a dano moral, desde que não provada a afirmação, pois pode proporcionar fator negativo em relação à boa reputação do trabalhador. Um trabalhador normal não abandona o emprego.

A Corte de Trabalho de Bruxelas condenou empresa a pagar a empregado 25.000 francos, em razão de que determinou a seu diretor que deixasse imediatamente sua mesa e os locais da empresa e fosse escoltado até seu veículo, sem poder pegar suas coisas. O empregador não pode deixar pairar alguma dúvida a respeito da honorabilidade e a reputação do empregado.

10.8 FATO DE O EMPREGADO NÃO SER REGISTRADO

O fato de o empregado não ser registrado, por si só, não é fundamento para ser deferida indenização por dano moral. Não se verifica dor moral pelo referido fato, que deve ser provado.

O empregado pode postular na Justiça do Trabalho a anotação na sua CTPS do contrato de trabalho, com a reparação de prejuízos materiais, como o pagamento das férias mais um terço, 13º salários e FGTS do período sem registro. Se houver outros prejuízos materiais, eles também poderão ser reparados pela Justiça do Trabalho.

10.9 FATO DE O EMPREGADOR NÃO TER DADO BAIXA NA CTPS DO EMPREGADO

O fato de o empregador não dar baixa na CTPS do empregado, por si só, não configura dano moral.

Nada impede que o empregado tire outra CTPS para poder ser admitido no novo emprego.

10.10 ANOTAÇÕES EM CTPS EM RAZÃO DE DETERMINAÇÃO DA JUSTIÇA DO TRABALHO

Foi feito pedido de indenização por dano moral em razão de anotação que a empresa fez na CTPS do empregado, cumprindo a determinação judicial oriunda de processo que tramitou perante outra Vara.

O empregado alega que, em vista da determinação de anotação em sua carteira de trabalho, a empresa ultrapassou os poderes que lhe conferem a legislação como empregador, causando-lhe sofrimento moral.

A empresa cumpriu determinação judicial, retificando a data de admissão do empregado. Se a empresa não cumprisse o determinado pelo juízo, caberia à Secretaria da Vara efetuar a retificação na CTPS (§ 1º do art. 39 da CLT) do trabalhador, o que afastaria a pretensão relativamente ao dano moral. Ademais, o fato, por si só, não representa dano moral em razão da indigitada falta de anotação.

A determinação judicial retrata a realidade dos fatos, anotando na CTPS a real data da admissão do empregado. Não constitui dano moral.

No mesmo sentido, a jurisprudência do TST:

RECURSO DE REVISTA. DANO MORAL. CARACTERIZAÇÃO. CONTRATO DE TRABALHO. ANOTAÇÃO NA CTPS. DETERMINAÇÃO JUDICIAL. Não se configura ilicitude capaz de gerar o direito ao pagamento de indenização por dano moral no ato do empregador que registra o contrato de trabalho na CTPS do reclamante, especificando que a anotação decorreu de sentença judicial e não se enquadra na definição de anotação desabonadora prevista no § 4º do art. 29 de CLT. Recurso de revista conhecido e não provido (8ª T., RR 128600-56.2004.5.15.0034, rel. Min. Dora Maria da Costa, j. 18-11-2009, *DEJT* 20-11-2009).

DANO MORAL. NÃO CARACTERIZAÇÃO – ANOTAÇÃO DO CONTRATO DE TRABALHO COM A OBSERVAÇÃO NA CTPS DE QUE HOUVE DETERMINAÇÃO JUDICIAL NESSE SENTIDO INDENIZAÇÃO INDEVIDA.

1. O dano moral constitui lesão de caráter não material, ao denominado patrimônio moral do indivíduo, integrado por direito de personalidade. Tanto em sede constitucional (CF, art. 5º, *caput* e incisos V. VI, IX, X, XI e XII) quanto em sede infraconstitucional (CC, arts. 11-21), os direitos da personalidade albergam basicamente os direitos à vida, integridade física, liberdade, igualdade, intimidade, vida privada, imagem, honra, segurança e propriedade, que, pelo grau de importância de que se revestem, são tidos como violados.

2. Do rol positivado dos direitos da personalidade, alguns têm caráter preponderantemente material, ainda que não necessariamente mensurável economicamente, e outros de caráter preponderantemente não material, entre os quais a Constituição enumera taxativamente a intimidade, vida privada, imagem e honra (CF, art. 5º, X). Assim, o patrimônio moral, ou seja, não material do indivíduo, diz respeito aos bens de natureza espiritual da pessoa. Interpretação mais ampla do que seja dano moral, para albergar, por um lado, todo e qualquer sofrimento psicológico, carecia de base jurídico-positiva (CF, art. 5º, X), e, por outro, para incluir bens de natureza material, como a vida e a integridade física, careceria de base lógica (conceito de patrimônio moral).

3. Por outro lado, além do enquadramento no conceito de dano moral, a lesão deve ser passível de imputação ao empregador. Trata-se do estabelecimento do nexo causal entre lesão e conduta omissiva ou comissiva do empregador, sabendo-se que o direito trabalhista brasileiro alberga tão somente a teoria da responsabilidade subjetiva, derivada de culpa ou dolo do agente da lesão (CF art. 7º, XXVIII).

4. No caso, o Regional, entendendo ter ocorrido ofensa à imagem do Autor, manteve a indenização por dano moral em face da Reclamada ter consignado na CTPS do Autor que a anotação do contrato de trabalho decorreu de determinação judicial.

5. Ora, não há como enquadrar o caso concreto como gerador do direito à indenização por dano moral, uma vez que a Reclamada, ao proceder ao registro do contrato de trabalho na CTPS com a explicação adicional de que a anotação decorria do cumprimento de determinação contida em ação trabalhista, não praticou ato que maculasse a intimidade, a vida privada, a imagem e a honra do Reclamante. Por um lado, a anotação feita pela Reclamada retrata a realidade, qual seja, a de que o contrato foi reconhecido pela via judicial. Por outro lado, o ajuizamento de ação e o reconhecimento judicial de vínculo empregatício não constituem fatos desabonadores do Reclamante.

6. Nesses termos, não há como condenar a Reclamada do pagamento de indenização por dano moral, ante a falta de ato ilícito capaz de gerar o direito. Recurso de revista provido (7ª T., RR 349/2007-003-19-00.1, rel. Min. Ives Gandra, j. 3-9-2008, *DJ* 12-9-2008).

DANO MORAL. NÃO CARACTERIZAÇÃO. ANOTAÇÃO DO ADICIONAL DE INSALUBRIDADE EM GRAU MÉDIO COM A JUSTIFICATIVA DE QUE HOUVE DETERMINAÇÃO JUDICIAL NESSE SENTIDO. INDENIZAÇÃO INDEVIDA. A Reclamada, ao proceder ao registro do contrato de trabalho na CTPS com a explicação adicional de que a anotação decorria do cumprimento de determinação contida em ação trabalhista, não praticou ato que maculasse a honra, a dignidade e a imagem profissional do Reclamante. Por um lado, a anotação feita pela Reclamada retrata a realidade, qual seja, a de que o contrato foi reconhecido pela via judicial. Por outro lado, o ajuizamento de ação e o reconhecimento do direito ao adicional de insalubridade em grau médio não constituem fatos desabonadores do Reclamante. Assim, não restou configurado o pretenso ato ilícito capaz de gerar o direito ao pagamento de indenização por dano moral. Recurso de revista conhecido e desprovido (7ª T., RR 50300 – 38.2007.5.12.0041, rel. Min. Ives Gandra Martins Filho, j. 16-4-2008, *DJ* 18-4-2008).

RECURSO DE REVISTA. DANO MORAL. ANOTAÇÃO NA CARTEIRA DE TRABALHO E PREVIDÊNCIA SOCIAL. AJUIZAMENTO DE AÇÃO TRABALHISTA. Depreende-se dos autos que o ato praticado pelo empregador, tido como atentatório à moral do reclamante, decorreu de determinação judicial, não retratando, tal situação, circunstância prevista no art. 5º, X, da Constituição Federal. Efetivamente, não se configura nenhuma ilicitude no ato do empregador em cumprir obrigação judicial de anotação na CTPS do empregado, não se enquadrando na definição de anotação desabonadora tratada no art. 29, § 4º, da CLT. A conduta do empregador não se enquadra na tipificação clássica do dano moral, conforme previsão constitucional, porque hão de estar presentes os elementos inerentes à responsabilidade civil subjetiva (conduta culposa e nexo causal), e, *in casu*, não se afigura a conduta culposa. Recurso de revista conhecido e provido (1ª T., RR 966/2007-026-13-00.3, rel. Min. Vieira de Mello Filho, *DEJT* 19-6-2009).

RECURSO DE REVISTA DANOS MORAIS E MATERIAIS REGISTRO NA CTPS DECORRENTE DE DETERMINAÇÃO JUDICIAL. O Eg. Tribunal Regional consignou que a anotação na CTPS do Autor de fato decorreu de determinação judicial e que, se a empresa não procedesse à anotação, esta poderia ser feita pela secretaria da Vara, conforme previsão contida no artigo 39 da CLT. Assim, não se constata a ocorrência de dano, nem pode ser responsabilizada a empresa, que cumpriu o que fora determinado em sentença. Como bem esclareceu o acórdão regional, não pode ser considerado desonroso ou prejudicial demandar em juízo para buscar a solução de conflitos. Ao proceder à anotação da CTPS conforme decidido judicialmente, o Réu expressa a realidade e retifica dados importantes para o empregado. Precedentes. HONORÁRIOS ADVOCATÍCIOS. Prejudicado, diante da manutenção da improcedência da presente ação (8ª T., RR 954/2004-034-15-00, rel. Min. Maria Cristina Peduzzi, *DEJT* 10-10-2000).

RECURSO DE REVISTA. ANOTAÇÃO CONSTANTE DA CTPS. RECONHECIMENTO DE VÍNCULO EMPREGATÍCIO. ACORDO JUDICIAL. INDENIZAÇÃO POR DANOS MORAIS E MATERIAIS. Não se configura qualquer ilicitude capaz de gerar o direito ao pagamento de indenização por dano material e moral no ato do empregador que apenas procede à anotação da CTPS do empregado, em face de determinação judicial emanada nos autos de reclamação trabalhista ajuizada pelo empregado, esclarecendo o fato de o reconhecimento do vínculo empregatício ter sido acordado judicialmente. Tal anotação apenas revela que o empregado ingressou em juízo, exercendo direito constitucional assegurado, com o intuito de ver reconhecido o vínculo empregatício e os respectivos direitos trabalhistas acordados judicialmente, o que em nada desabona a conduta do empregador, sob pena de se admitir que as anotações efetuadas nas CTPS pelas Varas do Trabalho, conforme estabelecido no artigo 39, § 1º, da CLT, também ensejariam o deferimento de indenização por dano moral aos trabalhadores que buscam resguardar seus direitos trabalhistas junto ao Poder Judiciário. Recurso de revista conhecido e desprovido (6ª T., RR 1.323/2004-034-15-00.8, rel. Min. Aloysio Corrêa da Veiga *DJ* 13-4-2007).

RECURSO DE REVISTA. ANOTAÇÃO DESABONADORA EM CTPS. REINTEGRAÇÃO POR MANDADO JUDICIAL. INEXISTÊNCIA DE DANO MORAL. Pedido de indenização por dano moral em decorrência de anotação em CTPS, com o esclarecimento de que a reintegração decorre de ação trabalhista movida pelo empregado. O dissenso pretoriano se resolve em favor do acórdão que privilegia o bom-senso, posto que, não há desdouro ou comprometimento da honorabilidade no registro feito de boa-fé pela empresa. A explicitação impugnada apenas justifica, mediante remissão ao mandado judicial, a origem da anulação da anterior data de dispensa. É uma providência necessária ao registro histórico do fato para prevenir futuros inconvenientes, facilmente previsíveis, principalmente no âmbito previdenciário oficial, pródigo em diligências para a concessão de aposentadorias. Revista conhecida e desprovida. (3ª T., RR 1842/2001-029-03-00.3, rel. Juíza Wilma Nogueira Vaz da Silva, *DJ* 30-5-2003).

10.11 ANOTAÇÃO NA CTPS DE CONDUTA DESABONADORA

O antigo § 3º do artigo 32 da CLT autorizava a anotação de condutas desabonadoras do empregado apenas na ficha de qualificação arquivada na repartição competente, mediante determinação de sentença condenatória proferida pela Justiça do Trabalho, pela Justiça Comum e pelo Tribunal de Segurança Nacional. Essas anotações somente eram feitas pela autoridade administrativa, de acordo com as determinações da sentença com trânsito em julgado.

Não mais se autorizam essas anotações na CTPS do empregado, por falta de previsão legal. Mesmo o empregador não poderá apor na CTPS do empregado que este foi dispensado por justa causa e quais foram os fundamentos da conduta desabonadora do trabalhador, pois isso dificultaria a obtenção de novo emprego e até mesmo a defesa do empregado. Isso também implicaria ferir a liberdade de trabalho do empregado, pois não obteria novo emprego com tanta facilidade, visto que nenhum empregador iria querer admiti-lo em sua empresa, em razão de seu passado desabonador.

O § 4º do artigo 29 da CLT veda ao empregador fazer anotações desabonadoras à conduta do empregado em sua CTPS.

Na CLT, serão anotadas as datas de admissão e do término do contrato de trabalho, mas não o motivo da cessação do vínculo de emprego.

A anotação do motivo da dispensa na CTPS, que não é mais permitida, daria direito a indenização por dano moral, se inverídica.

10.12 FASE PÓS-CONTRATUAL

O empregador que desse informações desabonadoras e inverídicas da conduta do empregado teria de indenizar o obreiro. O fato de se alegar que o empregado é incompetente, quando não o é, importa em dano moral, pois afeta a sua reputação profissional e sua boa fama.

É difícil haver prova das informações prestadas pelo empregador após o término do contrato de trabalho, pois o empregado muitas vezes não vai conseguir gravar conversas telefônicas.

Valdir Florindo mostra que o empregador informa:

de forma tendenciosa, que o ex-empregado recebeu todas as verbas trabalhistas devidas e mesmo assim reclamou na Justiça direitos que não possui. Com isso, tenta-se passar a imagem de um trabalhador litigante de má-fé, insinuando que a Justiça do Trabalho dá guarida a pretensões absurdas, e, finalmente, restringindo o direito público e indisponível de ação que possui o cidadão[4].

Há empregadores que têm listas negras, que constam de um cadastro ou banco de dados de empregadores em relação a maus empregados ou empregados que ajuizaram ação perante a Justiça do Trabalho. O procedimento visa impedir a contratação do empregado. Isso também daria ensejo à indenização por dano moral.

A Declaração dos Direitos do Homem prevê que "todo homem tem direito ao trabalho, à livre escolha do emprego, a condições justas e favoráveis de trabalho e à proteção contra o desemprego" (art. 23).

Impedir o trabalhador de obter trabalho viola essa garantia internacional do direito ao trabalho, inclusive para que a pessoa possa sobreviver e sustentar sua família.

---

4. FLORINDO, Valdir. *Dano moral e o direito do trabalho*. 4. ed. São Paulo: LTr, 2002, p. 84.

O fornecimento de carta de apresentação com afirmação de que o empregado teve faltas injustificadas não gera dano moral, se o empregado não prova as falsas alegações da empresa:

> Dano moral – Fornecimento de nova carta de apresentação – O fato de constar da carta de apresentação a ocorrência de faltas injustificadas da reclamante na vigência da relação de emprego não caracteriza, por si só, dano moral. Para que a conduta da reclamada pudesse configurar ato ilícito, incumbia à autora demonstrar a falsidade dessas declarações o que não se verificou nos autos. Recurso a que se nega provimento (TRT 10ª R., ROPS 00058-2006-001-10-00-9, Ac. 2ª T., rel. Juíza Maria Piedade Bueno Teixeira, *DJU* 23-6-2006, p. 28-29).

O empregador também poderia prestar informações inadequadas para abertura de crédito do empregado, causando-lhe prejuízo moral. Injúria, difamação ou calúnia contra o obreiro proporcionam a existência do reparo quanto ao dano moral. A publicidade dos fatos contrários à reputação do empregado é que dão direito à indenização por dano moral.

10.13 FALTA DE PAGAMENTO DE VERBAS RESCISÓRIAS

A falta de pagamento de verbas rescisórias tem como resultado o pagamento das referidas verbas com juros e correção monetária, multa do § 8º do artigo 477 da CLT e aplicação do artigo 467. Não importa o pagamento de indenização por dano moral.

Já julguei casos no mesmo sentido:

> Dano moral. Falta de pagamento de verbas rescisórias.
>
> Não há previsão legal no sentido de que a falta de pagamento de verbas rescisórias implica ofensa à honra ou à dignidade do trabalhador. O autor não provou tais fatos, no sentido de que tenha lhe causado dor ou sofrimento. A lei já prevê a multa do parágrafo 8º do artigo 477 da CLT, além de juros e correção monetária para compensar o atraso no pagamento de verbas rescisórias. Indenização indevida (TRT 2ª R., 18ª T., Proc. 1001108-36.2014.5.02.0241, rel. Des. Sergio Pinto Martins, *DJe* 11-5-2016).
>
> Dano moral. Falta de pagamento de verbas rescisórias.
>
> Não há previsão legal no sentido de que a falta de pagamento de verbas rescisórias implica ofensa à honra ou à dignidade do trabalhador. A autora não provou tais fatos, no sentido de que tenha lhe causado dor ou sofrimento. A lei já prevê as multas do artigo 467 e parágrafo 8º do artigo 477 da CLT, além de juros e correção monetária para compensar o atraso no pagamento de verbas rescisórias. Indenização indevida (TRT 2ª R., 18ª T., Proc. 0000159-42.2013.5.02.04442, rel. Des. Sergio Pinto Martins, *DJe* 20-2-2014).

A jurisprudência do TST firmou-se no sentido de que a ausência de pagamento das verbas rescisórias e do recolhimento do FGTS só resulta em condenação ao pagamento de indenização por dano moral quando o empregado comprova ter passado por constrangimento ou situação vexatória. Nesse sentido, citam-se os seguintes julgados:

"RECURSO DE REVISTA DA RECLAMANTE. INTERPOSTO NA VIGÊNCIA DA LEI Nº 13.467/2017. DANO MORAL. COMPENSAÇÃO. ATRASO NO PAGAMENTO DAS VERBAS RESCISÓRIAS. AUSÊNCIA DE DEPÓSITOS DO FGTS. NÃO CONFIGURAÇÃO. NÃO CONHECIMENTO. O dano moral exsurge nos casos em que ocorre lesão a direitos imateriais definidos pela doutrina como não mensuráveis objetivamente, tais como imagem - inclusive de pessoa jurídica, dor psíquica, honra, dignidade, luto, humilhação, lesão estética, etc. O mero inadimplemento de verbas trabalhistas, inclusive o atraso no pagamento de salários - quando eventual e por lapso de tempo não dilatado -, **o atraso no pagamento das verbas rescisórias ou mesmo a ausência de depósito do FGTS não acarretam, por si só, lesão a bens imateriais e, consequentemente, o direito à reparação pelo dano moral sofrido. Não se configura, nessas situações, o dano moral *in re ipsa*. Em tais casos, deve o empregado demonstrar as circunstâncias em que se deu o inadimplemento de direitos trabalhistas e se houve contumácia na mora alegada, bem como demonstrar o constrangimento sofrido, quer por não conseguir honrar compromissos assumidos, quer pela dificuldade em prover o sustento próprio e o de sua família** . Há precedentes. Na hipótese, o Tribunal Regional consignou que o fato de os reclamados terem deixado de realizar os recolhimentos de FGTS e o pagamento das verbas rescisórias, por si só, não é suficiente para gerar reparação por dano moral, necessitando que seja demonstrado o abalo moral e à dignidade da trabalhadora para ensejar a referida compensação. Nesse cenário, a Corte Regional, ao excluir a condenação à reparação por dano moral, diante da ausência de comprovação de efetivo dano à reclamante, decidiu em consonância com a jurisprudência desta Corte Superior, o que obsta o processamento do recurso de revista, no particular, nos termos da Súmula nº 333. Nesse contexto, a incidência do óbice contido na Súmula nº 333 é suficiente para afastar a transcendência da causa, uma vez que inviabilizará a aferição da existência de eventual questão controvertida no recurso de revista, e, por conseguinte, não serão produzidos os reflexos gerais, nos termos previstos no § 1º do artigo 896-A da CLT. Recurso de revista de que não se conhece"(TST-RR-229-45.2022.5.08.0129, **8ª Turma**, Rel. Min. Guilherme Augusto Caputo Bastos, DEJT de 4/9/2023 – destaques acrescidos).

"AGRAVO DE INSTRUMENTO EM RECURSO DE REVISTA. ACÓRDÃO REGIONAL. PUBLICAÇÃO NA VIGÊNCIA DA LEI Nº 13.467/2017. DANO MORAL COLETIVO. ATRASO NO PAGAMENTO DAS VERBAS RESCISÓRIAS. TRANSCENDÊNCIA ECONÔMICA. RECONHECIMENTO. I. **A jurisprudência iterativa, notória e atual desta Corte tem firme entendimento de que a ausência ou o atraso no pagamento das verbas rescisórias não configura dano moral *in re ipsa* , sendo, portanto, necessária a comprovação de que o inadimplemento alegado ocasionou transtornos à imagem e à honra do empregado.** II. No caso dos autos, o Tribunal de origem assentou que *'não se trata de ausência de pagamento de salários, e sim, do pagamento das verbas rescisórias de forma extemporânea. Não há prova das vicissitudes pelas quais supostamente passaram a coletividade de trabalhadores das rés condenadas '* (fl. 957 - Visualização Todos PDF). III. Estando a decisão do Tribunal de origem em consonância com a jurisprudência iterativa, notória e atual desta Corte Superior, emergem, pois, em óbice à admissão do recurso de revista, o disposto no art. 896, § 7º, da CLT e o entendimento consolidado na Súmula nº 333 do TST. IV. Agravo de instrumento de que se conhece e a que se nega provimento"(TST-AIRR-115-08.2017.5.06.0010, **7ª Turma**, Rel. Min. Evandro Pereira Valadão Lopes, DEJT 15/9/2023 – destaques acrescidos).

"RECURSO DE REVISTA INTERPOSTO PELA RECLAMADA. ACÓRDÃO REGIONAL PUBLICADO NA VIGÊNCIA DAS LEIS Nºs 13.015/2014 E 13.467/2017. (...) 2. INDENIZAÇÃO POR DANO MORAL. ATRASO NO PAGAMENTO DE VERBAS RESCISÓRIAS. AUSÊNCIA DE COMPROVAÇÃO DE DANO EFETIVO. INDENIZAÇÃO INDEVIDA. TRANSCENDÊNCIA POLÍTICA RECONHECIDA. CONHECIMENTO E PROVIMENTO. I. **O entendimento desta Corte Superior é no sentido de que o mero inadimplemento de verbas trabalhistas, inclusive o atraso no pagamento de verbas rescisórias, não acarreta, por si só, lesão ao patrimônio imaterial do empregado, pois neste caso o dano moral não se configura *in re ipsa*, sendo imprescindível a comprovação do dano à personalidade do empregado.** II. No presente caso, a Corte Regional condenou a parte reclamada ao pagamento de indenização por dano moral em razão do atraso no pagamento de verbas rescisórias, por entender que a configuração do referido dano se dá pelo simples atraso no pagamento das referidas verbas. III. Demonstrada transcendência política da causa e divergência jurisprudencial. IV. Recurso de revista de que se conhece e a que se dá provimento. (...)" (TST-RR-528-42.2017.5.17.0001, **4ª Turma**, Rel. Min. Alexandre Luiz Ramos, DEJT de 1/9/2023 – destaques acrescidos).

"AGRAVO. RECURSO DE REVISTA COM AGRAVO DE INSTRUMENTO. LEIS 13.015/2014 E 13.467/2017. IN 40 DO TST. ENTE PÚBLICO. DANO MORAL *IN RE IPSA* NÃO CONFIGURADO. ATRASO NOS DEPÓSITOS FUNDIÁRIOS. Na hipótese, o Tribunal Regional manteve a sentença que indeferiu o pedido do reclamante relacionado ao dano moral, sob fundamento de que o atraso nos depósitos fundiários não enseja dano moral *in re ipsa*. Nesse contexto, o entendimento adotado pelo Tribunal Regional está em consonância com a jurisprudência pacífica desta Corte Superior. Ademais, na hipótese vertente, há registro do Tribunal Regional no sentido de que o reclamante não comprovou dano moral sofrido em decorrência do atraso nos depósitos do FGTS. Extrai-se, ainda, do acórdão regional que não é a hipótese de atraso reiterado no pagamento de salários. Precedentes. Agravo não provido"(TST-Ag-RRAg-21097-06.2018.5.04.0029, **2ª Turma**, Rel.ª Min.ª Maria Helena Mallmann, DEJT de 17/2/2023)

"[...] II. RECURSO DE REVISTA REGIDO PELA LEI 13.467/2017. INDENIZAÇÃO POR DANOS MORAIS. ATRASO NO PAGAMENTO DAS VERBAS RESCISÓRIAS. ATRASO NO PAGAMENTO DO SALÁRIO DE APENAS UM MÊS. INDENIZAÇÃO INDEVIDA. TRANSCENDÊNCIA POLÍTICA CARACTERIZADA. 1. De acordo com o artigo 896-A da CLT, o Tribunal Superior do Trabalho, no recurso de revista, deve examinar previamente se a causa oferece transcendência com relação aos reflexos gerais de natureza econômica, política, social ou jurídica. 2. No caso, o Tribunal Regional reformou a sentença para condenar os Reclamados ao pagamento de indenização por danos morais, em razão do atraso no pagamento das verbas rescisórias e do salário do mês de março de 2020, evidenciando, a ocorrência de dano *in re ipsa*. 3. Nada obstante, **a jurisprudência desta Corte é no sentido de que o atraso no pagamento das verbas rescisórias não gera indenização por dano moral, salvo quando comprovada, por meio de demonstração objetiva dessas dificuldades e constrangimentos sofridos, a existência de lesão aos direitos de personalidade** (artigo 5º, V e X, da Constituição Federal). Do mesmo modo, o atraso no pagamento de salários a justificar a indenização postulada é aquele reiterado, contumaz, o que não se verifica na hipótese. 4. Nesse contexto, ao condenar os Reclamados ao pagamento de indenização por dano moral decorrente de atraso no pagamento de verbas rescisórias e um mês de salário, sem comprovação de fatos concretos que hajam acarretado dano à honra do trabalhador, o Tribunal Regional divergiu da jurisprudência pacífica dessa Corte Superior e violou o art. 5º, X, da Constituição Federal. Recurso de revista conhecido e provido" (TST-RRAg-20295-49.2020.5.04.0025, **5ª Turma**, Rel. Min. Douglas Alencar Rodrigues, DEJT de 16/12/2022 – destaques acrescidos)

"A) AGRAVO DE INSTRUMENTO. RECURSO DE REVISTA. PROCESSO SOB A ÉGIDE DA LEI 13.015/2014 E ANTERIOR À LEI 13.467/2017. 1. (...). 4. INDENIZAÇÃO POR DANOS MORAIS ADVINDOS DO ATRASO NO PAGAMENTO DE PARCELAS RESCISÓRIAS E DA AUSÊNCIA DE RECOLHIMENTO DE FGTS. AUSÊNCIA DE PROVAS DE DANO ESPECÍFICO, APTO A AFETAR A HONRA, A IMAGEM OU OUTRO ASPECTO DO PATRIMÔNIO MORAL DO TRABALHADOR ALÉM DAQUELES JÁ REPARÁVEIS PELOS ARTS. 467 E 477, § 8º, DA CLT. Demonstrado no agravo de instrumento que o recurso de revista preenchia os requisitos do art. 896 da CLT, dá-se provimento ao agravo de instrumento, para melhor análise da arguição de violação do art. 5º, X, da CF, suscitada no recurso de revista. Agravo de instrumento provido. B) RECURSO DE REVISTA. PROCESSO SOB A ÉGIDE DAS LEIS 13.015/2014 E A 13.467/2017. INDENIZAÇÃO POR DANOS MORAIS ADVINDOS DO ATRASO NO PAGAMENTO DE PARCELAS RESCISÓRIAS E DA AUSÊNCIA DE RECOLHIMENTO DE FGTS. AUSÊNCIA DE PROVAS DE DANO ESPECÍFICO, APTO A AFETAR A HONRA, A IMAGEM OU OUTRO ASPECTO DO PATRIMÔNIO MORAL DO TRABALHADOR ALÉM DAQUELES JÁ REPARÁVEIS PELOS ARTS. 467 E 477, § 8º, DA CLT. A jurisprudência desta Corte entende ser indevida a reparação civil quando inexiste uma circunstância objetiva que demonstre a existência de qualquer constrangimento ao trabalhador, capaz de atingir sua honra, imagem ou intimidade, causando-lhe lesão de natureza moral. Nesse contexto, a jurisprudência tem feito a distinção quanto a atrasos salariais e atraso rescisório. Assim, tem considerado pertinente o pagamento de indenização por dano moral nos casos de atrasos reiterados nos pagamentos salariais mensais. Porém, não tem aplicado a mesma conduta quanto ao atraso na quitação de verbas rescisórias, por existir, na hipótese, apenação específica na CLT (multa do art. 477, § 8º, CLT), além da possibilidade da incidência de uma segunda sanção legal, fixada no art. 467 da Consolidação. Desse modo, no caso de atraso rescisório, para viabilizar a terceira apenação (indenização por dano moral), seria necessária a evidenciação de constrangimentos específicos surgidos, aptos a afetar a honra, a imagem ou outro aspecto do patrimônio moral do trabalhador. De igual forma, entende-se que a irregularidade no recolhimento dos depósitos do FGTS, por si só, não tem o condão de ensejar a reparação por dano moral. Na hipótese, a Corte de origem não registrou nenhum fato concreto de dano ao patrimônio subjetivo da Reclamante. Não há falar, portanto, em dano moral a ser reparado. Julgados desta Corte Superior. Recurso de revista conhecido e provido" (TST-RRAg-20415-67.2018.5.04.0541, **3ª Turma**, Rel. Min. Mauricio Godinho Delgado, DEJT de 16/6/2023).

II - RECURSO DE REVISTA INTERPOSTO PELA RECLAMADA NA VIGÊNCIA DA LEI Nº 13.467/2017 - INDENIZAÇÃO POR DANO MORAL. AUSÊNCIA DE PAGAMENTO DAS VERBAS RESCISÓRIAS. ARTIGO 818, I, DA CLT. TRANSCENDÊNCIA POLÍTICA RECONHECIDA. A jurisprudência desta Corte Superior firmou-se no sentido de que a ausência de pagamento das verbas rescisórias e do recolhimento do FGTS só resulta em condenação ao pagamento de indenização por dano moral quando o empregado comprova ter passado por constrangimento ou situação vexatória. Julgados. Recurso de revista de que se conhece e a que se dá provimento. (8ª T, RRAg-10775-02.2018.5.15.0099, Rel. Sergio Pinto Martins, j. 11/12/2024, Publicação: 16/12/2024**).**

10.14 RESTRIÇÃO AO USO DE BANHEIRO

A restrição ao uso de banheiro e o fato de em certo lugar não haver banheiro para ser usado pelo empregado têm sido objeto de discussão sobre o cabimento da indenização por dano moral.

No acórdão abaixo de maquinista de locomotiva a indenização por dano moral foi deferida:

> MAQUINISTA. AUSÊNCIA DE INSTALAÇÕES SANITÁRIAS ADEQUADAS. MEIO AMBIENTE DO TRABALHO DEGRADANTE. ATO ILÍCITO DO EMPREGADOR. DANO MORAL CARACTERIZADO. INDENIZAÇÃO DEVIDA. (TRT 2ª R., 4ª T., Proc. 0000574-47.2012.5.02.0252, Ac. 2013/1040280, Maria Isabel Cuevas, *DJESP* 4-10-2013).

Neste acórdão, na mesma situação, a indenização foi indeferida:

> MAQUINISTA. FALTA DE SANITÁRIO NA LOCOMOTIVA. DANO MORAL INEXISTENTE.
>
> Incontroverso que não é possível a utilização de sanitários no interior das locomotivas, existindo ao longo do trecho ferroviário, estações onde é possível o acesso a sanitários e água potável, pois a composição não pode estar em movimento sem a presença do maquinista e também não pode estacionar em qualquer trecho da estrada para o maquinista utilizar o sanitário. Locomotivas desprovidas de sanitário existem há séculos. A profissão de condutor de locomotivas existe igualmente há séculos. A impossibilidade de o maquinista abandonar o posto de trabalho a qualquer momento é óbvia. A utilização de sanitários nas estações sempre foi a regra para esses profissionais, não acarretando dano moral (TRT 2ª R., 14ª T., 00007251320125020252, Ac. 2013/1052440, rel. Manoel Antonio Ariano, DJESP 4.10.2013).

Prevê o inciso I do art. 157 da CLT caber às empresas cumprir e fazer cumprir as normas de segurança e medicina do trabalho. Não trata exatamente de banheiros.

Dispõe o inciso VII do artigo 200 da CLT competir ao Ministério do Trabalho estabelecer disposições complementares às normas de que trata o Capítulo "Da Segurança e da Medicina do Trabalho", em razão das peculiaridades de cada atividade ou setor de trabalho, especialmente sobre higiene nos locais de trabalho, com discriminação das exigências, instalações sanitárias, com separação de sexos, chuveiros, lavatórios, vestiários e armários individuais, refeitórios ou condições de conforto por ocasião das refeições, fornecimento de água potável, condições de limpeza dos locais de trabalho e modo de sua execução, tratamento de resíduos industriais.

Não há dúvida de que o empregado tem o direito de ir ao banheiro quantas vezes for necessário por dia, pois é uma necessidade fisiológica do ser humano. Não pode a pessoa ficar esperando se tem a necessidade.

O empregador não pode obstar o empregado de ir ao banheiro, sob pena de impedir que o trabalhador faça suas necessidades fisiológicas.

É possível que o empregador organize as pessoas para irem ao banheiro, principalmente se há muitas pessoas trabalhando no local e em decorrência da necessidade de produção, como acontece no trabalho em *call center*. Não pode impedi-las, de quando precisarem, irem ao banheiro.

O TRT da 2ª Região entendeu:

> Utilização de bandeiras no ambiente de trabalho (verde para permitir e vermelha para proibir o uso do banheiro), antes de ser uma forma de 'organizar' a ida ao banheiro dos empregados, impõe limites e restrições ao seu uso, evidenciando a coação moral, subreptícia, velada, que cerceava a trabalhadora. Houve dano moral (TRT 2ª R., 6ª T., RO 02428.2007.052.02.00-0, AC. 20090963061, rel. Juiz Rafael E. Pugliese Ribeiro, j. 3-11-2009, *LTr* 74-04/495).

O TST negou provimento a agravo de instrumento contra decisão do TRT da 9ª Região, em que esse tribunal deferiu indenização por dano moral pelo fato de o trabalhador não poder usar banheiros. Os trabalhadores faziam suas necessidades fisiológicas em muros ou árvores ao redor da empresa. Não podiam usar banheiros externos, que distavam 200 a 250 metros do local de trabalho, porque um ficava fechado e outro não podia ser usado, por alterar o andamento do serviço. Foi deferida indenização por dano moral (6ª T., AIRR 1238/2002-322.09.40.0, rel. Min. Aloysio Corrêa da Veiga, j. 28-2-2007, *DJ* 30-3-2007)[5].

Em outros casos de trabalhadores de *call centers*, o TST entendeu configurado o dano moral pela restrição ao uso de banheiro:

> AGRAVO DE INSTRUMENTO EM RECURSO DE REVISTA. DANO MORAL. EMPRESA DE TELEATENDIMENTO. UTILIZAÇÃO DE BANHEIRO DURANTE A JORNADA DE TRABALHO. RESTRIÇÃO. DANO MORAL. EXISTÊNCIA. POSSIBILIDADE. CONTROLE INDEVIDO DAS NECESSIDADES FISIOLÓGICAS DO EMPREGADO. A Constituição Federal de 1988 representa a decisão política fundamental do povo brasileiro de que valores devem nortear a condução dos negócios públicos e privados em nosso País. Nessa senda, a força normativa de seus preceitos impõe-se tanto nas relações firmadas com as entidades da Administração Pública, quanto naquelas estabelecidas entre particulares, pois, do contrário, estar-se-ia permitindo que a autonomia da vontade se sobrepusesse aos direitos e garantias fundamentais estabelecidos pelo poder constituinte originário, o que, desde que superado o formalismo positivista tão prestigiado no século XIX e na primeira metade do século XX, não mais se admite, tendo em vista o reconhecimento do conteúdo eminentemente valorativo dos princípios fundamentais positivados em nossa Carta Política Fundamental. Em face disso, ao firmar o contrato de trabalho com o seu empregador, o empregado não se despoja dos direitos inerentes à sua condição de ser humano, que devem ser respeitados pelo tomador dos serviços, em face dos

---

5. Sobre o mesmo tema, o TRT da 3ª Região também deferiu a indenização por dano moral (2ª T., RO 01068.2005.016-03-00-8, rel. Juiz Anemar Pereira Amaral, *DJMG* 11-10-2006).

postulados da dignidade da pessoa humana e da boa-fé objetiva (arts. 1º, IV, da Carta Magna e 422 do Código Civil). Tendo essas premissas como norte interpretativo, o TST tem decidido reiteradamente que a restrição ao uso de toaletes pelo empregador, em detrimento da satisfação das necessidades fisiológicas do empregado, pode configurar lesão à sua integridade física, mormente quando vem acompanhada de admoestações oriundas do tempo em que o trabalhador se encontra satisfazendo as referidas necessidades, ocasionando, assim, a condenação da empresa ao pagamento de danos morais. Agravo de instrumento desprovido (1ª T., AIRR-183240-62.2007.5.02.0067, rel. Min. Luiz Philippe Vieira de Mello Filho, *DEJT* 2-9-2011).

INDENIZAÇÃO POR DANOS MORAIS. RESTRIÇÃO DO USO DO BANHEIRO E SITUAÇÃO VEXATÓRIA PERANTE OUTROS EMPREGADOS. Restou plenamente comprovada a atitude do empregador a ensejar a reparação por dano moral, seja porque havia fiscalização exagerada do tempo despendido no banheiro, limite máximo de 5 minutos, seja porque o reclamante sofreu tratamento vexatório por parte da supervisora, que o expôs ao ridículo perante os colegas do setor, ao caçoar dizendo que ele pediu uma entradinha do cliente. Precedentes. Não conhecido. (...) (5ª T., RR 2296300-17.2009.5.09.0001, rel. Min. Emmanoel Pereira, *DEJT* 24-5-2013).

(...) RESTRIÇÃO AO USO DE BANHEIROS. ABUSO NO EXERCÍCIO DO PODER DIRETIVO. ATO ILÍCITO. DANO MORAL CONFIGURADO. Na hipótese dos autos, o Tribunal Regional consignou que o empregado poderia permanecer ausente, para ir ao banheiro, por no máximo cinco minutos, e que essa pausa deveria ser justificada para o supervisor. O Tribunal Superior do Trabalho tem entendido que a restrição ao uso de banheiro fere o princípio da dignidade da pessoa humana (artigo 1º, inciso III, da Constituição Federal), traduzindo-se em verdadeiro abuso no exercício do poder diretivo da empresa (artigo 2º da CLT), o que configura ato ilícito, sendo, assim, indenizável o dano moral sofrido pelos empregados. Precedentes desta Corte. Recurso de revista conhecido e provido (2ª T., RR 683-71.2010.5.06.0009, rel. Min. José Roberto Freire Pimenta, *DEJT* 9-11-2012).

DANO MORAL. RESTRIÇÃO AO USO DO BANHEIRO. CARACTERIZAÇÃO. Embora se reconheça a possibilidade de serem introduzidas no ambiente de trabalho modernas técnicas de incentivo à produção, mostra-se abusiva a atitude do empregador em restringir o uso do banheiro por empregados, quando não se identifica, por parte destes últimos, abuso nas ausências ao posto de trabalho. Esta Corte Superior tem adotado o entendimento de que a restrição imposta ao empregado para uso do banheiro acarreta ofensa à sua dignidade. Precedentes. Recurso de revista de que não se conhece (7ª T., RR 502-94.2010.5.06.0001, rel. Min. Cláudio Brandão, j. 12-3-2014, *DEJT* 14-3-2014).

Num caso em que o autor era ajudante de maquinista e que fazia viagens de longa duração, não ficou provado que havia impedimento para interrupção da viagem para realização das necessidades fisiológicas, por falta de local adequado para tal fim. Nesse caso, não foi demonstrado pelo autor que era impedido pelo empregador de fazer suas necessidades fisiológicas. A natureza da atividade da empresa, mediante o trabalho nos trens, é diferenciada. Em cada parada, se o autor quisesse, poderia ir a algum lugar que tivesse banheiro (TRT 2ª R., 18ª T., Proc. 0000544-15.2012.5.02.0251, 201305853640, rel. Sergio Pinto Martins, *DJESP* 10-6-2013).

Em outro caso, o empregado era supervisor de operações no curso da ferrovia. Havia sanitários em algumas estações e pátios de cruzamento. Não ficou demonstrado que era impedido de usar sanitários (TRT 2ª R., 18ª T., Proc. 0000618-60.2012.5.02.0254 (20130009623), Ac. 20130336577, rel. Sergio Pinto Martins, *DJESP* 15-4-2013).

O TST já decidiu da seguinte forma em caso de maquinista:

> RECURSO DE REVISTA. INDENIZAÇÃO POR DANOS MORAIS. MAQUINISTA. AMBIENTE DE TRABA-LHO INADEQUADO. AUSÊNCIA DE INSTALAÇÕES SANITÁRIAS. LESÃO À SEGURANÇA E À SAÚDE.
>
> Nos termos dos arts. 7º, XXII, da Constituição Federal e 157, I, da CLT, é direito do trabalhador a edição de normas que reduzam os riscos inerentes ao trabalho e é dever do empregador zelar pela observância das normas relativas à segurança e medicina do trabalho. Logo, o empregado faz jus a um ambiente laboral que preserve a sua integridade física e mental. Por conseguinte, o não oferecimento de condições de trabalho adequadas e o desrespeito à Norma Regulamentar n. 24 do Ministério do Trabalho ofende o direito do empregado à segurança e à saúde no trabalho – direitos da personalidade – e é passível de reparação moral. Recurso de revista não conhecido. (7ª T., RR 130-51.2011.5.03.0048, rel. Min. Luiz Philippe Vieira de Mello Filho, j. 17-4-2013, *DJ* 26-4-2013).

10.15 DISSABORES

O simples melindre da pessoa, o mero dissabor, um mimo, não representam dano moral e, portanto, não são indenizáveis. O ato praticado pelo ofensor deve ser grave a ponto de provar o ilícito e, em consequência, o dano.

O STJ vem decidindo que "meros dissabores" não são considerados para fins de dano moral (AI 707.921.707.921 RH, *DJ* 14-10-2005).

Em caso semelhante já se entendeu:

> MERO DESCONFORTO. MELINDRE SUBJETIVO. DANO MORAL INEXISTENTE. INDENIZAÇÃO REJEITADA.
>
> A jurisprudência e a doutrina mais coerentes são uniformes no posicionamento segundo o qual o simples desconforto ou contrariedade, alegadamente sofrida pela parte queixosa, decorrente de melindre banal ou subjetivamente amplificado, não gera a obrigação de indenizar. Recurso ordinário desprovido (TRT da 14ª R., Proc. 51500-82.2009.514.0032, rel. Des. Socorro Miranda, j. 3-12-2009, *Revista IOB Trabalhista e Previdenciária*, n. 247, janeiro de 2010, ementa 26361, p. 135).

Do contrário, ficará evidenciada a indústria da indenização por dano moral.

> Dano moral. Carta aberta à comunidade, onde a empresa descreve acontecimento sob enfoque próprio, dizendo que o movimento grevista deflagrado foi concebido por um grupo radical de sindicalistas, desviados dos interesses da categoria, não é insultuosa a ponto de acarretar danos à imagem ou à honra do obreiro, mormente quando o sindicato profissional

também valeu-se de meio de comunicação por ele mantido para apresentar a sua própria versão dos fatos ocorridos. Tampouco justifica a indenização por dano moral a circunstância de algumas testemunhas terem informado que a família do autor passava por momentos de tensão, pois sabe-se que a greve criou uma situação delicada dentro da empresa, exaltando o ânimo de todos que viveram o movimento, tanto patrões, como empregados e suas famílias, deixando marcas em todos. Todavia, não se pode considerar que o ajuizamento da presente ação constitua ato excessivo ou mesmo abuso de direito, de modo a configurar dano indenizável (TRT 3ª R., RO 2.132/95, rel. Juíza Alice Monteiro de Barros, *DJMG* 20-10-1995).

Em outros casos, a jurisprudência entendeu existir o dano moral decorrente da relação de emprego:

Responde por danos morais a empresa cujo sócio violou a intimidade, a vida privada, a honra e a imagem de ex-empregado e frustra-lhe o acesso ao mercado de trabalho (TRT 8ª R. 3ª T., RO 7.143/95, Ac. 1.148/95, rel. Juiz José Maria Quadros de Alencar, j. 22-11-1995, *LTr* 60-03/389).

Entendeu-se nesse último caso que o dano moral teria ocorrido, porque o empregador disse que a autora não era mais virgem e atrapalhou o seu acesso ao mercado de trabalho, afirmando que todos que o jogassem na Justiça não iriam trabalhar.

O direito potestativo de resilir o contrato de trabalho encontra limites nas demais normas componentes do ordenamento jurídico, que formam um todo, exigem interpretação harmônica. Havendo prova de que o empregado foi dispensado apenas por ser deficiente físico, não importando a debilidade em redução da capacidade laborativa, configurada está a despedida abusiva, com violação dos arts. 1º, III e IV; 5º, *caput* e XLI, 7º, XXXI, 37, *caput*; 170, *caput*, 193 todos da Constituição Federal de 1988; além do art. 9º da CLT. Há abuso de direito por seu exercício sem legítimo interesse em desacordo com sua destinação social – Teoria objetivista. O dano daí decorrente – moral – deve ser ressarcido, sendo a Justiça do Trabalho competente para apreciar o feito (TRT 9ª R., 1ª T., RO 09.136/93, Ac 17.351/94, rel. Juiz Santino Gonçalves, j. 17-5-1994, *LTr* 59-03/406).

Dano moral – Indenização. Viola direito do empregado e se obriga a indenizá-lo, o empregador que o constrange perante os clientes e colegas de trabalho, com imputação de crime de furto que vem a se revelar inexistente (CC, art. 159) (TRT 3ª R., 3ª T., RO 10.982/86, rel. Juiz Antônio Álvares da Silva, j. 27-11-1996, *DJMG* 14-1-1997, p. 2).

É desnecessária a edição de lei para estabelecer regras sobre indenização no dano moral trabalhista[6]. As normas apontadas, a doutrina e a jurisprudência têm analisado cada caso para estabelecer se é devida ou não a reparação pelo dano moral.

Os bens do responsável pela ofensa ou violação do direito de outrem ficam sujeitos à reparação do dano causado; e, se a ofensa tiver mais de um autor, todos responderão solidariamente pela reparação (art. 942 do Código Civil). Pelo

---

6. No mesmo sentido: SANTOS, Enoque Ribeiro dos. *O dano moral na dispensa do empregado.* 3. ed. São Paulo: LTr, 2002, p. 149-150.

inadimplemento das obrigações respondem todos os bens do devedor (art. 391 do Código Civil).

No valor da causa, deve constar a pretensão do autor quanto ao valor da indenização por dano moral (Art. 292, V, do CPC). Logo, deve-se observar na indenização por dano moral o valor pretendido como limite máximo.

Na ação de indenização por dano moral, a condenação em montante inferior ao postulado na inicial não implica sucumbência recíproca (S. 326 do STJ).

10.16 DANO MORAL COLETIVO

Entendo que não é possível o pagamento de indenização por dano moral coletivo como vem sendo postulado e de223ferido em ações civis públicas, por exemplo, de trabalho escravo, de elaboração de listas negras pelas empresas etc. Primeiro, porque não existe previsão legal, muito menos de a indenização ser destinada ao Fundo de Amparo ao Trabalhador. Segundo, porque cada um dos empregados ofendidos pode pedir a indenização por dano moral, o que implicaria à empresa pagar duas vezes a indenização pelo mesmo fato: uma, no dano moral coletivo; a outra, em cada caso individual, representando *bis in idem*.

Não é possível identificar qual pessoa da coletividade sofreu dano moral, que é personalíssimo. O inciso X do artigo 5º da Constituição usa a palavra pessoas, que devem ser determinadas e não uma coletividade. O inciso III do artigo 1º da Lei Maior faz referência à dignidade da pessoa humana. Não faz menção à dignidade da pessoa jurídica ou da coletividade. A jurisprudência trabalhista vem aceitando a indenização por dano moral coletivo. O STF pode rever a decisão se entender que somente pessoas físicas estão sujeitas ao dano moral, não podendo a questão ser determinada em ação civil pública, ou que a indenização fixada não é razoável, por ter sido fixada em montante elevado.

O artigo 186 do Código Civil faz referência a causar prejuízo a outrem. Outrem deve ser pessoa determinada. Não pode ser a coletividade nem reparação genérica a todos os trabalhadores até mesmo para quem não é da categoria. Quem tem a dor moral coletiva? Não existe dor moral coletiva. A dor é de cada pessoa. A lei deveria estabelecer a forma de indenizar o dano moral coletivo, já que se trata de situação diferenciada.

O artigo 6º do Código de Defesa do Consumidor prevê: "a efetiva proteção e reparação de danos patrimoniais e morais, individuais, coletivos e difusos" (VI); "o acesso aos órgãos judiciários e administrativos, com vistas à prevenção ou reparação de danos patrimoniais e morais, individuais, coletivos ou difusos, assegurada a proteção jurídica, administrativa e técnica aos necessitados" (VII).

Entretanto, o citado dispositivo diz respeito a relação de consumo e não a de emprego.

O dano moral é individual e não coletivo. Há dupla penalidade quando se paga a indenização pelo dano moral coletivo e a indenização por dano moral individual. Qual a dor moral da coletividade?

Quem sofre o dano é a pessoa e não a coletividade. É um direito individual e não coletivo.

A lei deveria estabelecer em que casos se dá o dano moral coletivo e a sua quantificação.

Dano moral coletivo não pertence ao direito coletivo do trabalho, pois a Lei n. 8.078/90 prevê o dano moral coletivo (art. 6º, VII). O Direito do Consumidor não pertence ao direito coletivo do trabalho.

Não existe previsão legal de a indenização por dano moral coletiva ser vertida para o Fundo de Amparo ao Trabalhador.

O STJ já entendeu que:

> Processual Civil. Ação Civil Pública. Dano ambiental. Dano moral coletivo. Necessária vinculação do dano moral à noção de dor, de sofrimento psíquico, de caráter individual. Incompatibilidade com a noção de transindividualidade (indeterminabilidade do sujeito passivo e indivisibilidade da ofensa e da reparação). Recurso especial improvido. (STJ, 1ª T., REsp 598.281/MG, rel. p/ Ac. Min. Teori Albino Zavaschi, j. 2-5-2006, *DJ* 1º-6-2006, p. 147).

O TRT da 3ª Região entendeu:

> Indenização por Dano Moral Coletivo Apesar da caracterização da atividade ilícita, não vislumbro a possibilidade de condenação ao ressarcimento de dano moral à sociedade. Com efeito, restou demonstrado que os danos caracterizados na hipótese são difusos – em relação aos potenciais empregados da ré –, e coletivos – em relação aos que já lhe prestam serviços. Portanto, em termos pecuniários, qualquer empregado poderia ajuizar ação individual para ser indenizado, através do recebimento das verbas trabalhistas de direito, pleiteando o vínculo empregatício direto com a ré. Em relação à coletividade, não há que se falar em recomposição pecuniária (TRT 3ª R., 3ª T., RO 00844-2004-044-03-00-0, rel. Juiz Paulo Roberto Sifuentes Costa, j. 6-4-2005).

11
PROVA DO DANO MORAL

Há quatro posições a respeito da prova no dano moral.

A primeira afirma que o dano moral não precisa de prova, pois é provado por si mesmo. É a prova *in re ipsa*.

A segunda posição admite a prova por presunções. Beatriz Della Giustina faz referência ao fato de que:

> importante ideia jurídica, trazida à lume especialmente por meio de construção doutrinária, tem defendido que não há como se cogitar de prova do dano moral, já que a dor física e o sofrimento emocional são indemonstráveis. Essa opinião dispensa a prova em concreto do dano moral, por entender tratar-se de presunção absoluta, ou *iuris et de iure*[1].

A terceira posição admite a prova do dano moral por presunção simples. É o pensamento de Rodolfo Pamplona[2]. Tem fundamento no inciso IV do artigo 212 do Código Civil e no artigo 375 do CPC.

A quarta posição entende que a prova é de quem alega. A prova do dano moral seria feita da mesma forma que para o dano material.

Dispõe o artigo 818 da CLT que "a prova das alegações incumbe à parte que as fizer".

Estabelece o inciso I do artigo 818 da CLT que o ônus da prova incumbe ao autor, quanto ao fato constitutivo do seu direito.

Ao réu cabe a prova dos fatos impeditivos, modificativos ou extintivos do direito do autor (art. 818, II, da CLT).

A existência do dano moral em razão de ato do empregador terá de ser provada pelo empregado, por se tratar de fato constitutivo do seu direito (art. 818, I, da CLT). Não bastam ser feitas meras alegações (*allegatio et non probatio quasi non allegatio*).

É claro que as presunções podem ajudar em matéria de prova. Salvo o negócio a que se impõe forma especial, o fato jurídico pode ser provado mediante presunção (art. 212, IV, do Código Civil).

---

1. GIUSTINA, Beatriz Della. Dano moral: reparação e competência trabalhista, *Trabalho & Doutrina*, n. 10, São Paulo: Saraiva, set. 1996, p. 11.
2. PAMPLONA, Rodolfo. *O dano moral na relação de emprego*. 2. ed. São Paulo: LTr, 1999, p. 131-132.

O juiz aplicará as regras de experiência comum subministradas pela observação do que ordinariamente acontece (art. 375 do CPC). São as regras da experiência que toda a pessoa tem.

A presunção pode ser absoluta ou legal (*iuris et de iure*), que não admite prova em sentido contrário, ou relativa (*iuris tantum*), que admite prova em sentido diverso.

Não se pode dizer que o dano moral implica a existência de presunção absoluta (*iure et de iure*). Não se pode presumir sempre a existência do dano moral. Cada caso tem de ser analisado em particular.

O STF já entendeu, porém, que é presumida a culpa do patrão ou comitente pelo ato culposo do empregado ou preposto (Súmula 341). Entretanto, essa súmula analisa questão de responsabilidade civil em dano material.

Leciona Carlos Roberto Gonçalves que:

o dano moral, salvo casos especiais, como o de inadimplemento contratual, por exemplo, em que se faz mister a prova da perturbação anímica do lesado, dispensa prova em concreto, pois se passa no interior da personalidade e existe *in re ipsa*. Trata-se de presunção absoluta. Desse modo, não precisa a mãe provar que sentiu a morte do filho; ou o agravado em sua honra de demonstrar em juízo que sentiu a lesão, ou o autor provar que ficou vexado a não inserção de seu nome no uso público da obra, e assim por diante[3].

Rui Stocco afirma que:

o dano em si, porque imaterial, não depende de prova ou de aferição de seu *quantum*. Mas o fato e os reflexos que irradia, ou seja, a sua potencialidade ofensiva, dependem de comprovação ou pelo menos que esses reflexos decorram da natureza das coisas e levem à presunção segura de que a vítima, face às circunstâncias, fica atingida em seu patrimônio subjetivo, sejam com relação ao seu *vultus*, seja, ainda, com relação aos seus sentimentos, enfim, naquilo que lhe seja mais caro e importante[4].

Valdir Florindo esclarece que:

certamente, o dano moral, ao contrário do dano material, não reclama prova específica do prejuízo objetivo, porque o gravame decorre do próprio resultado da ofensa. Daí, não há falar-se em prova do dano moral, mas sim certeza sobre o fato, desde que haja inequívoca relevância jurídica na ofensa, obviamente[5].

José Luis Goñi Sein informa que "o pressuposto da indenização por dano moral é a existência do prejuízo, o qual se presume, sempre que se acredita na

---

3. GONÇALVES, Carlos Roberto. *Responsabilidade civil*. 7. ed. São Paulo: Saraiva, 2002, p. 552-553.
4. STOCCO, Ruy. Responsabilidade civil da seguradora por dano moral. *Repertório IOB de Jurisprudencial*, jun. 2000, n. 11/2000, Caderno 3, p. 242.
5. FLORINDO, Valdir. *Dano moral e o direito do trabalho*. 4. ed. São Paulo: LTr, 2002, p. 351.

existência da intromissão ilegítima". "O prejuízo compreenderá o dano moral, que se presume sempre, e o dano material, que terá que ser provado"[6]. O prejuízo, entretanto, não pode ser sempre presumido, mas tem de ser provado. Não basta acreditar, mas provar a dor moral.

Carlos Alberto Bittar entende também que não há necessidade de prova do prejuízo. Basta demonstrar o resultado lesivo e a conexão com o fato causador para a responsabilização do agente. Dispensa-se a prova diante das evidências fáticas[7].

Em alguns casos é possível presumir a culpa do empregador em relação à dor moral do empregado. Exemplo pode ser o fato de o empregado ter de se despir e ficar apenas de roupas íntimas para que o empregador faça revistas. A situação é vexatória, violando a intimidade do trabalhador.

Outro exemplo pode ser da mãe que perde o filho em razão de acidente. A dor moral da mãe é evidente. O juiz pode, portanto, presumir a dor moral.

Em outros casos, não é possível aplicar a presunção de dor moral do empregado. Haverá necessidade de prova pelo trabalhador.

Não é possível adivinhar em certos casos se a pessoa está abalada moralmente. Generalizar é incentivar a indústria de ações sobre pedidos de indenização por dano moral sem fundamento e sem provas.

O autor deve demonstrar que a ofensa se espalhou para outras pessoas, inclusive dentro da própria empresa. Isso pode ser feito por laudo pericial, por laudo psiquiátrico, pela prova de tratamento psiquiátrico, por testemunhas, ou seja, por qualquer meio de prova.

Na jurisprudência, é encontrado acórdão no sentido de que a prova é do autor:

> Dano moral – Ausência de prova – Improcedência do pedido. Ao pleitear indenização por danos morais, deve o trabalhador, sob pena de improcedência do pedido, demonstrar ter sofrido humilhação, constrangimento ou vergonha de tal gravidade que lhe causaram abalo psicológico (TRT 12ª R., 3ª T., ROV 3494/2003.027.12.00-9, Ac. 6532/05, rel. Gerson P. T. Conrado, *DJSC* 9-6-2005, p. 219).

> Para a configuração do dano moral e consequente reparação, é imprescindível que a honra ou a imagem do trabalhador sofra uma ofensa concreta. Inexistindo prova de que os atos inquinados de ofensivos causassem constrangimento, situação de vergonha, ou qualquer outro sofrimento capaz de ensejar uma reparação pecuniária, resta indevida a indenização postulada (TRT 12ª R., 3ª T., RO 02367-2002-039-12-00, rel. Des. Licélia Ribeiro, *DJ* 12-4-2004).

---

6. SEIN, José Luis Goñi. *El respeito a la esfera privada del trabajador*: un estudio sobre los limites del poder de control empresarial. Madrid: Civitas, 1988, p. 313.

7. BITTAR, Carlos Alberto. *Reparação civil por danos morais*. 2. ed. São Paulo: Revista dos Tribunais, 1994, p. 130-199.

12
FIXAÇÃO DA INDENIZAÇÃO

12.1 FORMAS

A fixação do valor da indenização pelo dano moral é bastante complexa e difícil, pois a dor não tem preço.

Os sistemas de fixação da indenização por dano moral são dois:

(a) o tarifário, em que a lei estabelece como deve ser fixada a indenização, determinando certos limites. O juiz apenas tem de enquadrar a hipótese na lei;

(b) o aberto, em que fica a critério subjetivo de o juiz determinar o valor da indenização. O Brasil adota o segundo sistema.

Nos Estados Unidos, o valor das indenizações tem dois aspectos: dano compensatório, que compreende os danos morais e materiais; dano punitivo (*punitive damages*) ou danos exemplares ou danos vingativos (*exemplary or vindictive damages*). Em primeiro lugar é fixado o dano compensatório e depois o dano punitivo.

A tarifação, embora tenha um parâmetro mínimo e máximo, conta com o aspecto negativo de engessar o juiz. O arbitramento feito pelo juiz possibilita avaliação equitativa de cada caso, visando fazer justiça.

As formas de reparação na responsabilidade civil são:

(a) voltar à situação anterior;

(b) indenização substitutiva, visando recompor o equilíbrio patrimonial.

A forma de reparação poderia consistir em:

(a) obrigação de fazer, de publicar em jornal de grande circulação a sentença que reconheceu o dano moral; fornecer carta de referência, informando que o empregado era bom funcionário;

(b) sanção pecuniária, determinando o pagamento de uma indenização pelo dano moral.

12.2 FIXAÇÃO

Previa o artigo 1.553 do Código Civil de 1916 que a forma de fixação da indenização por dano moral era por arbitramento. Em razão da natureza especial do dano moral, a fixação da indenização só poderia ser feita por arbitramento. A prova contida no processo não vai indicar de quanto é o valor da indenização. Haveria necessidade de o juiz nomear alguém para arbitrar a indenização.

Segundo Clóvis Beviláqua: "nas hipóteses não previstas, o arbitramento é confiado ao critério dos peritos, que atenderão às circunstâncias do fato para avaliar com justiça o dano"[1].

Em muitos casos, a indenização realmente era apurada por arbitramento. Entretanto, o arbitramento não poderia ser arbitrário.

Dispunha o art. 606 do CPC de 1973 que far-se-á a liquidação por arbitramento quando:

(a) determinado pela sentença ou caso convencionado pelas partes;

(b) o exigir a natureza do objeto da liquidação.

Na maioria dos casos, a indenização era fixada pelo juiz. O juiz não poderia delegar a terceiros o exercício da jurisdição ao fixar o valor da indenização por dano moral.

No processo penal, é o juiz que fixa a pena para o crime cometido pelo agente, tomando por base os parâmetros indicados na lei. Logo, nada impede que, no juízo cível, o juiz arbitre a indenização por dano moral.

O juiz vai fazer um juízo de equidade para fixar a indenização, analisando cada caso em concreto para fazer justiça. Não haverá um valor preestabelecido ou uma importância tarifada.

Não há como restituir às partes a situação anterior, retornar ao *status quo ante*, ou seja, restituir o empregado à situação anterior à ofensa moral, por exemplo, a reintegração no emprego. Logo, a solução é o pagamento da indenização.

As verbas rescisórias pagas ao empregado, inclusive o FGTS e a indenização de 40%, não servem para compensar a indenização pelo dano moral. As verbas rescisórias são decorrentes da rescisão do contrato de trabalho e não da existência de dano moral. São verbas que têm natureza e finalidade distintas.

O Código Civil de 2002 não tem um artigo exatamente igual ao Código Civil de 1916. O juiz não fixará a indenização por arbitramento, mas irá estimar o valor da indenização, pois não é possível fixar exatamente o valor da indenização, matematicamente o que corresponda ao preço da dor. Ao fixar o valor da indenização, o juiz deve-se ater à questão, às influências que isso proporcionou ao lesado, arbitrando-a de maneira equitativa, prudente, razoável e não abusiva,

---

1. BEVILÁQUA, Clóvis. *Código civil dos Estados Unidos do Brasil*. Rio de Janeiro: Livraria Francisco Alves, 1954, v. V, p. 258.

atentando-se para a capacidade de pagar do que causou a situação, de modo a compensar a dor sofrida pelo lesionado e inibir a prática de outras situações semelhantes.

O parágrafo único do artigo 953 do Código Civil dispõe que se o ofendido não puder provar prejuízo material, caberá ao juiz fixar, equitativamente, o valor da indenização, na conformidade das circunstâncias do caso. É a fixação por equidade. A justiça do caso concreto, segundo Aristóteles.

O juiz irá fixar a indenização por equidade, tentando fazer justiça em relação ao caso que lhe foi submetido à apreciação.

O Código Civil de 2002 prevê a proporcionalidade da indenização, de acordo com a extensão do dano (art. 944).

O artigo 84 da Lei n. 4.117, de 27 de agosto de 1962 (Código Nacional de Telecomunicações), previa que "na estimação do dano moral, o juiz terá em conta notadamente a posição social ou política do ofensor, intensidade do ânimo de ofender, a gravidade e a repercussão da ofensa". O referido código foi revogado pela Lei n. 9.472, de 17 de julho de 1997.

Estabelece o artigo 53 da Lei n. 5.250, de 9 de fevereiro de 1967 (Lei de Imprensa), que:

> no arbitramento da indenização em reparação de dano moral, o juiz terá em conta:
>
> I – a intensidade do sofrimento do ofendido, a gravidade, a natureza e a repercussão da ofensa e a posição social e política do ofendido;
>
> II – a intensidade do dolo ou o grau de culpa do responsável, sua situação econômica e sua condenação anterior em ação criminal ou cível fundada em abuso no exercício da liberdade de manifestação do pensamento e informação.

O artigo 51 faz referência à responsabilidade civil do jornalista ser limitada de dois a 20 salários mínimos. A Súmula 281 do STJ mostra que "a indenização por dano moral não está sujeita à tarifação prevista na Lei de Imprensa".

Menciona o artigo 60 do Código Penal que "na fixação da pena de multa o juiz deve atender, principalmente, à situação econômica do réu".

Para fixar a fiança, o juiz deve levar em consideração as condições pessoais de fortuna (art. 326 do CPP).

O § 1º do artigo 325 do CPP prevê a observância da situação econômica do réu para a fiança.

No art. 7º da Lei n. 12.846/2013 (Lei Anticorrupção), são levados em consideração na aplicação das sanções:

I – a gravidade da infração;

II – a vantagem auferida ou pretendida pelo infrator;

III – a consumação ou não da infração;

IV – o grau de lesão ou perigo de lesão;

V – o efeito negativo produzido pela infração;

VI – a situação econômica do infrator;

VII – a cooperação da pessoa jurídica para a apuração das infrações;

VIII – a existência de mecanismos e procedimentos internos de integridade, auditoria e incentivo à denúncia de irregularidades e a aplicação efetiva de códigos de ética e de conduta no âmbito da pessoa jurídica;

IX – o valor dos contratos mantidos pela pessoa jurídica com o órgão ou entidade pública lesados.

O juiz deve, portanto, levar em conta os seguintes elementos para fixar a indenização:

a) situação financeira dos litigantes;

b) discernimento do ofensor sobre a gravidade do fato;

c) gravidade do ato;

d) grau de cultura e posição social do ofensor;

e) estabelecer punição pedagógica, visando evitar a reincidência do ato;

f) intensidade do dolo ou da culpa;

g) a repercussão da ofensa na sociedade e no ambiente de trabalho;

h) posição social do ofendido, verificando a moral do homem médio. Empregados mais conhecidos na empresa devem ter indenização maior, se a divulgação é do conhecimento geral.

Deve o magistrado sopesar os itens anteriores para fixar a justa indenização para cada caso em concreto. Não poderá fixar, porém, a indenização de forma arbitrária. O arbítrio do juiz deverá ser feito de forma prudente e moderada. Não poderá, portanto, fixar indenização de forma exagerada ou desproporcional.

A proporcionalidade é a ponderação de valores. Representa comparação.

A razoabilidade é a adequação ao caso concreto quando há desproporção, fazendo ajuste.

O juiz não pode fixar a indenização pelo seu "prudente arbítrio", pois o valor fixado não pode ser fixado de forma arbitrária, com abuso. Deve ser fixado de forma razoável.

O juiz deve, por conseguinte, ter bom senso na fixação da indenização. Não pode ser fixada indenização por dano moral exagerada, como ocorreu no caso do

Banco do Brasil na Justiça do Maranhão, em que a indenização por um protesto cambiário de título de insignificante valor levou a empresa a ser condenada na importância de R$ 250.000.000,00.

O FGTS e a indenização de 40%, a indenização dos artigos 477, 478, 496 e 497 da CLT (quando o empregado não era optante do FGTS) não reparam o dano moral, pois têm natureza jurídica e finalidades distintas. Visam indenizar tempo de serviço ou o fato de o trabalhador ser dispensado.

Na fixação da indenização por dano moral deve atentar o juiz para o antigo artigo 400 do Código Civil de 1916, que indicava o binômio necessidade/possibilidade na fixação de alimentos: "os alimentos devem ser fixados na proporção das necessidades do reclamante e dos recursos da pessoa obrigada". O artigo 1.695 do Código Civil de 2002 tem uma redação um pouco diferente, mas dá a entender o mesmo: "são devidos os alimentos quando quem os pretende não tem bens suficientes, nem pode prover, pelo seu trabalho, à própria mantença, e aquele, de quem se reclamam, pode fornecê-los, sem desfalque do necessário ao seu sustento". Os alimentos devem, ser fixados na proporção das necessidades do reclamante e dos recursos da pessoa obrigada (1.º do art. 1.694 do Código Civil).

Assim, deve-se usar da razoabilidade na fixação da indenização, da lógica do razoável de que nos fala Recasen Siches[2]. Razoável é o comedido, moderado, sensato. O valor é fixado de forma proporcional ao dano cometido.

Dispõe o artigo 944 do Código Civil que a "indenização mede-se pela extensão do dano". No dano moral, não há como medir o dano, pois não é um dano patrimonial, que importa uma despesa da pessoa. A extensão do dano é relativa, pois mesmo o ato tendo sido em um único local, o prejuízo moral da pessoa é muito grande, como em caso de cárcere privado em trabalho análogo à condição de escravo. Não há como fixar matematicamente um valor para cada pessoa. Cada pessoa tem um sentimento. Pessoas não sofrem da mesma forma.

Mostra indiretamente o parágrafo único do artigo 944 do Código Civil que a indenização deve ser fixada de forma proporcional ao agravo sofrido. Isso indica a utilização do princípio da proporcionalidade, da razoabilidade.

A indenização tem objetivos pedagógicos, de evitar que o réu incorra no mesmo ato novamente. Visa desestimular ou inibir situações semelhantes, pois é sabido que o bolso é a parte mais sensível do corpo humano, como se diz no âmbito popular. Tendo o ofensor um dispêndio financeiro com o ato que praticou, vai evitar a prática novamente do mesmo ato.

---

2. RECASÉNS SICHES, Luis. *Nueva filosofía de la interpretacion del derecho*. México: Fondo de Cultura Econômica, 1956.

O juiz deve, por conseguinte, ter bom senso na fixação da indenização. Não pode ser fixada indenização por dano moral exagerada.

Ressalte-se que o valor preciso para a fixação da indenização por danos morais é questão subjetiva. Deve servir de reparação ao ofendido e punição ao ofensor, para que não incorra mais na referida conduta, arcando com a consequência do ilícito cometido.

Como afirma Valdir Florindo: o montante da indenização deve traduzir-se em advertência ao lesante e à sociedade, de que comportamento dessa ordem não se tolerará[3].

Leciona Carlos Alberto Bittar que:

a indenização por danos morais deve traduzir-se em montante que represente advertência ao lesante e à sociedade de que não se aceita o comportamento assumido, ou o evento lesivo advindo. Consubstancia-se, portanto, em importância compatível com o vulto dos interesses em conflito, refletindo-se de modo expressivo, no patrimônio do lesante, a fim de que sinta, efetivamente, a resposta da ordem jurídica aos efeitos do resultado lesivo produzido. Deve, pois, ser quantia economicamente significativa, em razão das potencialidades do patrimônio do lesante[4].

Coaduna-se essa postura, ademais, com a própria índole da teoria em debate, possibilitando que se realize com maior ênfase, a sua função inibidora, ou indutora de comportamentos. Com efeito, o peso do ônus financeiro é, em um mundo em que cintilam interesses econômicos, a resposta pecuniária mais adequada a lesionamentos de ordem moral[5].

A indenização por dano moral não pode, porém, ser fundamento para o enriquecimento do lesado, mas apenas compensar ou reparar o dano causado. Não pode também ser fundamento para arruinar financeiramente o réu, que deixará de pagar a indenização. Não pode constituir um prêmio de loteria. Como afirma Caio Mário da Silva Pereira, a indenização não pode ser "tão grande que converta em fonte de enriquecimento, nem tão pequena que se torne inexpressiva"[6].

A jurisprudência adotou a mesma orientação:

A indenização a ser arbitrada deverá ser, nem tão grande que se converta em enriquecimento, nem tão pequena que se torne inexpressiva, como se extrai da lição escorreita de Caio Mário Pereira da Silva (TRT 3ª R., 2ª T., RO 21719/99, rel. Juiz Wanderson A da Silva, *DJMG* 21-6-2000, p. 17, *RDT* 07/00, p. 53).

---

3. FLORINDO, Valdir. *Dano moral e o direito do trabalho*. 3. ed. São Paulo: LTr, p. 206.
4. BITTAR, Carlos Alberto. *A reparação civil por danos morais*. 2. ed. São Paulo: Revista dos Tribunais, 1994, p. 220.
5. Idem, ibidem, p. 222.
6. PEREIRA, Caio Mário da Silva. *Responsabilidade civil*. Rio de Janeiro. Forense, 1990, p. 176.

12 • FIXAÇÃO DA INDENIZAÇÃO

Em caso em que fui relator, foi deferida indenização por dano moral à empregada que perdeu vários dedos na máquina de moer carne. A empresa era uma espécie de lanchonete, razão pela qual a indenização foi reduzida:

> A reclamante teve decepados vários dedos de sua mão por colocá-la dentro da máquina de moer carne. O empregador tem culpa *in vigilando* em relação aos seus funcionários, sendo que a reclamada não demonstrou fiscalizá-los sobre as suas atividades, além do que não deu instruções aos trabalhadores sobre o funcionamento da máquina de moer carne. Houve, portanto, negligência da reclamada, sendo aplicável o artigo 1.523 do Código Civil. O artigo 84 do Código Brasileiro de Telecomunicações não pode ser aplicado ao caso dos autos, pois não se está discutindo matéria a ele inerente. A indenização por dano moral deve ser fixada com base no artigo 1.553, que determina que o será por arbitramento. O valor estabelecido na sentença é excessivo para a fixação da importância a ser paga de indenização por dano moral (R$ 151.000,00). O dano moral é difícil de ser aferido, pois depende de questão subjetiva da pessoa. Entretanto, deve ser sopesada a necessidade da pessoa, mas também a possibilidade financeira da empresa, aplicando-se por analogia o artigo 400 do Código Civil. Assim, fixa-se a indenização em R$ 10.000,00, que é razoável para a reclamante receber e para a empresa pagá-la (TRT 2ª R., 3ª T., RO 19990387330, Ac. 416368, rel. Juiz Sergio Pinto Martins, j. 8-8-2000, *LTr* 65-04/500).

Nesse caso, não se deferiu indenização pelos danos materiais e prejuízos que a empregada sofreu, mas apenas por danos morais.

O juiz poderia utilizar a analogia para fixar a indenização, pois ela tem fundamento no artigo 8º da CLT.

Uma forma de pagamento de indenização seria se aplicar por analogia a indenização do artigo 478 da CLT, do pagamento da maior remuneração do empregado por ano de serviço trabalhado, considerando-se ano o período igual ou superior a seis meses. As vantagens dessa teoria seriam o fato de levar em conta os anos de trabalho do empregado na empresa e seu salário. Entretanto, dependendo do caso, pode a indenização não ser suficiente para compensar o dano moral, principalmente se o empregado ganhar salário mínimo ou poucos salários mínimos.

O cálculo com base no valor da remuneração multiplicado por anos de serviço pode trazer o inconveniente de o empregado ter trabalhado apenas alguns meses, menos de seis meses, e não haver como calcular a indenização.

Um empregado que tem salário baixo terá prejuízo se a indenização for fixada multiplicando-se o seu salário pelo número de anos de casa.

Na jurisprudência, há acórdão que adotou a referida tese:

> (...) 2. A indenização por dano moral, à falta de norma específica que disponha sobre os critérios para sua fixação, deve ser calculada adotando-se, por analogia, a regra da indenização por tempo de serviço.

3. O seu valor deve ser igual à maior remuneração mensal do trabalhador multiplicada pelo número de anos ou fração igual ou superior a seis meses de serviço prestado (TRT 8ª R., 4ª T., Ac. RO 3.795/96, rel. Juiz Georgenor de Sousa Franco Filho, *DJPA* 11-10-1996).

Seria possível aplicar a regra do artigo 948 do Código Civil de 1916, que explicitava que "nas indenizações por fato ilícito prevalecerá o valor mais favorável ao lesado".

Dispõe o artigo 953 do Código Civil que a indenização por injúria, difamação ou calúnia consistirá na reparação do dano que delas resulte ao ofendido. O parágrafo único do artigo 953 do Código Civil de 2002 dispõe que, se o ofendido não puder provar prejuízo material, caberá ao juiz fixar, equitativamente, o valor da indenização, na conformidade das circunstâncias do caso.

No caso mencionado do TRT da 8ª Região, em que foi relator o juiz José Maria Quadros de Alencar, o réu foi condenado ao pagamento de um piso e meio dos comerciários, pelo fato de que poderia ter ocorrido a prorrogação do contrato de experiência por mais 45 dias, para atingir os 90 dias[7]. A indenização foi, portanto, a dos salários até o fim do contrato.

O empregado também poderia pedir indenização pelo período em que esteve desempregado (dano patrimonial) por ato ilícito praticado pelo empregador, cumulada com danos morais.

Outra forma de pagamento de indenização por dano moral foi utilizado pelo TRT da 9ª Região, ao arbitrar o valor correspondente a salários, férias, gratificação de férias, 13º salários vencidos e que se venceriam se vigente o contrato de trabalho, da ruptura contratual até a efetiva readmissão, pois no referido caso o empregado foi readmitido (1ª T., RO 09.136/93, Ac. 17.351/94, rel. Juiz Santino Gonçalves, j. 17-5-1994, *LTr* 59-03/410).

A indenização por dano moral não poderá, porém, ser fixada em salários mínimos. O inciso IV do artigo 7º da Constituição veda a vinculação ao salário mínimo para qualquer fim. Há julgado do STF que entendeu ser impossível a fixação da indenização por dano moral em salários mínimos:

DANO MORAL. FIXAÇÃO DE INDENIZAÇÃO COM VINCULAÇÃO A SALÁRIO-MÍNIMO. VEDAÇÃO CONSTITUCIONAL. Art. 7º, inciso IV, da Carta Magna. O Plenário desta Corte, ao julgar, em 1º.10.1997, a ADIn 1.425, firmou o entendimento de que, ao estabelecer o art. 7º, IV, da Constituição, que é vedada a vinculação ao salário mínimo para qualquer fim, "quis evitar que interesses estranhos aos versados na norma constitucional venham a ter influência na fixação do valor mínimo a ser observado". No caso, a indenização por dano moral foi fixada em 500 salários mínimos para que, inequivocamente, o valor do salário mínimo a que essa indenização

---

7. TRT 8ª R., 3ª T., RO 7.143/95, Ac. 1.148/95, rel. Juiz José Maria Quadros de Alencar, j. 22-11-1995, *LTr* 60-03/391.

está vinculado atue como fator de atualização desta, o que é vedado pelo citado dispositivo constitucional. Outros precedentes desta Corte quanto à vedação da vinculação em causa. Recurso extraordinário conhecido e provido (RE 225.488/PR, 1ª T., rel. Min. Moreira Alves).

Dispõe o art. 223-G da CLT que, ao apreciar o pedido, o juízo considerará:

I – a natureza do bem jurídico tutelado;

II – a intensidade do sofrimento ou da humilhação;

III – a possibilidade de superação física ou psicológica;

IV – os reflexos pessoais e sociais da ação ou da omissão;

V – a extensão e a duração dos efeitos da ofensa;

VI – as condições em que ocorreu a ofensa ou o prejuízo moral;

VII – o grau de dolo ou culpa;

VIII – a ocorrência de retratação espontânea;

IX – o esforço efetivo para minimizar a ofensa;

X – o perdão, tácito ou expresso;

XI – a situação social e econômica das partes envolvidas;

XII – o grau de publicidade da ofensa.

Se acolher o pedido, o juízo fixará a indenização a ser paga, a cada um dos ofendidos, em um dos seguintes parâmetros, vedada a acumulação (§ 1º do art. 223-G da CLT):

I – ofensa de natureza leve, até três vezes o valor do limite máximo dos benefícios do Regime Geral de Previdência Social;

II – ofensa de natureza média, até cinco vezes o valor do limite máximo dos benefícios do Regime Geral de Previdência Social;

III – ofensa de natureza grave, até vinte vezes o valor do limite máximo dos benefícios do Regime Geral de Previdência Social;

IV – ofensa de natureza gravíssima, até cinquenta vezes o valor do limite máximo dos benefícios do Regime Geral de Previdência Social.

A regra estabelecida na CLT traz um parâmetro objetivo na fixação da indenização pelo juiz. Isso é positivo no aspecto que evita a fixação de valores excessivos.

Não é possível a fixação do valor da indenização em múltiplos do salário mínimo, pois o inciso IV do artigo 7º da Constituição não permite a vinculação ao salário mínimo para qualquer fim. Essa vinculação não foi adotada pelo parágrafo 1º do artigo 223-G da CLT.

A fixação da indenização com base no valor do último salário contratual do empregado toma por base um salário já atualizado. Entretanto, se o salário do empregado for de um salário mínimo, o valor fixado poderá ser diferente do fixado em relação a outro empregado que ganhe salário superior. Haveria desigualdade na fixação de tais critérios. Pelo mesmo fato, dois empregados poderão receber indenizações diferentes, em razão de que percebem salários diferentes.

O STF considerou inconstitucional a tarifação o dano moral na Lei de Imprensa (Ação de Descumprimento de Preceito Fundamental n. 130-DF).

O STF entendeu que:

> Toda limitação, prévia e abstrata, ao valor de indenização por dano moral, objeto de juízo de equidade, é incompatível com o alcance da indenizabilidade irrestrita assegurada pela atual Constituição da República. Por isso, já não vige o disposto no art. 52 da Lei de Imprensa, o qual não foi recebido pelo ordenamento jurídico vigente (RE 447.584/RJ, rel. Min. Cezar Peluso, *DJ* 16-3-2007).

Constitucional. Civil. Dano moral: ofensa praticada pela imprensa. Indenização: tarifação Lei n. 5.250/67 – Lei de Imprensa, art. 52: Não recepção pela CF/88, art. 5.º, incisos V e X... II- A Constituição de 1988 emprestou à reparação decorrente do dano moral tratamento especial – CF, art. V e X- desejando que a indenização decorrente desse dano fosse a mais ampla. Posta a questão nesses termos, não seria possível sujeita-la aos limites estreitos da lei de imprensa (STF, 2ª T, RE 396.386, Rel. Min. Carlos Veloso, DJ 13.8.2004).

A Súmula 281 do STJ afirma que a indenização por dano moral não está sujeita à tarifação prevista na Lei de Imprensa.

A alteração feita no parágrafo 1º do art. 223-G passa a tomar por base um número de vezes do teto do Regime Geral de Previdência Social.

É inconstitucional o critério, pois o valor da indenização deve ser "proporcional ao agravo". Isso significa que a indenização deve ser observada na medida da extensão do dano (art. 944 do Código Civil).

Os empregados da Vale Rio Doce, em decorrência do acidente de Brumadinho, que ingressarem na Justiça do Trabalho terão a indenização fixada na forma do art. 223-G da CLT. Os que não são empregados terão a indenização fixada com base no Código Civil. A situação de fato é a mesma. Os tratamentos são distintos.

O STF entende, porém, que os critérios do §1.º do art. 223-G da CLT poderão orientar o juiz, mas não impedem a fixação em valor superior (ADIns 6050, 6069, 6082, Rel. Min. Gilmar Mendes), cabendo ao juiz fixar a indenização por dano moral com base no que entender mais justo em relação ao caso concreto, observados os critérios de razoabilidade e proporcionalidade.

Se o ofendido for pessoa jurídica, a indenização será fixada com observância dos mesmos parâmetros anteriormente mencionados, mas em relação ao salário contratual do ofensor.

12 • FIXAÇÃO DA INDENIZAÇÃO

Na reincidência de quaisquer das partes, o juízo poderá elevar ao dobro o valor da indenização (§ 3º do art. 223-G da CLT). A reincidência ocorrerá se ofensa idêntica ocorrer no prazo de até dois anos, contado do trânsito em julgado da decisão condenatória. Se o prazo for superior a dois anos, não se falará mais em reincidência.

Os parâmetros estabelecidos no § 1º do artigo 223-G da CLT não se aplicam aos danos extrapatrimoniais decorrentes de morte (§ 5º do art. 223-G da CLT). Nesses casos, o juiz poderá estabelecer livremente a indenização.

Se o pedido do autor for rejeitado no primeiro grau e modificado no segundo grau, a turma do TRT pode fixar o valor da indenização por dano moral. Serão objeto de apreciação e julgamento pelo tribunal todas as questões suscitadas e discutidas no processo, ainda que a sentença não as tenha julgado por inteiro (§ 1º do art. 1.013 do CPC).

O parágrafo único do artigo 944 do Código Civil permite que "se houver excessiva desproporção entre a gravidade da culpa e o dano, poderá o juiz reduzir, equitativamente, a indenização". O juiz poderá com base em tal dispositivo reduzir a indenização, mas não aumentá-la.

Mesmo que não haja culpa, é possível redução do valor da indenização por dano moral, se ela for fixada de forma desproporcional e não razoável.

É possível o tribunal superior fazer controle do valor da indenização, em decorrência de ela ter sido fixada em valor desproporcional ou de forma não razoável. O inciso V do artigo 5º da Constituição faz referência ao fato de que a indenização deve ser proporcional ao agravo. Nesse sentido alguns julgados:

> Embargos da reclamante. Recurso de revista. Conhecimento. Indenização. Montante arbitrado à condenação. A Turma, para concluir pela fixação do valor da indenização, em montante inferior àquele fixado pelo Regional, não incursionou na prova dos autos, mas amparou-se na inobservância dos critérios da proporcionalidade e razoabilidade preconizados no inciso V do art. 5º da CF, que restou violado em sua literalidade. Ausência de violação do art. 896 da CLT. Embargos não conhecidos (TST, SBDU-1, E-ED-RR 530/1999-043-15-00.8, rel. Min. Carlos Alberto Reis de Paula, *DJ* 24-11-2006).

> Recurso de revista. Conhecimento. Indenização por dano moral e material. Valor da indenização. Critérios da proporcionalidade e da razoabilidade. O exame do conhecimento do Recurso de Revista em que se discute o *quantum* devido a título de indenização por dano moral e/ou material não está restrito aos pressupostos inscritos no art. 896 da CLT, visto que a fixação dessa indenização envolve a observância aos critérios da proporcionalidade e da razoabilidade, e a aferição da observância aos aludidos critérios não remete, necessariamente, ao campo da prova. Dessarte, pode a Turma desta Corte, com base no quadro fatídico descrito pelo Tribunal Regional, concluir que a indenização fixada atendeu a ditos critérios. Na hipótese dos autos, sem incursionar na prova, é possível verificar que o Tribunal Regional, ao fixar o *quantum* da indenização, observou os critérios da proporcionalidade

e da razoabilidade preconizados no inc. V do art. 5º da Constituição da República. Recurso de Revista de que não se conhece (TST, 5ª T., RR 1170/2002-108-03-00, rel. Min. João Batista Brito Pereira, *DJ* 20-4-2007).

Danos morais. Proporcionalidade na fixação do *quantum debeatur*. Caráter excepcional da intervenção desta Corte. Embora as Cortes Superiores venham admitindo rever o valor fixado nas instâncias ordinárias e a título de indenização por danos morais, essa atividade deve ser exercida de forma parcimoniosa, visando a reprimir apenas as quantificações estratosféricas ou excessivamente módicas. 2. No caso, o valor fixado a título de danos morais revela-se compatível com a lesão perpetrada, não se justificando a excepcional intervenção desta Corte. Agravo de Instrumento a que se nega provimento (TST, 3ª T., AIRR 1211/2003-001-19-40, rel. Min. Maria Cristina Irigoyen Peduzzi, *DJ* 4-5-2007).

A correção monetária do valor da indenização do dano moral incide desde a data do arbitramento (Súmula 362 do STJ) ou de alteração do valor. A correção monetária é devida a contar da publicação da sentença, pois o valor foi fixado na sentença e já está atualizado até a referida data (Súmula 439 do TST).

Os juros serão devidos a partir da propositura da ação (§ 1º do art. 39 da Lei n. 8.177/91, Súmula 439 do TST) e não a partir da citação.

O STF, no julgamento das Ações Declaratórias de Constitucionalidade nos 58 e 59, Ações Diretas de Inconstitucionalidade nos 5.867 e 6.021, e fixação da tese correspondente ao tema 1.191 da tabela de repercussão geral, firmou o entendimento de que a utilização da TR para a atualização dos créditos trabalhistas é inconstitucional, de maneira que, até que sobrevenha lei disciplinando a matéria, a correção dos créditos trabalhistas na fase pré-judicial deve observar o Índice Nacional de Preço ao Consumidor Amplo Especial (IPCA-E) e, a partir do ajuizamento da ação, a taxa SELIC, tal qual os índices de correção monetária e juros de mora vigentes para as condenações cíveis em geral. Tema 1.191: I - É inconstitucional a utilização da Taxa Referencial - TR como índice de atualização dos débitos trabalhistas, devendo ser aplicados, até que sobrevenha solução legislativa, os mesmos índices de correção monetária e de juros vigentes para as condenações cíveis em geral, quais sejam a incidência do IPCA-E na fase pré-judicial e, a partir do ajuizamento da ação, a incidência da taxa SELIC (art. 406 do Código Civil), à exceção das dívidas da Fazenda Pública, que possuem regramento específico. A incidência de juros moratórios com base na variação da taxa SELIC não pode ser cumulada com a aplicação de outros índices de atualização monetária, cumulação que representaria bis in idem. II - A fim de garantir segurança jurídica e isonomia na aplicação desta tese, devem ser observados os marcos para modulação dos efeitos da decisão fixados no julgamento conjunto da ADI 5.867, ADI 6.021, ADC 58 e ADC 59, como segue: (i) são reputados válidos e não ensejarão qualquer rediscussão, em ação em curso ou em nova demanda, incluindo ação rescisória, todos os pagamentos realizados utilizando a TR (IPCA-E ou qualquer outro índice), no tempo e modo oportunos (de forma extrajudicial ou judicial, inclusive depósitos judiciais) e os juros de mora de 1% ao mês, assim como devem ser mantidas e executadas as sentenças transitadas em julgado que expressamente adotaram, na sua fundamentação ou no dispositivo, a TR (ou o IPCA-E) e os juros de mora de 1% ao mês; (ii) os processos em curso que estejam sobrestados na fase de conhecimento, independentemente de estarem com ou sem sentença, inclusive na fase recursal, devem ter aplicação, de forma retroativa, da taxa Selic (juros e correção monetária), sob pena de alegação futura de inexigibilidade de título judicial fundado em interpretação contrária ao posicionamento do STF (art. 525, §§ 12 e 14, ou art. 535, §§ 5º e 7º, do CPC e (iii) os parâmetros fixados neste julgamento aplicam-se aos processos, ainda que transitados em julgado, em que a sentença não tenha consignado manifestação expressa quanto aos índices de correção monetária e taxa de juros (omissão expressa ou simples consideração de seguir os critérios legais).

Não incide imposto de renda sobre a indenização por danos morais (Súmula 498 do STJ).

12.3 OBRIGAÇÃO DE FAZER

O fornecimento de carta de referência poderia também ser uma das formas de reparação do dano moral, de maneira que o obreiro possa obter novo emprego.

O inciso II do artigo 2º da Lei n. 5.859/72 mostrava que o empregado doméstico deveria apresentar atestado de boa conduta. Poderia ser usado analogicamente o fundamento para que o empregador fornecesse atestado de boa conduta ou carta de referência.

O empregador também poderia ser condenado a publicar em jornal de grande circulação nota informando que o empregado não praticou nenhum ato ilícito quando de sua dispensa. Poderia, ainda, o empregador ser condenado a publicar a sentença que transitou em julgado.

O inciso II do artigo 78 do Código de Defesa do Consumidor permite que a pena pode ser a publicação em órgãos de comunicação de grande circulação ou audiência, às expensas do condenado, de notícia sobre os fatos e a condenação. O artigo 68 da Lei n. 5.250/67 também permite a publicação gratuita de sentença condenatória.

A contrapropaganda pode ser imposta quando o fornecedor incorrer na prática de publicidade enganosa ou abusiva, sempre às expensas do infrator (art. 60 do Código de Defesa do Consumidor).

É possível a retificação de notícia injuriosa, ou o seu desmentido, e a divulgação imediata de resposta (arts. 29 e 30 da Lei n. 5.250/67).

12.4 LIMITES

O § 1º do artigo 8º do Código Brasileiro de Telecomunicações previa o limite de cinco a cem vezes o importe do salário mínimo. Se houvesse reincidência, haveria duplicação.

Em relação ao dano moral trabalhista, não existe limite legal. Será fixado o valor da indenização de acordo com o livre-arbítrio do juiz. Entretanto, o juiz está adstrito ao pedido e à causa de pedir. Não pode o juiz deferir indenização por dano moral superior à postulada na inicial, pois o artigo 492 do CPC proíbe a condenação do réu em quantidade superior à postulada, sob pena de caracterizar decisão *ultra petita* (além do pedido).

O juiz não está obrigado a ater-se ao valor mencionado na inicial, salvo como limite máximo.

Parece que não é possível a legislação limitar o valor da indenização por dano moral. A Constituição reconhece a razoabilidade e a proporcionalidade na fixação da indenização. Cada caso é um caso.

12.5 CUMULAÇÃO

Se o dano é decorrente de situações distintas ou se é possível separar cada uma delas, será possível também a cumulação da indenização por danos morais e existenciais. Não há proibição na legislação a respeito da cumulação de danos.

Um fato pode dar origem a um dano moral e ao dano estético. A pessoa se sente violada na sua intimidade e teve um dano estético. As indenizações são cumuláveis.

A 3ª Turma do STJ entendeu que é possível a cumulação de danos materiais com danos morais:

> Se há um dano material e outro moral; que podem existir autonomamente, se ambos dão margem a indenização, não se percebe porque isso não deva ocorrer quando os dois se tenham como presentes, ainda que oriundos do mesmo fato. De determinado ato ilícito decorrendo lesão material, esta haverá de ser indenizada. Se apenas de natureza moral, igualmente devido o ressarcimento. Quando reunidas, a reparação há de referir-se a ambas. Não há porque cingir-se a uma delas, deixando a outra sem indenização (REsp 6.852/ES e REsp 4.235, rel. Min. Eduardo Ribeiro, *Lex JSTJ* 29/190).

O STJ editou a Súmula 37 com a seguinte redação: "são cumuláveis as indenizações por dano material e dano moral oriundo do mesmo fato". É a forma de obtenção da reparação integral de cada dano cometido.

É possível a cumulação de dano moral com dano estético (Súmula 387 do STJ), desde que cada um tenha características próprias, ainda que originárias de um mesmo ato. O dano moral é decorrente do sofrimento ou da angústia da pessoa. O dano estético é proveniente da deformidade da pessoa em decorrência do ato praticado.

É possível, portanto, a cumulação de danos materiais trabalhistas com danos morais trabalhistas.

É possível cumular a indenização do dano moral com a reparação econômica da Lei n. 10.559/2002 (Lei da Anistia Política) (S. 624 do STJ).

O dano pode ser oriundo de uma mesma situação de fato, porém o resultado pode trazer mais de uma hipótese a reparar, como material e moral.

Uma coisa será a reparação do dano material com as despesas que o empregado teve com o acidente do trabalho causado por dolo ou culpa do empregador. Outra coisa será a reparação por dano moral do mesmo acidente do trabalho. São situações distintas, que merecem tratamento distinto. Não há *bis in idem*, pois o dano moral é distinto do dano material. Uma indenização não exclui a outra.

Dependendo do caso, poderá haver o dano material e não existir o moral, ou vice-versa, como estarem presentes ambos os danos.

Inicialmente se dizia que era impossível cumular dano estético com dano moral. O IX Encontro de Tribunais de Alçada, realizado em São Paulo no ano de 1997, entendeu que "o dano moral e dano estético não se cumulam, porque ou o dano estético importa em dano material ou está compreendido no dano moral".

A reparação por danos extrapatrimoniais pode ser pedida cumulativamente com a indenização por danos materiais decorrentes do mesmo ato lesivo (art. 223-F da CLT).

Se houver cumulação de pedidos, o juízo, ao proferir a decisão, discriminará os valores das indenizações a título de danos patrimoniais e das reparações por danos de natureza extrapatrimonial (§ 1º do art. 223-F da CLT).

A composição de perdas e danos, assim compreendidos os lucros cessantes e os danos emergentes, não interfere na avaliação dos danos extrapatrimoniais (§ 2º do art. 223-F da CLT). Lucro cessante é o que a pessoa deixou de ganhar em razão do ato ilícito praticado.

Se, porém, o dano é decorrente do mesmo fato, a parte não vai ter direito a uma indenização por dano moral e a outra indenização por dano existencial. Aparentemente, uma indenização vai compreender a outra.

13
COMPETÊNCIA PARA JULGAR O DANO MORAL TRABALHISTA

13.1 CONCEITOS

Jurisdição vem do latim *ius, iuris*, com o significado de direito, e *dictio*, do verbo *dicere*, que quer dizer dicção. Dessa forma, jurisdição é o poder que o juiz tem de dizer o direito nos casos concretos a ele submetidos, pois está investido desse poder pelo Estado.

Não se pode conceber a existência de um juiz sem jurisdição.

Competência vem do latim *competentia*, de *competere* (estar no gozo ou no uso de, ser capaz, pertencer ou ser próprio).

Afirmava Enrico Tulio Liebman que competência é "a quantidade de jurisdição cujo exercício é atribuído a cada órgão, ou seja, a medida da jurisdição"[1].

A competência é uma parcela da jurisdição, dada a cada juiz. É a parte da jurisdição atribuída a cada juiz, ou seja, a área geográfica e o setor do Direito em que vai atuar, podendo emitir suas decisões. Consiste a competência na delimitação do poder jurisdicional. É, portanto, o limite da jurisdição, a medida da jurisdição.

A jurisdição é o todo. A competência é a parte. A competência não abrange a jurisdição, mas esta abrange aquela.

Competência é a determinação jurisdicional atribuída pela Constituição ou pela lei a determinado órgão.

Leciona Carlos Maximiliano que "regras definidoras de competência não comportam interpretação extensiva, pois quando a norma atribui competência excepcional ou especialíssima, interpreta-se estritamente"[2].

---

1. LIEBMAN, Enrico Tulio. *Manual de direito processual civil*. Rio de Janeiro: Forense, 1984, v. 1, p. 55.
2. MAXIMILIANO, Carlos. *Hermenêutica e aplicação do direito*. 10. ed. Rio de Janeiro: Forense, 1998, p. 265.

13.2 COMPETÊNCIA

A questão da competência da Justiça do Trabalho sobre a análise do pedido de dano moral é controvertida.

Verifica-se uma corrente que entende pela competência da Justiça do Trabalho para analisar questões de danos morais, se a questão decorre do contrato de trabalho. É o ponto de vista de Pinho Pedreira, que já julgou caso semelhante, adotando a mesma orientação, mesmo antes da Constituição de 1988, quando era juiz no Tribunal Regional do Trabalho da 5ª Região (Ac. 160/80)[3].

A outra corrente declara ser incompetente a Justiça do Trabalho para examinar pedido de dano moral, pois a matéria é pertinente ao Direito Civil e não se insere no contrato de trabalho, não envolvendo questão trabalhista. A prestação jurisdicional deve-se pautar de acordo com a causa de pedir e o pedido, que decorre do ilícito do Direito Civil. Logo, a competência seria da Justiça Comum. Júlio Bernardo do Carmo entende que a matéria é estritamente civil, inexistindo uma lei ordinária para regular as outras controvérsias decorrentes da relação de emprego e, mais especialmente, a questão do dano moral, sendo a Justiça do Trabalho incompetente para apreciar tal questão[4].

A Justiça do Trabalho é competente para examinar o pedido de dano moral. Essa competência decorre do fato de, apesar de envolver responsabilidade civil, prevista no Código Civil, a questão é oriunda do contrato de trabalho. Estaria, portanto, incluída essa competência na redação original do artigo 114 da Constituição, que prevê que controvérsias entre empregado e empregador decorrentes do contrato de trabalho são de competência da Justiça do Trabalho.

A competência não é fixada em razão do direito material discutido.

O inciso IV do artigo 652 da CLT atribui competência às Varas do Trabalho para julgar "os demais dissídios concernentes ao contrato individual do trabalho". A Justiça do Trabalho tem, por exemplo, competência para resolver questões pertinentes à anulação ou cancelamento de suspensão ou advertência. Uma das controvérsias que pode advir do contrato individual de trabalho é o dano moral praticado pelo empregador contra o empregado, pelo fato de o primeiro ofender o segundo no horário de trabalho e durante o serviço.

Destaque-se que o direito comum será fonte subsidiária do Direito do Trabalho (parágrafo 1.º do art. 8º da CLT). Leia-se por direito comum o Direito Civil, o que importa na aplicação do artigo 186 do Código Civil. É desnecessário

---

3. SILVA, Luiz de Pinho Pedreira da. A reparação do dano moral no direito do trabalho, *LTr* 55-5/559.
4. CARMO, Júlio Bernardo do. O dano moral e sua reparação no âmbito do direito civil e do trabalho, *LTr* 60-3/318.

13 • COMPETÊNCIA PARA JULGAR O DANO MORAL TRABALHISTA   129

que a norma pertença ao campo do Direito do Trabalho para ser aplicada na Justiça Laboral, podendo pertencer ao Direito Civil e ter incidência na relação de emprego ou na relação processual. Exemplo: a aplicação do artigo 412 do Código Civil para limitar a multa prevista na norma coletiva. Trata-se apenas da aplicação subsidiária do direito comum, como prevê o parágrafo 1.º do artigo 8º da CLT.

Sendo o ato ilícito também um ilícito trabalhista, relacionado com o contrato de trabalho, a competência é da Justiça do Trabalho. É o que ocorreria se fosse atribuída ao empregado a pecha de danificação de bens, roubo, furto ou apropriação indébita, decorrentes da existência do contrato de trabalho e da própria continuidade da relação de emprego. Nesse caso, a competência seria da Justiça do Trabalho para analisar a questão relativa ao dano moral.

O TST já entendeu que se a relação é entre empregado e empregador, mesmo que relativo ao cadastramento no Programa de Integração Social, a competência é da Justiça do Trabalho (Súmula 300). Isso ocorre justamente, porque a questão é decorrente do contrato de trabalho. O antigo TFR tinha a Súmula 82 mostrando que "compete à Justiça do Trabalho processar e julgar reclamações pertinentes ao cadastramento do Plano de Integração Social (PIS) ou indenização compensatória pela falta deste". O STF, inclusive, já entendeu da mesma forma, mostrando que a competência é da Justiça do Trabalho para julgar a indenização do PIS[5].

Nada impede a apreciação do dano moral pela Justiça do Trabalho se o fato for decorrente do contrato de trabalho mantido entre as partes.

É preciso fazer distinção do dano moral ocorrido, para os fins inclusive de se verificar a competência da Justiça do Trabalho. Se a afirmação é feita à pessoa civil (ilícito civil), a competência seria da Justiça Comum. Se a afirmação é decorrente do contrato e, por exemplo, foi proveniente da dispensa do trabalhador, estamos diante da competência da Justiça do Trabalho (ilícito trabalhista). Deve-se verificar a quem foi imputada certa conduta negativa, se o foi à pessoa civil ou ao cidadão, como desonesto, ímprobo, ou se ela foi endereçada ao empregado, chamando-o de desonesto. Se o empregado foi acusado de certa situação enquanto trabalhador que prestava serviços na empresa, a competência será da Justiça do Trabalho para apreciar a indenização decorrente de dano moral.

Se o dano material pelo não pagamento de verbas rescisórias é da competência da Justiça do Trabalho, o dano moral também deveria ser. A relação jurídica é que deve ser examinada, e esta é decorrente do contrato de trabalho.

O STJ vinha se posicionando no sentido de que o fator determinante da natureza jurídica da matéria controvertida é o pedido e a causa de pedir. Explica

---

5. STF, Pleno, 6.1456/MG, rel. p/ o acórdão Min. Rafael Mayer, j. 14-3-1979, *LTr* 44/41.

que se o pedido e a causa de pedir são decorrentes de questão civil, sujeita ao Código Civil, é competente a Justiça Comum.

> Competência. Conflito. Ação de indenização por danos morais e materiais movida por ex-empregados contra ex-empregador. Natureza jurídica da questão controvertida. Pedido e causa de pedir. Matéria afeta à competência da justiça estadual. A competência *ratione materiae* decorre da natureza jurídica da questão controvertida que, por sua vez, é fixada pelo pedido e pela causa de pedir. A ação de indenização por perdas e danos morais e materiais ajuizada por ex-empregados contra ex-empregador, conquanto tenha remota ligação com a extinção do contrato de trabalho, não tem natureza trabalhista, fundando-se nos princípios e normas concernentes à responsabilidade civil (STJ, CC 11.732/SP, 2ª S., 94/0037430-5, rel. Min. Sálvio de Figueiredo Teixeira, j. 22-5-1995, *LTr* 59-10/1384).

O TST teve posicionamento inicial nesse sentido:

> Competência. Dano Moral. Preliminar de incompetência da Justiça do Trabalho. Dano moral. Recurso de Revista a que se nega provimento em face da restrição à competência material desta Justiça na ocorrência de litígio que envolva título não laboral (TST, 1ª T., RR 145.366/94.7-3ª R., Ac. 2.068/05, rel. Lourenço do Prado, j. 3-5-1995, *DJU* 2-6-1995, p. 16502).

Quem fixa, porém, a competência para julgar a matéria é a lei que trata da competência e não a lei de direito material. Necessariamente não é apenas a causa de pedir e o pedido que vão fixar a competência, mas dependerá da hipótese a analisar. A Constituição é que define a competência para julgar relação de trabalho (art. 114, I).

Com fundamento na Constituição anterior o STF tinha entendido que:

> rege-se pela lei civil a ação indenizatória com base no ato ilícito, recaindo no âmbito da competência da Justiça do Trabalho, não obstante ter sido o ato praticado durante a pretérita relação de trabalho entre as partes[6].

Mais recentemente decidiu o STF que, se houve promessa de venda de apartamento pelo empregador ao empregado, durante o contrato de trabalho ou para efeito do trabalho, houve a inclusão de cláusula nesse sentido no contrato de trabalho. Embora a matéria seja de natureza civil, a competência é da Justiça do Trabalho:

> Justiça do Trabalho – Competência. Art. 114: Ação de empregado contra empregador, visando a observância das condições negociais da promessa de contratação formulada pela empresa em decorrência da relação de trabalho.
>
> 1. Compete à Justiça do Trabalho julgar demanda de servidores do Banco do Brasil para compelir a empresa ao cumprimento da promessa de vender-lhes, em dadas condições de

---

6. STF, Pleno, CC 5.985, rel. Min. Cunha Peixoto, j. 9-10-1975, *RTJ* 75/681.

13 • COMPETÊNCIA PARA JULGAR O DANO MORAL TRABALHISTA **131**

preço e modo de pagamento, apartamentos que, assentindo em transferir-se para Brasília, aqui viessem a ocupar, por mais de cinco anos, permanecendo a seu serviço exclusivo e direto. 2. À determinação da competência da Justiça do Trabalho não importa que dependa a solução da lide de questões de direito civil, mas sim, no caso, que a promessa de contratar, cujo alegado conteúdo é o fundamento do pedido, tenha sido feita em razão da relação de emprego, inserindo-se no contrato de trabalho (STF, CJ 6.959-6, rel. design. Min. Sepúlveda Pertence, j. 23-5-1990, *DJU* 22-2-1991, p. 1259, *LTr* 59-10/1.370).

Em seu voto, o Ministro Sepúlveda Pertence esclareceu que:

para saber se a lide decorre da relação de trabalho não tenho como decisivo, *data venia*, que a sua composição judicial penda ou não de solução de temas jurídicos de direito comum, e não, especificamente, de Direito do Trabalho. 8 – O fundamental é que a relação jurídica alegada como suporte do pedido esteja vinculada, como o efeito à sua causa, à relação empregatícia, como parece inquestionável que se passa aqui, não obstante o seu conteúdo específico seja o de uma promessa de venda, instituto de Direito Civil.

O STF fixou que a competência para julgar dano moral decorrente da relação de trabalho é da Justiça do Trabalho:

Justiça do Trabalho: competência: ação de reparação de danos decorrentes de imputação caluniosa irrogada ao trabalhador pelo empregador a pretexto de justa causa para a despedida e, assim, decorrente da relação de trabalho, não importando deva a controvérsia ser dirimida à luz do Direito Civil (1ª T., RE 238.737-4/SP, rel. Min. Sepúlveda Pertence, j. 17-11-1998, *DJU* 5-2-1999, *LTr* 62-12/1620).

A Orientação Jurisprudencial 327 da SBDI-1 do TST entendeu que a competência para julgar dano moral é da Justiça do Trabalho: "nos termos do artigo 114 da CF/88, a Justiça do Trabalho é competente para dirimir controvérsias referentes à indenização por dano moral, quando decorrer da relação de trabalho".

A Súmula 392 do TST passou a esclarecer que "nos termos do art. 114 da CF/1988, a Justiça do Trabalho é competente para dirimir controvérsias referentes à indenização por dano moral, quando decorrente da relação de trabalho (ex-OJ 327 – *DJ* 9-12-2003)".

O inciso VI do artigo 114 da Constituição, de acordo com a redação da Emenda Constitucional n. 45/2004, estabelece, expressamente, a competência da Justiça do Trabalho para julgar questões relativas a dano moral.

É possível, ainda, fazer uma última distinção, em razão das fases em que o contrato de trabalho estiver.

Haveria uma fase antecedente e inicial ao contrato de trabalho (pré-contratual), em que o empregado poderia ter sido chamado de homossexual e, por esse motivo, não ter sido admitido na empresa. A competência não será da Justiça do Trabalho, pois inexistiu contrato de trabalho ou relação de trabalho entre as partes, mas da Justiça Comum. Não há relação entre empregado e empregador.

A segunda fase é o dano moral ocorrer na constância do contrato de trabalho, em que seria competente a Justiça do Trabalho, pois a questão é trabalhista.

Na terceira fase, o dano moral é decorrente da dispensa do trabalhador, que foi dispensado por justa causa sob a alegação de furtar bens da empresa. A competência seria da Justiça do Trabalho.

A última fase seria a pós-contratual, em que, se o dano moral for decorrente do contrato de trabalho, competente será a Justiça do Trabalho. Entretanto, se o dano moral ocorrer após a cessação do contrato de trabalho e não for decorrente do contrato de trabalho, competente será a Justiça Comum.

13.3 ACIDENTE DO TRABALHO

Na ação em que se postule reparação por dano moral ou material contra o empregador, decorrente de acidente do trabalho, causado por dolo ou culpa do segundo, a competência será da Justiça do Trabalho, por decorrer da relação de emprego, independentemente de a norma a ser aplicada ser de Direito Civil. O acidente do trabalho é originário da existência do contrato de trabalho. Quando a questão envolver benefício previdenciário proveniente de acidente do trabalho, postulado contra o INSS, a competência será da Justiça Comum.

Já pensava que a Justiça do Trabalho tinha competência para analisar questões em que há postulação de indenização por dano moral ou material em decorrência de acidente do trabalho, mesmo antes da vigência da Emenda Constitucional n. 45/2004[7].

O STF, porém, entendia que a competência para examinar a ação de indenização por acidente do trabalho contra o empregador era da Justiça Comum (art. 109, I, da Constituição):

> É da jurisprudência do STF que, em geral, compete à Justiça do Trabalho conhecer de ação indenizatória por danos decorrentes da relação de emprego, não importando deva a controvérsia ser dirimida à luz do direito comum e não do Direito do Trabalho. Da regra geral são de excluir-se, porém, por força do art. 109, I, da Constituição, as ações fundadas em acidente do trabalho, sejam as movidas contra a autarquia de trabalho, sejam as movidas contra a autarquia seguradora, sejam as propostas contra o empregador (1ª T., RE 349.160-1/BA, rel. Min. Sepúlveda Pertence, j. 11-2-2003, *DJ* 14-3-2003, *LTr* 67-11/1350).

---

7. MARTINS, Sergio Pinto. *Direito processual do trabalho.* 16. ed. São Paulo: Atlas, 2001, p. 122.

A ação é proposta contra o empregador e não contra o INSS. Logo, a competência é da Justiça do Trabalho para analisar o caso.

Quando a questão envolver benefício previdenciário proveniente de acidente do trabalho, postulado contra o INSS, a competência será da Justiça Comum (art. 129, II, da Lei n. 8.213/91 e Súmula 15 do STJ).

O inciso XXVIII do artigo 7º da Constituição dispõe que o empregador é responsável pela indenização que decorrer de dolo ou culpa no acidente do trabalho. A ação tem de ser proposta contra a empresa, que é a responsável pelo pagamento da indenização pelo acidente do trabalho. O fato decorre da existência do contrato de trabalho e implica dizer que a Justiça do Trabalho é competente para julgar a matéria.

Em caso semelhante, o STF já havia julgado que "compete à Justiça do Trabalho julgar as ações que tenham como causa de pedir o descumprimento de normas trabalhistas relativas à segurança, higiene e saúde dos trabalhadores" (Súmula 736 do STF).

O inciso VI do artigo 114 da Constituição, com a redação determinada pela Emenda Constitucional n. 45/2004, passou a estabelecer a competência da Justiça do Trabalho para julgar as ações por indenização por dano moral ou patrimonial, decorrentes da relação de trabalho.

Num primeiro julgamento sobre indenização decorrente de acidente do trabalho, o Ministro Cezar Peluso entendeu que a competência para analisar a matéria era da Justiça Comum. Afirmou que deveria haver unidade de convicção, no sentido de que a Justiça, que analisa a questão de acidente do trabalho, também deve ser competente para processar a indenização de natureza civil por acidente do trabalho, mas originária do mesmo fato. Haveria contradição se se entendesse o contrário. Um mesmo fato não poderia ser julgado de maneira distinta. O tema deveria ser julgado pela mesma Justiça (Pleno, RE 438.639/MG, rel. p/ o acórdão Min. Cezar Peluso). Ficaram vencidos nessa votação os Ministros Carlos Ayres de Brito (relator) e Marco Aurélio.

Em acórdão da lavra do Ministro Celso de Mello foi dito:

Indenização por danos materiais e/ou morais. Ação ajuizada em face do empregador, com fundamento no direito comum. Matéria que, não obstante a superveniência da Emenda Constitucional n. 45/04, ainda permanece na esfera de competência do Poder Judiciário local. Recurso improvido. Compete à Justiça dos Estados membros e do Distrito Federal, e não à Justiça do Trabalho, o julgamento das ações de indenização por danos materiais e/ou morais resultantes de acidente do trabalho, ainda que fundadas no direito comum e ajuizadas em face do empregador. Não obstante a superveniência da Emenda Constitucional n. 45/2004, subsiste íntegra, na esfera de competência material do Poder Judiciário local, a atribuição para processar e julgar as causas acidentárias, qualquer que seja a condição ostentada pela parte passiva (INSS ou empregador), mesmo que a pretensão jurídica nelas deduzida encontre fundamento no direito comum. Inaplicabilidade da Súmula n. 736/STF. Precedente RE n. 438.639/MG, Rel. p/o acórdão Min. Cezar Peluso (Pleno) (STF, 2ª T., AgRg no RE 441.038-9/MG, rel. Min. Celso de Mello, j. 22-3-2005).

Não concordo com o ponto de vista inicial do STF. O inciso VI do artigo 114 da Constituição é claro no sentido de que a Justiça do Trabalho é competente para analisar questões de dano moral ou material decorrentes da relação de trabalho. A ação é proposta pelo empregado contra o empregador e não contra o INSS. Logo, é competente a Justiça Laboral, pois o acidente decorre do contrato de trabalho mantido com o empregador. Ocorreu no curso do contrato de trabalho. Utiliza-se, agora, inclusive expressão mais ampla: *relação de trabalho*, que engloba a relação de emprego.

Em um conflito de competência suscitado pelo TST, o STF, por unanimidade de votos, reviu sua orientação anterior e passou a entender que a competência para julgar dano moral decorrente de acidente do trabalho é da Justiça do Trabalho:

Constitucional. Competência Judicante em razão da matéria. Ação de indenização por danos morais e patrimoniais decorrentes de acidente do trabalho, proposta pelo empregado em face de seu (ex-) empregador. Competência da Justiça do Trabalho. Art. 114 da Magna Carta. Redação anterior e posterior à Emenda Constitucional n. 45/04. Evolução da jurisprudência do Supremo Tribunal Federal. Processos em curso na Justiça Comum dos Estados. Imperativo de Política Judiciária.

Numa primeira interpretação do inciso I do art. 109 da Carta de Outubro, o Supremo Tribunal Federal entendeu que as ações de indenização por danos morais e patrimoniais decorrentes de acidente do trabalho, ainda que movidas pelo empregado contra seu (ex-) empregador, eram da competência da Justiça Comum dos Estados-membros. 2. Revisando a matéria, porém, o Plenário concluiu que a Lei Republicana de 1988 conferiu tal competência à Justiça do Trabalho. Seja porque o art. 114, já em sua redação originária, assim deixava transparecer, seja porque aquela primeira interpretação do mencionado inciso I do art. 109 estava, em boa verdade, influenciada pela jurisprudência que se firmou na Corte sob a égide das Constituições anteriores. 3. Nada obstante, como imperativo de política judiciária – haja vista o significativo número de ações que já tramitaram e ainda tramitam nas instâncias ordinárias, bem como o relevante interesse social em causa –, o Plenário decidiu, por maioria, que o marco temporal da competência da Justiça trabalhista é o advento da EC 45/04. Emenda que explicitou a competência da Justiça Laboral na matéria em apreço. 4. A nova orientação alcança os processos em trâmite pela Justiça comum estadual, desde que pendentes de julgamento de mérito. É dizer: as ações que tramitam perante a Justiça comum dos Estados, com sentença de mérito anterior à promulgação da EC 45/04, lá continuam até o trânsito em julgado e correspondente execução. Quanto àquelas cujo mérito ainda não foi apreciado, hão de ser remetidas à Justiça do Trabalho, no estado em que se encontram, com total aproveitamento dos atos praticados até então. A medida se impõe, em razão das características que distinguem a Justiça comum estadual e a Justiça do Trabalho, cujos sistemas recursais, órgãos e instâncias não guardam exata correlação. 5. O Supremo Tribunal Federal, guardião-mor

13 • COMPETÊNCIA PARA JULGAR O DANO MORAL TRABALHISTA

da Constituição Republicana, pode e deve, em prol da segurança jurídica, atribuir eficácia prospectiva às suas decisões, com a delimitação precisa dos respectivos efeitos, toda vez que proceder a revisões de jurisprudência definidora de competência *ex ratione materiae*. O escopo é preservar os jurisdicionados de alterações jurisprudenciais que ocorram sem mudança formal do Magno Texto. 6. Aplicação do precedente consubstanciado no julgamento do Inquérito 687, Sessão Plenária de 25.8.99, ocasião em que foi cancelada a Súmula 394 do STF, por incompatível com a Constituição de 1988, ressalvadas as decisões proferidas na vigência do verbete. 7. Conflito de competência que se resolve, no caso, com o retorno dos autos ao Tribunal Superior do Trabalho (STF, Pleno, CC 7.204/MG, rel. Min. Carlos Ayres Brito, j. 29-6-2005, *DJ* 9-12-2005, p. 5, *LTr* 69-12/1470).

É, portanto, competente a Justiça do Trabalho para julgar a indenização por dano moral decorrente de acidente do trabalho.

O STF vinha entendendo que, em relação a processos em curso, subsiste a competência recursal do tribunal respectivo:

Norma constitucional de competência: eficácia imediata, mas, salvo disposição expressa, não retroativa: 1. A norma constitucional tem eficácia imediata e pode ter eficácia retroativa: esta última, porém, não se presume e reclama regra expressa. 2. A alteração superveniente de competência, ainda que ditada por norma constitucional, não afeta a validade da sentença anteriormente proferida. 3. Válida a sentença anterior à eliminação da competência do juiz que a prolatou, subsiste a competência recursal do tribunal respectivo (STF, CC 6.967-7/RJ, rel. Min. Sepúlveda Pertence).

Em outros casos, o STF já decidiu da mesma forma, conforme *RTJ*, v. 609, p. 855-863, ambos tendo como relator o Ministro Luiz Gallotti.

No julgamento do processo CC 7.204/MG, em 29-6-2005, o STF entendeu que a nova orientação alcança os processos em trâmite pela Justiça comum estadual, desde que pendentes de julgamento de mérito. As ações que tramitam perante a Justiça comum dos Estados, com sentença de mérito anterior à promulgação da Emenda Constitucional n. 45/2004, lá continuam até o trânsito em julgado e correspondente execução. Quanto àquelas cujo mérito ainda não foi apreciado, hão de ser remetidas à Justiça do Trabalho, no estado em que estiverem, com total aproveitamento dos atos praticados até então (*LTr* 69-12/1470).

Entretanto, não importa se o processo é anterior à Emenda Constitucional n. 45/2004 ou se a sentença também é anterior à referida emenda, mas sim a mudança constitucional na competência, que passa a ser atribuída à Justiça do Trabalho.

Estabelece o artigo 43 do CPC (antigo artigo 87 do CPC/73):

determina-se a competência no momento do registro ou da distribuição da petição inicial, sendo irrelevantes as modificações do estado de fato ou de direito ocorridas posteriormente, salvo quando suprimirem o órgão judiciário ou alterarem a competência absoluta.

É justamente isso que ocorreu. A competência material foi alterada pela Emenda Constitucional n. 45. Logo, os processos que estão em curso devem passar a ser julgados pela Justiça do Trabalho, que é a competente para analisar o pedido de indenização por dano moral ou material decorrente de acidente do trabalho.

Afirma Carlos Maximiliano que:

> quando o texto dispõe de modo amplo, sem limitações evidentes, é dever de o intérprete aplicá-lo a todos os casos particulares que se possam enquadrar na hipótese geral prevista explicitamente; não tente distinguir entre as circunstâncias da questão e as outras; cumpra a norma tal qual é, sem acrescentar condições novas, nem dispensar nenhuma das expressas[8].

A Súmula 10 do STJ já esclarecia que "instalada a Junta de Conciliação e Julgamento, cessa a competência do Juiz de Direito em matéria trabalhista, inclusive para execução das sentenças por ele proferidas". Isso mostra indiretamente que devem ser transferidos processos para o juízo competente.

Leciona Milton Paulo de Carvalho que:

> se a alteração produzida pela lei nova é da matéria em sentido estrito, o processo deve prosseguir perante o juízo instituído pela lei nova; da mesma maneira, os autos deverão ser remetidos ao órgão de competência recursal fixada na lei nova, se estiverem em grau de recurso. Isso porque tanto a competência material em sentido estrito quanto a funcional vertical são absolutas, e a incompetência absoluta deve ser declarada tão logo surja o fato que a motivou[9].

Assevera Antonio Carlos Marcato que "é lícito reafirmar-se que apenas a competência está sujeita à perpetuação; a incompetência, quer a absoluta, quer a relativa (seja esta última original, seja derivada da prorrogação), nunca estará sujeita a esse fenômeno processual"[10].

Dessa forma, os processos de indenização por acidente do trabalho que estão em curso e foram propostos perante a Justiça Comum devem ser enviados à Justiça do Trabalho, independentemente de terem sido ajuizados antes da Emenda Constitucional n. 45/2004 ou de já haver sentença da Justiça Estadual, pois normas de natureza processual têm aplicação imediata e apanham os processos em que estão em curso.

No mesmo sentido os seguintes julgados:

> A alteração de competência *ratione materiae* tem aplicação imediata, se não ressalvada na lei que trouxe a modificação, e se aplica independentemente da fase em que se encontre o processo (STJ, 2ª S., CC 948/GO, Rel. Min. Sálvio de Figueiredo Teixeira, j. 14-3-1990, *DJU* 9-4-1090, p. 2738).

---

8. MAXIMILIANO, Carlos. *Hermenêutica e aplicação do direito.* Rio de Janeiro: Forense, 1998, p. 247.
9. CARVALHO, Milton Paulo de. *Manual da competência civil.* São Paulo: Saraiva, 1995, p. 82.
10. MARCATO, Antonio Carlos. *Perpetuação de competência,* p. 16.

13 • COMPETÊNCIA PARA JULGAR O DANO MORAL TRABALHISTA **137**

> Relação de trabalho. Competência da Justiça do Trabalho. Incidência sobre os processos em curso. A Emenda n. 45, de 8 de dezembro de 2004, alterou o art. 114 da CF/1988, atribuindo a esta Justiça Especializada a competência ampliada para apreciar e decidir matérias referentes às relações de trabalho (inciso I e IX) e não apenas os conflitos oriundos das relações de emprego. O novo texto constitucional, em matéria de competência, alcança os processos em curso, a teor do disposto no art. 87 do Código de Processo Civil (TRT 2ª R., 4ª T., RO 02517200206902000, rel. Juiz Ricardo Artur Costa e Trigueiros, *DJSP* 13-9-2005).

Deveria ter sido assegurada regra de transição para os processos em curso antes da entrada em vigor da Emenda Constitucional n. 45, no sentido de ficarem na competência do juízo onde estavam, mas isso não foi feito.

A sentença já proferida antes da Emenda Constitucional n. 45 é válida, pois foi prolatada no momento em que a Justiça Comum ou Federal era competente. Não tem de ser anulada.

A Justiça do Trabalho é competente para processar e julgar as ações de indenização por danos morais e patrimoniais decorrentes de acidente de trabalho proposta por empregado contra empregador, inclusive aquelas que ainda não possuíam sentença de mérito em primeiro grau quando da promulgação da Emenda Constitucional n. 45/2004 (Súmula Vinculante 22 do STF).

Carlos Alberto Menezes Direito e Sérgio Cavalieri afirmam que:

> podem os herdeiros ajuizar ação para haver o ressarcimento relativo ao dano moral causado ao autor da herança, desde que demonstrem que o próprio lesado sinalizou o seu sofrimento moral, a sua indignação, a sua revolta, o seu repúdio em relação ao ato ilícito que origina o pedido de indenização formulado pelos herdeiros, embora não tenha em vida iniciado a ação correspondente[11].

O STJ já decidiu que:

> o direito de pleitear reparação por danos morais é pessoal e intransferível, não sendo permitido sequer a herdeiros diretos do ofendido. O efeito compensatório da indenização não poderia ser atingido, já que a prestação pecuniária não mais proporcionaria à vítima uma satisfação material e sentimental de forma a atenuar os danos sofridos (REsp 302.029/RJ, Rel. Min. Nancy Andrighi).

Situação diferente ocorre se a ação está em curso e o autor vem a falecer. Nesse caso, os sucessores podem continuar com a postulação.

O TST já julgou que:

> Agravo de instrumento. Indenização por dano moral. Direito personalíssimo. Processo em curso. Sucessão. O falecimento do autor no curso do processo em que busca a reparação por

---

11. *Comentários ao novo Código Civil.* Rio de Janeiro: Forense, 2007, t. XIII, p. 360.

dano moral não impede a continuação da demanda por intermédio de seus sucessores, vez que o direito reconhecido já ganhou contornos patrimoniais. Agravo não provido (TST, 4ª T., AIRR 35806/2003-007-11-40, Rel. Juíza Maria Doralice Novaes, *DJ* 8-6-2007).

Em relação ao dano moral do parente do acidentado, em decorrência do acidente do trabalho do empregado, a competência não é da Justiça do Trabalho. Não compreende relação entre empregado e empregador, mas entre o parente e o empregador. Não decorre da relação entre empregado e empregador. Entre o parente e o empregador não existe relação de emprego. A dor moral não é do trabalhador, mas da família do parente. É civil o dano, e não trabalhista.

O STJ já entendeu da mesma forma:

Conflito negativo de competência. Justiça Estadual e Trabalhista. Acidente de trabalho. Ação de indenização por danos morais e materiais ajuizada por viúva de trabalhador. Inexistência de relação de trabalho. Pedido indenizatório de natureza eminentemente civil. Competência da Justiça Estadual. 1. A Suprema Corte, no julgamento CC 7.204/MG, de relatoria do Ministro Carlos Brito, salientou que, mesmo antes de ser editada a EC 45/2004, a competência para julgar as ações que versam indenização por dano moral ou material decorrente de acidente de trabalho já pertencia à Justiça Laboral. 2. Com a edição da EC 45/2004, ressoou de forma cristalina a competência da Justiça Trabalhista em demandas que tratam de acidente de trabalho, eis que se acrescentou o inciso VI do art. 114 da Constituição da República, de seguinte teor: competente à Justiça do Trabalho processar e julgar as ações de indenização por dano moral ou patrimonial, decorrentes da relação de trabalho. 3. *In casu*, sobreleva notar que o caso concreto não se enquadra à previsão constitucional referenciada. É que os danos os quais se perquire reparação foram experimentados por pessoa estranha à relação de trabalho, no caso a viúva de trabalhador, que busca o ressarcimento de dano próprio, resultante da morte de seu esposo, pretensão que se desvincula da relação empregatícia anteriormente existente entre o réu e o *de cujus* (Precedentes: CC 57.884/SP, 1ª S., rel. Min. Eliana Calmon, *DJ* 9.8.2007; CC 75.787/RS, 1ª S., rel. Min. Castro Meira, *DJ* 6.8.2007; CC 54.210/RO, 2ª S., rel. Min. Carlos Alberto Menezes Direito, *DJ* 12.12.2005; CC 40.618/MS, 2ª S., rel. Min. Fernando Gonçalves, *DJ* 13-10-2005). 4. Conflito reconhecido para declarar a competência do Juízo de Direito da 1ª Vara Cível de São Roque/SP (STJ, CC 83.925/SP – 1ª S., rel. Min. Luiz Fux, *DJU* 1 22-10-2007).

As verbas devidas ao trabalhador em razão de seu falecimento são devidas aos herdeiros, mas o dano moral do próprio herdeiro não é da competência da Justiça do Trabalho.

Seria o caso de a lei estabelecer a competência da Justiça do Trabalho para esse caso, em razão de ser uma controvérsia decorrente da relação de trabalho, tendo por fundamento o inciso IX do artigo 114 da Constituição.

O STF entendeu que a Justiça do Trabalho é competente para dirimir a ação de indenização proposta por dependentes do trabalhador acidentado e que veio a falecer:

13 • COMPETÊNCIA PARA JULGAR O DANO MORAL TRABALHISTA

(...) 3. Irrelevante para a questão da competência que se cuide de ação proposta por viúvo de empregada de embargantes, falecida em decorrência de acidente do trabalho: trata-se de direito patrimonial, que, com a morte do trabalhador, se transmitiu aos sucessores (ED-RE 509.353-1/SP, rel. Min. Sepúlveda Pertence, *DJ* 25-6-2007).

Agravo regimental em recurso extraordinário. Constitucional. Competência em razão da matéria. Indenização por danos morais e patrimoniais, decorrentes de acidente do trabalho. Ação ajuizada ou assumida pelos dependentes do trabalhador falecido. Competência da justiça especial. Compete à Justiça do Trabalho apreciar e julgar pedido de indenização por danos morais e patrimoniais, decorrentes de acidente do trabalho, nos termos da redação originária do art. 114 c/c inciso I do art. 109 da Lei Maior. Precedente: CC 7.204. Competência que remanesce ainda quando a ação é ajuizada ou assumida pelos dependentes do trabalhador falecido, pois a causa do pedido de indenização continua sendo o acidente sofrido pelo trabalhador. Agravo regimental desprovido (STF, 1ª T., RE Ag 503.043, rel. Min. Carlos Brito, *DJ* de 1º-6-2007).

14
PRESCRIÇÃO DO DANO MORAL TRABALHISTA

14.1 CONCEITO

Praescripto (do verbo *praescribero*, de *prae* + *scribero*), escrever antes do começo, nos lembra a parte preliminar (escrita antes) da fórmula em que o pretor romano determinava, ao juiz, a absolvição do réu, caso estivesse esgotado o prazo de ação. Uma vez extinto o lapso de tempo para o uso da ação, cabia a exceção de "prescrição temporal", em razão da falta do exercício da ação. Isso se dava no Direito pretoriano, pois no Direito romano antigo as ações eram perpétuas ou inatingíveis. Com a evolução do conceito de prescrição, esta passou a significar a extinção da ação pela expiração do prazo de sua duração (exercício tardio da ação).

A prescrição tem um conceito não específico ao Direito do Trabalho, mas no ordenamento jurídico pátrio em geral está disciplinada na parte geral do Código Civil.

Clóvis Beviláqua conceituava a prescrição, na vigência do Código Civil de 1916, como "a perda da ação atribuída a um direito, e de toda a sua capacidade defensiva, em consequência do não uso delas, durante um determinado espaço de tempo"[1].

Prescrição é a perda da pretensão ao direito pelo decurso de prazo estabelecido na lei. Os artigos 189 e 190 do Código Civil de 2002 mostram a ideia mais moderna, no sentido de que a prescrição envolve a pretensão.

14.2 DISTINÇÃO

A prescrição distingue-se da decadência. Nesta, há a perda do direito pelo decurso do prazo. Naquela, há a perda da pretensão ao direito pela inércia do titular do direito.

---

1. BEVILÁQUA, Clóvis. *Teoria geral do direito civil*. 2. ed. Rio de Janeiro: Editora Rio, 1980, p. 286.

Envolve a prescrição um direito subjetivo que corresponde a dever jurídico de outrem. Havendo lesão, o prazo é prescricional. Tratando-se de faculdade, o prazo é decadencial. A prescrição atinge a pretensão e não a exigibilidade. Representa a prescrição o fenômeno extintivo de uma ação ajuizável, em razão da inércia de seu titular, durante determinado espaço de tempo que a lei estabeleceu para esse fim. O silêncio da relação jurídica durante um espaço de tempo determinado pela lei significa a perda da ação atribuída a um direito e da correspondente capacidade defensiva. Tem a prescrição um interesse público, visando à harmonia social e ao equilíbrio das relações jurídicas, tuteladas pela ordem pública. Sua finalidade é social, evitando a incerteza da relação jurídica. A prescrição é interrompida e fica suspensa. A decadência não se suspende ou se interrompe, de modo geral (art. 207 do Código Civil).

14.3 FUNDAMENTOS

A prescrição é um instituto que se relaciona com a ação. Historicamente, a prescrição surgiu no sistema formulário no processo romano como exceção. O pretor, ao criar uma ação, previa um prazo dentro do qual ela deveria ser exercida, sob pena de prescrição. Esta, assim, constituía um instrumento contra o titular do direito que deixou de protegê-lo por meio da ação. Pela prescrição, portanto, o que se atinge é a ação.

Os fundamentos da prescrição revelam os motivos pelos quais ela foi criada.

No Direito romano, indicavam-se três fundamentos para a prescrição:

(a) necessidade de fixar as relações jurídicas incertas, evitando controvérsias (Gaius);

(b) visando castigar a negligência (Justiniano), que mostra sua finalidade objetiva;

(c) de sempre haver interesse público (Gaius)[2].

Os autores indicam, de modo geral, os seguintes fundamentos para a prescrição:

(a) ação destruidora do tempo[3];

(b) castigo à negligência[4];

---

2. LEAL, Antonio Luis Câmara. *Da prescrição e da decadência.* 3. ed. Rio de Janeiro: Forense, 1978, p. 14-16.
3. COVIELLO. *Manual di diritto civile italiano,* parte geral, § 142.
4. SAVIGNY. *Sistema del derecho romano.* IV, § 237.

14 • PRESCRIÇÃO DO DANO MORAL TRABALHISTA

(c) presunção de abandono ou renúncia[5];

(d) presunção de extinção do direito[6];

(e) proteção do devedor[7];

(f) diminuição das demandas[8];

(g) interesse social e estabilidade das relações jurídicas, obtendo-se a paz social.

Não se pode pretender a instabilidade das relações sociais, a incerteza das relações sociais, sacrificando a harmonia social. O Estado deve estabelecer alguma coisa para promover o equilíbrio social em razão da inércia do titular do direito.

A prescrição envolve:

(a) a inércia do titular do direito em exercê-lo;

(b) o decurso do prazo para o exercício do direito.

A certeza das relações é questão fundamental em direito, assim como a segurança jurídica. Leciona Manoel de Andrade que:

a certeza do direito, sem a qual não pode haver uma regular previsibilidade das decisões dos tribunais, é na verdade condição evidente e indispensável para que cada um possa ajuizar das consequências de seus actos, saber quais os bens que a ordem jurídica lhe garante, traçar e executar os seus planos de futuro[9].

Afirma Silvio Rodrigues que a prescrição tem fundamento:

no anseio da sociedade em não permitir que demandas fiquem indefinidamente em aberto; no interesse social em estabelecer um clima de segurança e harmonia, pondo termo a situações litigiosas e evitando que, passados anos e anos, venham a ser propostas ações reclamando direitos cuja prova de constituição se perdeu no tempo[10].

A relação jurídica não pode ser perpétua entre as partes, sem limitação de tempo. Daí a utilização da prescrição.

14.4 NATUREZA JURÍDICA

A prescrição, assim como a decadência, são temas de direito material e não de direito processual.

---

5. MENDONÇA, Carvalho. *Doutrina das obrigações*, I, n. 418.
6. COLIN; CAPITANT. *Cours de droit civil français*, II, p. 131.
7. Savigny.
8. Savigny.
9. ANDRADE, Manuel A. Domingos de. *Ensaio sobre a teoria da interpretação das leis*. Coimbra: Armênio Amado, 1978, p. 54.
10. RODRIGUES, Silvio. *Direito civil*. 34. ed. São Paulo: Saraiva, 2003, v. 1, p. 327.

O reconhecimento da prescrição gera efeitos processuais, isto é, a sua operacionalização. A prescrição produz seus efeitos no processo. Entretanto, trata-se de direito material, tanto que é previsto em normas que versam sobre o direito material, como no Código Civil, no Código Penal, no Código Tributário etc., que trata do prazo de prescrição, de questões de interrupção e suspensão e não no CPC. A prescrição compreende o decurso de prazo, enquanto o processo é concernente à atividade do juízo ou das partes.

Consuma-se a prescrição com o decurso do prazo previsto em lei, sendo regulada pela lei em vigor no momento dessa consumação. A sentença apenas declara a prescrição já consumada. O juiz não cria a prescrição. A sentença apenas reconhece uma realidade, que já havia se constituído no mundo fático. O devedor seria, inclusive, livre ou não para arguir a prescrição ou discutir o mérito, provando que cumpriu a obrigação[11].

A prescrição é fato extintivo do direito do autor. Menciona o inciso II do artigo 487 do CPC que é julgado o mérito quando se acolhe a prescrição. Não se trata de pressuposto processual ou condição da ação.

As relações jurídicas abrangidas pela prescrição são, de modo geral, privadas.

14.5 PRESCRIÇÃO DO DANO MORAL NO DIREITO DO TRABALHO

É da violação ao direito que nasce ao seu titular a respectiva pretensão (*actio nata*).

Em relação ao prazo de prescrição quanto ao dano moral trabalhista, há duas teorias.

A primeira entende que a prescrição é a prevista no inciso XXIX do artigo 7º da Constituição. Dispõe o referido dispositivo: "ação, quanto aos créditos resultantes das relações de trabalho, com prazo prescricional de cinco anos para os trabalhadores urbanos e rurais, até o limite de dois anos após a extinção do contrato de trabalho". O empregado tem dois anos para ajuizar a ação contados do término do contrato de trabalho.

A segunda teoria afirma que a indenização é civil, devendo ser observada a prescrição contida no Código Civil. Na vigência do Código Civil de 1916, o prazo era de 20 anos (art. 177). No Código Civil de 2002, o prazo é de três anos para a pretensão de reparação civil (art. 206, § 3º, V).

Câmara Leal leciona que a prescrição:

---

11. MARTINS, Sergio Pinto. *Direito processual do trabalho*. 34. ed. São Paulo: Atlas, 2013, p. 305.

é o reconhecimento da modificação sofrida pelo direito do titular, em virtude de sua inércia durante um certo período de tempo. Logo, são prescritíveis todas as ações que têm por fim defender o direito do titular contra as modificações por ele sofridas em virtude de um fato posterior ao seu nascimento, atribuído a um ato ou omissão por parte de outrem. E esse fato, de que nasce a ação do titular, é o ponto de partida da inércia deste, do qual começa a correr a prescrição.

Daí a prescritibilidade de todas as ações patrimoniais, quer reais quer pessoais, porque todas elas nascem de um fato, posterior ao direito, e cujo efeito é produzir uma modificação na situação anterior desse direito[12].

Não se pode dizer que direitos relativos à personalidade jurídica são imprescritíveis. Ao contrário, são prescritíveis.

A segunda teoria afirma que a indenização é civil, devendo ser observada a prescrição contida no Código Civil. Na vigência do Código Civil de 1916, o prazo era de 20 anos (art. 177). No Código Civil de 2002, o prazo é de três anos para a pretensão de reparação civil (art. 206, § 3º, V).

Se se partir da premissa errada, chega-se ao resultado errado. É como afirmar que, se a indenização é prevista no Código Civil, o prazo de prescrição a ser observado é o previsto no mesmo Código.

Ensina Eros Grau que:

não se interpreta o direito em tiras, aos pedaços. A interpretação de qualquer texto de direito impõe ao intérprete, sempre, em qualquer circunstância, o caminhar pelo percurso que projeta a partir dele – do texto – até a Constituição. Um texto de direito isolado, destacado, desprendido do sistema jurídico, não expressa significado algum[13].

O inciso XXIX do artigo 7º da Constituição não faz nenhuma distinção quanto ao prazo prescricional nem indica matéria específica, apenas menciona que é um crédito resultante da relação de trabalho.

A Constituição não faz referência a créditos trabalhistas resultantes da relação de trabalho, mas apenas a "créditos resultantes das relações de trabalho". A indenização é um crédito.

José Cretella Júnior afirma que crédito "é o direito que alguém tem de exigir de outrem o cumprimento de obrigação contraída"[14].

Leciona Arnaldo Sussekind que:

a palavra créditos foi inserida no texto constitucional na sua significação mais genérica. Corresponde aos direitos do credor da obrigação (o trabalhador), contra o qual corre a prescrição:

---

12. LEAL, Antonio Luis Câmara. 3. ed. *Da prescrição e da decadência*. Rio de Janeiro. Forense, 1978, p. 38.
13. GRAU, Eros. *Ensaio e discurso sobre a interpretação*: aplicação do direito. 3. ed. São Paulo: Malheiros, 2005, p. 40.
14. CRETELLA JÚNIOR, José. *Comentários à Constituição de 1988*. Rio de Janeiro: Forense, 1989, p. 1022.

direito a prestações de dar, de fazer, ou de não fazer, que devem ser satisfeitas pelo devedor da obrigação, em favor de quem corre a prescrição[15].

O pagamento da indenização do dano ou da decorrente de acidente do trabalho é um crédito. Logo, se insere no prazo prescricional do inciso XXIX do artigo 7º da Constituição.

Faz referência o dispositivo constitucional à relação de trabalho. Esta é mais ampla, é o gênero, que compreende a relação de emprego. O objetivo do constituinte em mencionar relação de trabalho foi de atender os trabalhadores avulsos, que têm relação de trabalho, mas não relação de emprego, pois o inciso XXXIV do artigo 7º da Lei Maior assegura os mesmos direitos dos trabalhadores com vínculo empregatício e os trabalhadores avulsos.

Não está escrito no inciso XXIX do artigo 7º da Constituição que créditos decorrentes de acidente do trabalho não estão incluídos. O acidente do trabalho ocorre no curso do contrato de trabalho.

O pagamento da indenização decorrente de acidente do trabalho é um crédito decorrente da relação de trabalho. Não importa que esse crédito tenha fundamento na indenização por reparação de danos do Direito Civil. A Constituição não faz distinção nesse sentido. Quando o legislador não fez distinção, não cabe ao intérprete fazê-lo.

A matéria originária da relação das partes é que implica a qualificação da prescrição.

O ato ilícito é originário de uma relação de emprego. A prescrição tem de ser, assim, a trabalhista.

Em princípio, não é possível aplicar prazo de prescrição civil para regular relação trabalhista, se há previsão geral no inciso XXIX do artigo 7º da Lei Maior. Esse dispositivo não traz exceções. A norma constitucional não pode ter sua eficácia limitada por norma infraconstitucional.

Já existe prescrição trabalhista em relação ao trabalhador urbano e rural desde 5 de outubro de 1988.

A prescrição é regra de direito material e não processual. Logo, deve ser observado o prazo de prescrição regulado na lei de direito material para aquele tipo de relação. Se a questão decorre da relação de emprego, o prazo de prescrição, ainda que seja decorrente de acidente do trabalho, é o previsto no inciso XXIX do artigo 7º da Lei Magna.

Se o prestador de serviços é um trabalhador autônomo, a relação é civil, e o prazo de prescrição é o regulado no Direito Civil.

---

15. SUSSEKIND, Arnaldo. Prescrição, *Revista LTr*, v. 53, n. 9, set. 1989, p. 1020.

Como o dano decorre do contrato de trabalho, o crédito é trabalhista e não civil.

Se a indenização por acidente do trabalho é decorrente do contrato de trabalho, a prescrição é trabalhista. O crédito é trabalhista e não civil. O ilícito é trabalhista e não civil.

Se a indenização é decorrente da existência do contrato de trabalho, trata-se de crédito decorrente da relação de trabalho.

A prescrição no dano moral na ação de acidente do trabalho é a prevista no inciso XXIX do artigo 7º da Constituição, porque a ação é proposta contra o empregador e não contra o INSS.

Há afirmações de que, se a competência é da Justiça do Trabalho para apreciar o dano, a prescrição deve ser a trabalhista[16].

Homero Batista Mateus da Silva também afirma que, se a lesão decorre do contrato de trabalho, e a Justiça do Trabalho é competente para analisar a matéria, a prescrição é a do inciso XXIX do artigo 7º da Constituição[17].

O fato de a Justiça do Trabalho ser competente para apreciar o dano moral trabalhista ou decorrente de acidente do trabalho (art. 114, VI, da Constituição) não implica que a prescrição é a trabalhista. São questões distintas. A competência da Justiça do Trabalho não atrai, por esse motivo, a prescrição trabalhista. Prescrição é tema de direito material. Competência é matéria de direito processual. A competência pode ser da Justiça do Trabalho, e a prescrição ser a prevista no Código Civil. A Justiça do Trabalho é competente para analisar questões relativas ao pequeno empreiteiro, operário ou artífice (art. 652, *a*, III, da CLT). Entretanto, essa relação tem natureza civil. A prescrição é a prevista no Código Civil.

Embora a prescrição seja tema de direito material e não de direito processual, seria falta de razão aplicar a prescrição prevista no Código Civil, se a relação é trabalhista.

Tendo a relação ocorrida entre empregado e empregador quanto a créditos resultantes da relação de trabalho, a prescrição é de dois anos a contar da cessação do contrato de trabalho. O inciso XXIX do artigo 7º da Constituição não faz distinção se a matéria é prevista no Código Civil ou na CLT, mas apenas se é um crédito resultante da relação de trabalho, como, de fato, é. Também não faz distinção se o crédito é decorrente de indenização ou de natureza salarial. É qualquer crédito. Não é apenas crédito trabalhista *stricto sensu*.

---

16. No mesmo sentido: PAMPLONA, Rodolfo. *O dano moral na relação de emprego*. 3. ed. São Paulo: LTr, 2002, p. 166; FLORINDO, Valdir. *Dano moral e o direito do trabalho*. 3. ed. São Paulo: LTr, 1999, p. 41.
17. SILVA, Homero Batista Mateus da. *Estudo crítico da prescrição trabalhista*. São Paulo: LTr, 2004, p. 214-215.

Não se pode dizer que se duas pessoas foram acusadas de furto, uma que era empregado e a outra que não era, haveria ofensa ao princípio da isonomia, em razão de que um teria o prazo de dois anos para ajuizar a ação e o outro o prazo do Código Civil. Não há violação ao *caput* do artigo 5º da Constituição, pois é a própria Lei Maior que estabelece o prazo de prescrição no inciso XXIX do artigo 7º e que é uniforme para qualquer situação decorrente da relação de trabalho. Todos são iguais perante a lei, mas a Constituição pode estabelecer distinções, como o faz em relação à aposentadoria da mulher, que adquire o benefício antes do que o homem (§ 7º do art. 201).

Os direitos da personalidade, como da honra, intimidade, dignidade, liberdade, imagem, têm sede na Constituição. O inciso XXIX do artigo 7º também está inserido na mesma norma. O fundamento do dano moral está nos incisos V e X do artigo 5º da Constituição. A matéria é constitucional, assim como a prescrição para o trabalhador também é constitucional.

O dano moral pode ser dividido em dano moral trabalhista e dano moral civil.

A CLT prevê situações que envolvem dano moral trabalhista, como nas letras *j* e *k* do art. 482 (justa causa) e na letra *e* do art. 483 (rescisão indireta).

Não há omissão na lei trabalhista para se aplicar o Código Civil, pois há previsão sobre o tema no inciso XXIX do artigo 7º da Constituição. Assim, não se aplica o parágrafo 1.º do artigo 8º da CLT, ou mais especificamente o direito comum quanto aos prazos de prescrição.

É trabalhista o dano moral que ocorre em caso de acidente do trabalho. Decorre da relação de emprego. A prescrição também é a prevista na legislação do trabalho, ou seja, a determinada no inciso XXIX do artigo 7º da Lei Maior.

Não é o caso de se aplicar a norma mais favorável, pois a prescrição só pode ser regulada por uma norma e não por várias. Há regra específica, que é o inciso XXIX do artigo 7º da Lei Maior. Da mesma forma, se a matéria é regulada na legislação trabalhista, não é o caso de se aplicar a prescrição prevista no Direito Civil.

Sob o aspecto da norma mais favorável, o prazo de cinco anos da Constituição é mais benéfico do que o prazo de três anos do Código Civil.

Paulo Eduardo Vieira Oliveira leciona que:

> embora seja polêmica a matéria e apesar de opinião respeitável em contrário, sendo o dano pessoal causado pelo empregador ou pelo empregado, como tais (*ut sic*), no âmbito (tomado este termo não unicamente na sua conotação espacial) das relações empregatícias o prazo prescricional é o estabelecido pela norma constitucional do inciso XXIX do art. 7º da Constituição[18].

---

18. OLIVEIRA, Paulo Eduardo Vieira. *O dano pessoal no direito do trabalho*. São Paulo: LTr, 2002, p. 185.

Alice Monteiro de Barros afirma que se o crédito é advindo da relação de trabalho ou de emprego, o prazo de prescrição do dano moral é o previsto no inciso XXIX do artigo 7º da Constituição[19].

Georgenor de Sousa Franco Filho assevera que a prescrição a ser aplicada é a trabalhista e não a civil[20].

Não importa que o direito à indenização é fixado no Direito Civil. Importa se esse direito é decorrente da existência do contrato de trabalho.

Já decidiu o STF que promessa de venda de imóvel contida no contrato de trabalho, embora tenha natureza civil, insere-se como cláusula no contrato de trabalho:

> (...) 2. À determinação da competência da Justiça do Trabalho não importa que dependa a solução da lide de questões de direito civil, mas sim, no caso, que a promessa de contratar, cujo alegado conteúdo é o fundamento do pedido, tenha sido feita em razão da relação de emprego, inserindo-se no contrato de trabalho (STF, CJ 6.959-6, rel. design. Min. Sepúlveda Pertence, j. 23-5-1990, *DJU* 22-2-1991, p. 1259, *LTr* 59-10/1.370).

Em seu voto o Ministro Sepúlveda Pertence esclareceu que:

> para saber se a lide decorre da relação de trabalho não tenho como decisivo, *data venia*, que a sua composição judicial penda ou não de solução de temas jurídicos de direito comum, e não, especificamente, de Direito do Trabalho. 8 – O fundamental é que a relação jurídica alegada como suporte do pedido esteja vinculada, como o efeito à sua causa, à relação empregatícia, como parece inquestionável que se passa aqui, não obstante o seu conteúdo específico seja o de uma promessa de venda, instituto de Direito Civil.

Em outro julgado o mesmo ministro enfatizou:

> Justiça do Trabalho: competência: ação de reparação de danos decorrentes de imputação caluniosa irrogada ao trabalhador pelo empregador a pretexto de justa causa para a despedida e, assim, decorrente da relação de trabalho, não importando deva a controvérsia ser dirimida à luz do Direito Civil (1ª T., RE 238.737-4/SP, rel. Min. Sepúlveda Pertence, j. 17-11-1998, *DJU* 5-2-1999, *LTr* 62-12/1620).

Dispõe o artigo 19 da Lei n. 8.213/91 que acidente do trabalho é o que ocorre pelo exercício do trabalho a serviço da empresa. Isso mostra que decorre da relação entre empregado e empregador, da relação de emprego. A responsabilidade é, portanto, trabalhista e não civil.

Não importa se os processos estavam em curso na Justiça Comum antes da Emenda Constitucional n. 45/2004. O prazo de prescrição a ser aplicado é o

---

19. BARROS, Alice Monteiro. *Curso de direito do trabalho*. São Paulo: LTr, 2005, p. 993.
20. FRANCO FILHO, Georgenor de Sousa. A prescrição no dano moral trabalhista. *Revista do TRT da 8ª Região*, Belém, v. 38, n. 74, jan./jun. 2005, p. 44-46.

trabalhista, pois a relação é trabalhista. Os prazos de prescrição são regulados na lei de direito material, que é a trabalhista.

Inicialmente o TST entendeu que o prazo de prescrição em relação a danos morais seria o previsto no Código Civil.

> Observada a natureza civil do pedido de reparação por danos morais, pode-se concluir que a indenização deferida a tal título em lide cujo trâmite se deu na Justiça do Trabalho, não constitui crédito trabalhista, mas crédito de natureza civil resultante de ato praticado no curso da relação de trabalho. Assim, ainda que justificada a competência desta Especializada para processar a lide não resulta, daí, automaticamente, a incidência da prescrição trabalhista. A circunstância de o fato gerador do crédito de natureza civil ter ocorrido na vigência do contrato de trabalho, e decorrer da prática de ato calunioso ou desonroso praticado por empregador contra trabalhador não transmuda a natureza do direito, uma vez que o dano moral se caracteriza pela projeção de um gravame na esfera da honra e da imagem do indivíduo, transcendendo os limites da condição de trabalhador do ofendido. Dessa forma, aplica-se, na hipótese, o prazo prescricional de 20 anos previsto no artigo 177 do Código Civil, em observância ao art. 2.028 do novo Código Civil brasileiro, e não o previsto no ordenamento jurídico-trabalhista, consagrado no artigo 7º, XXIX, da Constituição Federal. Embargos conhecidos e providos (TST, ERR 8871/2002-900-02-00, rel. Min. Lélio Bentes Corrêa, j. 16-2-2004, *DJ* 5-3-2004, *LTr* 68-04/471).

Há acórdão mais recente nesse sentido:

> Prescrição. Dano moral e material trabalhista. 1. O prazo de prescrição do direito de ação de reparação por dano moral e material trabalhista é o previsto no Código Civil. 2. À Justiça do Trabalho não se antepõe qualquer obstáculo para que aplique prazos prescricionais diversos dos previstos nas leis trabalhistas, podendo valer-se das normas do Código Civil e da legislação esparsa. 3. De outro lado, embora o dano moral trabalhista encontre matizes específicas no Direito do Trabalho, a indenização propriamente dita resulta de normas de Direito Civil, ostentando, portanto, natureza de crédito não trabalhista. 4. Por fim, a prescrição é um instituto de direito material e, portanto, não há como olvidar a inarredável vinculação entre a sede normativa da pretensão de direito material e as normas que regem o respectivo prazo prescricional. 5. Recurso de revista de que se conhece e a que se dá provimento (TST, 1ª T., RR 670/2004-002-17-00.8, rel. Min. João Oreste Dalazen, *DJ* 17-2-2006).

Na doutrina, há também autores que entendem que o prazo de prescrição do dano moral é o previsto no Código Civil, como Dulce Maria Soler Gomes Rijo[21] e Raimundo Simão de Melo[22].

Em outros casos, o TST decidiu que o prazo é de dois anos a contar do término do contrato de trabalho:

---

21. RIJO, Dulce Maria Soler Gomes. *Prescrição do dano moral trabalhista*. São Paulo: LTr, p. 119-123.
22. MELO, Raimundo Simão de. Prescrição do dano moral no direito do trabalho. *Revista LTr*, n. 64, nov. 2000, p. 1372-1375.

Ação rescisória. Dano moral. Acidente de trabalho. Prescrição. Tratando-se de pedido de indenização por danos morais e materiais feito perante a Justiça do Trabalho, sob o fundamento de que a lesão decorreu da relação de trabalho, não há como se entender aplicável no caso o prazo prescricional de 20 anos previsto no Código Civil, porquanto o ordenamento jurídico trabalhista possui previsão específica para a prescrição, cujo prazo, que é unificado, é de dois anos do dano decorrente do acidente do trabalho, conforme estabelece o artigo 7º, inciso XXIX, da Constituição Federal e o art. 11 da Consolidação das Leis do Trabalho. Desse modo, correto o acórdão recorrido ao julgar improcedente o pedido de corte rescisório fulcrado no inciso V do artigo 485 do Código de Processo Civil, em face da não ocorrência de ofensa à literalidade do artigo 177 do Código Civil (TST, ROAR 794/2002-000-03-00, rel. Min. Emmanuel Pereira, *DJ* 22-10-2004).

Ação rescisória. Dano moral. Acidente do trabalho. Prescrição. Tratando-se de pretensão de indenização por danos morais e materiais deduzida perante a Justiça do Trabalho, sob o fundamento de que a lesão decorreu da relação de trabalho, não há como se entender aplicável o prazo prescricional de 20 anos previsto no Código Civil, porquanto o ordenamento jurídico trabalhista possui previsão específica para a prescrição, cujo prazo, que é unificado, é de dois anos do dano decorrente do acidente do trabalho, conforme o art. 7º, inciso XXIX, da Constituição Federal e o artigo 11 da Consolidação das Leis do Trabalho. Recurso ordinário a que se nega provimento (TST, ROAG 1.426/2002-000-15-00.9, rel. Min. Gelson Azevedo, *DJ* 26-8-2005).

Ação rescisória. Não ocorrência de violação de lei. Dano Moral. Prescrição. Carece de respaldo legal a pretensão obreira de rescisão de decisão que extingue reclamatória postulando danos morais, decorrentes de reconhecimento da não caracterização de ato de improbidade, por ocorrência de prescrição, dada a não configuração de violação do art. 177 do CC, uma vez que: (a) a lesão à boa fama e à imagem do empregado surgiu com a dispensa, tida como motivada, e não com o reconhecimento, em juízo, da inocência do reclamante e da ausência de justa causa da dispensa, razão pela qual deveria haver, na primeira reclamatória, cumulação de pedidos, relativos às verbas rescisórias e à indenização por dano moral, já que, pelo princípio da *actio nata*, o prazo prescricional começa a fluir da data em que ocorrida a lesão ao direito do autor; (b) se a postulação da indenização por danos morais é feita na Justiça do Trabalho, sob o fundamento de que a lesão decorreu da relação de trabalho, não há como se pretender a aplicação do prazo prescricional de 20 anos, referente ao Direito Civil (CC, art. 177), quando o ordenamento jurídico-trabalhista possui prazo prescricional unificado de 2 anos, a contar da ocorrência da lesão (CF, art. 7º, XXIX; CLT, art. 11); e (c) não há que se falar em interrupção da prescrição pelo ajuizamento da primeira reclamatória, tendo em vista que, por não versar sobre dano moral, não demonstrou a ausência de passividade do empregado em relação à pretensa lesão sofrida em sua honra e imagem (TST, ROAR 39.274/2002-900-03-00, rel. Min. Ives Gandra da Silva Martins Filho, *DJU* 13-12-2002).

RECURSO DE EMBARGOS. INTERPOSIÇÃO. NOVA REDAÇÃO DO ARTIGO 894 DA CLT. PRESCRIÇÃO. INDENIZAÇÃO. DANO MORAL. Na hipótese de indenização por danos morais decorrente da relação de emprego, a ser aplicável é a prevista no art. 7º, inciso XXIX, da Constituição da República, e não a do artigo 177 do atual Código Civil. Recurso de embargos conhecido e não provido. (TST, E-RR 1473/2006-08403-00.5, rel. Min. Carlos Alberto Reis de Paula, *DJ* 31-10-2008).

EMBARGOS SUJEITOS À SISTEMÁTICA DA LEI. N. 11.496/07. INDENIZAÇÃO POR DANOS MORAIS. PRESCRIÇÃO. A discussão a respeito da prescrição aplicável ao pedido de indenização por danos morais oriundos da relação de trabalho encontra-se superada pela jurisprudência desta eg. Corte, segundo a qual é aplicável o prazo prescricional previsto no art. 7º XXIX, da Constituição da República. Precedentes. Embargos conhecidos e desprovidos. (TST, E-RR 1265/2001-062-0100.5, rel. Min. Maria Cristina Irigoyen Peduzzi, *DJ* 17-10-2008).

INDENIZAÇÃO POR DANOS MORAIS. PRESCRIÇÃO. RECURSO DE REVISTA. PRESCRIÇÃO. DANO MORAL. Tratando-se de pedido de indenização por dano moral resultante de ato do empregador que, nessa qualidade, haja ofendido a honra ou a imagem do empregado, causando-lhe prejuízo de ordem moral, não se aplica a prescrição vintenária de que cogita o art. 177 do Código Civil porque a lesão relaciona-se com a execução do contrato de trabalho e para essa hipótese há previsão específica, tanto na CLT (art. 11) como na Constituição da República (art. 7º, inc. XXIX). *In casu*, a prescrição aplicável é a prevista no art. 7º, inc. XXIX, da Constituição da República. Recurso de embargos de que se conhece e a que se dá provimento (TST, E-RR 2.309/2001-041-03-00, rel. Min. João Batista de Brito Pereira, *DJ* 29-2-2008).

RECURSO DE EMBARGOS INTERPOSTO ANTES DA ALTERAÇÃO CONFERIDA AO ART. 894 DA CLT PELA LEI N. 11.496/2007. DANO MORAL PRESCRIÇÃO. ART. 7º, XXIX, DA CONSTITUIÇÃO FEDERAL. Tratando-se de pretensão ao percebimento de parcelas oriundas de dano moral decorrente da relação de trabalho firmada entre empregado e empregador, o prazo prescricional incidente à espécie é o do art. 7º, XXIX, da Constituição Federal, consoante entendimento sedimentado no Tribunal Superior do Trabalho. Recurso de embargos conhecido e desprovido. (TST, E-RR 1094/2005-402-04-00, rel. Min. Luiz Philippe Vieira de Mello Filho, *DJU* 9-5-2008).

PRESCRIÇÃO. DANO MORAL. RELAÇÃO DE EMPREGO. ARTIGO 7º, XXIX, DA CONSTITUIÇÃO FEDERAL. APLICABILIDADE. O direito material, ou seja, a proteção jurídica à intimidade, à vida privada, à honra e à imagem das pessoas está prevista na Constituição Federal e, igualmente, no Código Civil, sendo certo que a violação desses valores resulta no dever de indenizar a parte ofendida (art. 5º, X, da Constituição Federal, c/c art. 186 do CCB). Este contexto normativo, de natureza constitucional e legal, se refere ao direito material, que não deve ser confundido com o direito de ação para pleiteá-los em Juízo, observada a sua fonte geradora. Se o pedido de indenização por dano moral está assentado em uma relação de trabalho, portanto, decorrente de um contrato de trabalho, o exercício do direito de ação subordina-se à observância da prescrição do art. 7º, XXIX, da Constituição Federal. Recurso de embargos não conhecido (TST, E-ED-RR 96752/2003-900-01-00.7, redator designado Min. Milton de Moura França, *DJ* 23-2-2007).

A indenização prevista no inciso XXVIII do artigo 7º da Constituição a que está obrigado o empregador a pagar ao empregado, quando incorrer em dolo ou culpa no acidente do trabalho, é um direito do trabalhador urbano e rural. É, portanto, um direito trabalhista. Esse dispositivo está no mesmo artigo 7º, que prevê prazo de prescrição no inciso XXIX. Todos os dois incisos representam direitos do trabalhador urbano e rural. Logo, a prescrição só pode ser a prevista no inciso XXIX quanto à indenização por danos morais ou patrimoniais.

Assim, não importa que a indenização seja prevista no Direito Civil. A prescrição para a indenização proveniente de acidente do trabalho é a trabalhista,

14 • PRESCRIÇÃO DO DANO MORAL TRABALHISTA   **153**

contida no inciso XXIX do artigo 7º da Constituição, pois decorre do contrato de trabalho e é um crédito inerente à relação de trabalho.

A indenização não pode ser civil até 2004 e daí em diante ser trabalhista. A natureza da indenização é a mesma. Uma coisa não pode ser e deixar de ser ao mesmo tempo com o passar dos anos.

A questão não muda em razão da modificação da competência estabelecida pela Emenda Constitucional n. 45/2004 ou pelo acórdão do STF, que entendeu que a Justiça do Trabalho é competente para analisar questões de dano moral em razão de acidente do trabalho.

O acidente do trabalho só ocorre, porque está em vigor o contrato de trabalho.

O prazo de dois anos tem de ser contado a partir da cessação do contrato de trabalho.

Afirma Amauri Mascaro Nascimento que:

> havendo extinção do contrato de trabalho, passará a correr daí por diante o prazo fatal de dois anos para que possa ser reclamado algum direito do contrato de trabalho. Decorridos os dois anos, fica definitivamente afastado o direito de ação sobre vantagens do contrato de trabalho que se extinguiu[23].

Em situações semelhantes, o TST entendeu que o prazo de prescrição é de dois anos a contar da cessação do contrato de trabalho.

A Súmula 362 do TST mostra que "extinto o contrato de trabalho, é de dois anos o prazo prescricional para reclamar em juízo o não recolhimento da contribuição do Fundo de Garantia do Tempo de Serviço".

Indica a Súmula 382 do TST que a transferência do regime jurídico de celetista para estatutário implica extinção do contrato de trabalho, fluindo o prazo da prescrição bienal a partir da mudança do regime.

Por coerência, o prazo de prescrição para o empregado postular contra o empregador indenização por acidente do trabalho também deve ser de dois anos a contar do término do contrato de trabalho.

A Súmula 278 do STJ afirma que "o termo inicial do prazo prescricional, na ação de indenização, é a data em que o segurado teve ciência inequívoca da incapacidade laboral". Essa orientação toma por base quando o segurado toma ciência da incapacidade laboral e não do acidente. A moléstia pode demorar em se estabelecer, como em caso de contato com amianto.

---

23. NASCIMENTO, Amauri Mascaro. *Direito do trabalho na Constituição de 1998*. São Paulo: Saraiva, 1989, p. 215.

Entretanto, o inciso XXIX do artigo 7º da Constituição não faz essa distinção. Assim, o prazo de prescrição é contado da cessação do contrato de trabalho, pois a doença profissional ou o acidente do trabalho ocorreram ou foram desenvolvidos durante o contrato de trabalho.

O termo inicial está definido no inciso XXIX do artigo 7º da Lei Maior.

O direito foi violado (art. 189 do Código Civil) no curso do contrato de trabalho. Logo, o prazo de prescrição é contado do término do contrato de trabalho.

Não se pode interpretar a norma constitucional a partir da lei ordinária, mas sim exatamente o contrário.

Descabido o argumento de que se o empregado toma conhecimento da moléstia dez anos depois da cessação do contrato de trabalho é daí que surgiria o direito violado para postular em juízo. Isso representa insegurança jurídica, além do que o inciso XXIX do artigo 7º da Lei Maior não faz distinção nesse sentido. *In claris cessat interpretatio*. Não se pode ampliar a interpretação do dispositivo constitucional no que nele não está escrito.

Exemplo pode ser de empregado que trabalha na indústria da cerâmica e desenvolve silicose no curso do contrato de trabalho, por aspirar a poeira da cerâmica, que entra e gruda nos seus pulmões, perdendo o trabalhador a capacidade respiratória. Se depois de dez anos da cessação do contrato de trabalho seu pulmão perde capacidade de respiração, não se pode dizer que é daí que surge o direito de ação e começa a correr o prazo de prescrição. Primeiro, porque a Constituição assim não dispõe. Segundo, porque o problema de pulmão pode se agravar com a idade do trabalhador e com outros fatores, até outros locais em que o obreiro trabalhou, e mesmo se é fumante.

O prazo de prescrição contido no inciso XXIX do artigo 7º do Estatuto Supremo é fixo e não móvel.

Deveria ser revisto o prazo de prescrição contido no inciso XXIX do artigo 7º da Constituição. Não deveria correr a prescrição no curso do contrato de trabalho, diante da subordinação do empregado ao empregador e do medo da dispensa por parte do trabalhador caso venha a postular algo em juízo; e também nos casos em que o trabalhador toma conhecimento da doença muitos anos depois da cessação do contrato de trabalho. Entretanto, o juiz não pode ser legislador positivo e criar norma por interpretação, quando ela não existe.

O juiz só pode ser legislador negativo, de dizer o que não pode ser feito. Criação de norma é tarefa do Poder Legislativo.

14 • PRESCRIÇÃO DO DANO MORAL TRABALHISTA

Afirma Francesco Ferrara que "o juiz deve ficar pago com a sua nobre missão e não ir mais longe, passando a usurpar os domínios do legislador"[24]. O juiz decide de acordo com a previsão da lei. Executa a lei. Aplica o direito aos fatos. Não cria a lei.

Menciona João Batista Herkenhoff que:

> a aplicação axiológica do Direito não nega que o juiz deve manter-se dentro do sistema jurídico. Desapareceria aquele mínimo de segurança jurídica, sempre desejável, se cada juiz pudesse, sem justificativa, a seu talante, transformar-se em legislador. Estaria, sem dúvida, instaurado o regime da arbitrariedade judicial[25].

O juiz não pode, portanto, sair do sistema legal ao fazer a interpretação da norma.

Prescrição é uma matéria que envolve questão de segurança jurídica. O empregador não pode ser obrigado a pagar indenização a empregados que já saíram da empresa há mais de dois anos da cessação do contrato de trabalho.

O empregado não tinha nenhum impedimento de postular em juízo a indenização por acidente do trabalho a partir da sua dispensa da empresa.

O marco para a contagem da prescrição é a extinção do contrato de trabalho, de acordo com a previsão do inciso XXIX do artigo 7º da Constituição.

Dispõe o artigo 200 do Código Civil de 2002 que "quando a ação se originar de fato que deva ser apurado no juízo criminal, não correrá a prescrição antes da respectiva sentença definitiva". Esse artigo não tem correspondente no Código Civil de 1916.

Entendo que essa regra não é aplicável no âmbito trabalhista, pois o inciso XXIX do artigo 7º da Constituição não dispõe nesse sentido nem há omissão na legislação trabalhista para se observar o direito comum, por força do parágrafo 1.º do artigo 8º da CLT. Não se aplica o artigo 200 do Código Civil, por não haver omissão no inciso XXIX do artigo 7º da Constituição.

A ação penal não suspende ou interrompe o prazo prescricional. Não é o caso de se aplicar o artigo 200 do Código Civil, pois a Constituição não dispõe nesse sentido nem há omissão na legislação trabalhista.

O início do prazo prescricional se dá com o término do contrato de trabalho. Não é contado do arquivamento do inquérito policial ou da sentença penal absolutória, pois o empregado não estava impedido de propor a ação nem estava condicionado a esperar o resultado da ação penal.

---

24. FERRARA, Francesco. *Interpretação e aplicação das leis*. 2. ed. São Paulo: Saraiva, 1937, p. 79-80.
25. HERKENHOFF, João Batista. *Como aplicar o direito*: à luz de uma perspectiva axiológica, fenomenológica e sociológica-política. 3. ed. Rio de Janeiro: Forense, 1994, p. 93.

No mesmo sentido, há julgado no TST:

Prescrição. Dano moral. Ação penal. O prazo prescricional para ação quanto a crédito resultante das relações de trabalho é de dois anos, contados da extinção do contrato de trabalho, na forma do artigo 7º, XXIX, da Constituição Federal. Deixando o reclamante de observar o referido prazo, para aguardar o desfecho de ação de improbidade, na esfera criminal, por certo que se encontra prescrito o seu direito de ação. A hipótese não se identifica como de interrupção ou de suspensão do prazo prescricional, nos termos dos artigos 168 e 172 do Código Civil de 1916 (TST, 4ª T., RR 377-2001-005-13-40, rel. Min. Milton de Moura França, *DJU* 13-2-2004).

A prescrição do dano moral trabalhista e da indenização por dano material ou moral decorrente de acidente do trabalho é a prevista no inciso XXIX do artigo 7º da Constituição, porque a ação é proposta contra o empregador. Compreende, portanto, dois anos a contar da cessação do contrato de trabalho ou cinco anos a contar da lesão, se o pacto laboral está em vigor.

O TST entende que a prescrição é a do Código Civil até 31 de dezembro de 2004. A partir de 1º de janeiro de 2005 a prescrição é a prevista no inciso XXIX do artigo 7º da Constituição.

Se a ofensa à vítima é reiterada dia a dia, o prazo prescricional é contado a partir do último ato lesivo.

14.6 DIREITO INTERTEMPORAL

Para quem entende que o prazo prescricional é o de três anos previsto no Código Civil (art. 206, § 3º, IV), há necessidade de serem feitas algumas observações.

Em matéria de direito intertemporal, a lei nova tem aplicação imediata às situações pendentes, não podendo ser retroativa para questões já consumadas. Afirma Paul Roubier que:

a base fundamental da ciência dos conflitos de leis no tempo é a distinção entre efeito retroativo e efeito imediato de uma lei. Parece um dado muito simples: o efeito retroativo é a aplicação no passado, o efeito imediato é a aplicação no presente [...] Se a lei pretende ser aplicada sobre fatos consumados, ela é retroativa; se ela pretende ser aplicada sobre situações em curso, será preciso distinguir entre as partes anteriores à data da modificação da legislação e que não poderão ser atingidas sem retroatividade, e as partes posteriores, sobre as quais a lei nova, se aplicável, não terá senão um efeito imediato; enfim, diante de fatos futuros, é claro que a lei não pode jamais ser retroativa. Portanto, retroatividade, vedada pelo direito, é a incidência da lei sobre situações consumadas. Efeito imediato, permitido pelo direito, é a aplicabilidade da lei às situações que se desenvolvem à época da sua vigência e que portanto não estão, nesse momento, consumadas[26].

---

26. ROUBIER, Paul. *Le droit transitoire*. 2. ed. Paris: Dalloz et Sirey, 1960, p. 178.

Leciona Câmara Leal que "as leis que regem a prescrição são retroativas em relação às prescrições não consumadas, e irretroativas em relação às prescrições já consumadas"[27].

Prescrição iniciada e não consumada não representa direito adquirido, mas mera expectativa de direito, pois poderia ocorrer a sua interrupção ou suspensão. Antes da consumação, o prescribente não pode invocar o direito à prescrição.

A nova norma do Código Civil não pode ser aplicada retroativamente, em relação às situações jurídicas já consumadas. Se a prescrição se iniciou e se consumou sob o império do Código Civil de 1916, aplica-se este, mesmo que os prazos sejam aumentados ou diminuídos. Começando a fluir a prescrição pelo Código Civil de 2002 e de acordo com ele terminando, observa-se a referida norma.

Nos casos em que a lei aumentar o prazo prescricional, ela tem aplicação imediata, contando-se o prazo já decorrido na vigência da lei anterior. O TST, examinando questão semelhante, decidiu que "a norma constitucional que ampliou a prescrição da ação trabalhista para 5 (cinco) anos é de aplicação imediata, não atingindo pretensões já alcançadas pela prescrição bienal, quando da promulgação da CF/88" (Súmula 308, II).

Nas hipóteses em que a lei nova reduz prazo de prescrição é preciso ser feitas algumas considerações.

A Lei de Introdução ao Código Civil alemão, no artigo 169, 2ª alínea, determina que:

> se o prazo de prescrição, conforme o Código Civil, é mais curto que as leis anteriores, computa-se o prazo mais curto a partir da entrada em vigor do Código Civil. Se, entretanto, o prazo mais longo determinado pelas leis anteriores expira mais cedo que o mais curto, determinado pelo Código Civil, a prescrição se completa com o fim do prazo mais longo.

Luiz Carpenter analisa o caso em que o prazo de prescrição previsto na lei nova é mais curto do que o previsto na lei antiga.

> Se, contado o prazo da lei nova, do dia em que sob a vigência da lei antiga nasceu a prescrição, esta se completar em dia posterior à vigência da lei nova, esse dia será o último do prazo, que ficará dessa maneira encurtado, qualquer que seja o tempo que pela lei antiga podia correr [...] Se contado o prazo da lei nova, do dia em que sob a vigência da lei antiga nasceu a prescrição, esta se completar no dia da vigência da lei nova, ou em dia anterior, então é claro que esse dia não poderá ser o último do prazo, porque isso seria causar uma surpresa à boa-fé do prescribente e castigá-lo com uma pena que ele nada fez para merecer. Nesse

---

27. LEAL, Antonio Luis da Câmara. *Da prescrição e da decadência*. Rio de Janeiro: Forense, 1982, p. 89.

caso a lei nova fará ao prescribente a concessão maior possível, a qual vem a ser a seguinte, o prazo da prescrição será o da lei nova, mas só se contará do dia da vigência dessa lei, e nem correrá todo se dentro nele terminar o prazo da lei antiga, porque então o prazo da lei nova findará no mesmo dia em que findar o da lei antiga." Afirma que seu raciocínio toma por base o artigo 169 da Lei de Introdução ao Código civil alemão[28].

Câmara Leal declara que:

estabelecendo a nova lei um prazo mais curto de prescrição, essa começará a correr da data da nova lei, salvo se a prescrição iniciada na vigência da lei antiga viesse a completar-se em menos tempo, segundo essa lei, que, nesse caso, continuaria a regê-la relativamente ao prazo[29].

Carlos Maximiliano leciona que:

prevalece o lapso mais breve, estabelecido pela norma recente, a partir da entrada da mesma em vigor; não se conta o tempo transcorrido antes; porém, se ao sobrevir o novo diploma faltava, para se consumar a prescrição, trato menor do que o fixado pelos preceitos atuais, prefere-se o prazo determinado na lei anterior[30].

Outra solução seria a aplicação das Disposições Transitórias do Código Suíço, no artigo 19, que:

resolvem a dificuldade, mandando contar o tempo decorrido sob uma e outra norma, proporcionalmente: por exemplo, em havendo o decurso de dez anos, quando o prazo era de vinte e foi limitado a cinco; como se completou a metade do período fixado outrora, deve fluir a metade, também, de novo trato, isto é, dois anos e meio[31].

Eduardo Espínola menciona que, se o prazo de prescrição "é diminuído, conta-se o prazo da nova lei, a partir do dia em que foi publicada, salvo se o mais longo da lei antiga se completar antes, computado o período já decorrido na vigência da mesma lei"[32].

Esclarece Paul Roubier que a lei nova que encurta o prazo de prescrição em curso não pode ser aplicada, sob pena de produzir efeito retroativo. O prazo novo poderia ter-se escoado sob a vigência da lei antiga; então a prescrição se teria consumado durante a vigência dessa lei, o que contraria o princípio da irretroatividade. O melhor sistema consiste em fazer fluir o prazo encurtado, resultante da lei nova a partir da data da vigência desta lei.

---

28. CARPENTER, Luiz Frederico. *Da prescrição*. 3. ed. Rio de Janeiro: Nacional de Direito, 1958, v. II, p. 742.
29. LEAL, Câmara. *Da prescrição e da decadência*, p. 90.
30. MAXIMILIANO, Carlos. *Direito intertemporal*. Rio de Janeiro: Freitas Bastos, 1946, p. 250.
31. Idem, ibidem, p. 249.
32. BATALHA, Wilson de Souza Campos. *Sistema de direito civil brasileiro*. 3. ed., 1938, p. v. I, 242.

Todavia, se o prazo fixado pela lei antiga devia findar antes do novo prazo descontado a partir da lei nova, manter-se-ia a aplicação da lei antiga; há aí um caso de sobrevivência tácita desta lei, porque seria contraditório que uma lei, cujo fim é o de reduzir o prazo de prescrição, resultasse em o prolongar[33].

Maria Helena Diniz afirma que:

a nova lei sobre prazo prescricional aplica-se desde logo se o aumentar, embora deva ser computado o lapso temporal já decorrido na vigência da norma revogada. Se o encurtar, o novo prazo de prescrição começará a correr por inteiro a partir da lei revogadora. Se o prazo prescricional já se ultimou, a nova lei que o alterar não o atingirá[34].

No último caso, há direito adquirido.

Ensina Wilson de Souza Campos Batalha que:

constituem princípios gerais de Direito intertemporal que a lei nova que alonga os prazos de prescrição atinge as prescrições não consumadas, computando-se o tempo decorrido na vigência da lei antiga: ao contrário, a lei nova que reduz o prazo de prescrição aplica-se às situações em curso, computando-se o prazo mais exíguo a partir de seu início de vigência, salvo se terminar antes o prazo mais longo fixado pela lei antiga, computado o tempo decorrido da vigência desta[35].

Adverte que:

embora possa a lei nova disciplinar a prescrição e a decadência, incidindo imediatamente sobre as situações jurídicas em curso de formação ou de extinção, seria retroativa a lei que, reduzindo o prazo prescricional ou preclusivo (*id est*, extintivo), acarretasse, na data de seu início de vigência, a prescrição ou a decadência de direitos, cujos prazos se haviam iniciado na data de vigência da lei anterior e que apenas se consumariam com o decurso do período mais amplo por esta fixado: cortar-se-iam de um jacto os prazos em curso e imediatamente seria consumada a prescrição ou decadência, o que repugnaria ao mais elementar sentido de justiça[36].

Savigny declara que, se a lei nova reduz o prazo, computa-se o prazo reduzido a partir de seu início de vigência, desconsiderando-se o tempo já escoado[37].

Batalha afirma que:

Savigny não previa a solução mais adequada: aplica-se o prazo reduzido previsto pela lei nova a partir de seu início de vigência, salvo se findar antes o prazo mais longo previsto pela

---

33. ROUBIER, Paul. *Le droit transitoire*. Paris, 1960, p. 224, 225 e 300.
34. DINIZ, Maria Helena. *Lei de introdução ao código civil brasileiro interpretada*. 6. ed. São Paulo: Saraiva, 2000, p. 200.
35. BATALHA, Wilson de Souza Campos; RODRIGUES NETTO, Silvia Marina L. Batalha. *Prescrição e decadência no direito do trabalho*. São Paulo: LTr, 1996, p. 57.
36. BATALHA, Wilson de Souza Campos. *Direito intertemporal*. Rio de Janeiro: Forense, 1980, p. 243.
37. SAVIGNY. *Traité de droit romain*, 1851, v. VIII, p. 418-426.

lei antiga computado o tempo fluído antes da lei nova. Efetivamente, sendo intuito da lei nova reduzir o prazo, não poderia aplicar-se de maneira a alongar o prazo (tempo decorrido na vigência da lei antiga mais período mais breve computado, porém, a partir do início de vigência da lei nova)[38].

Menciona que:

se, computado o prazo previsto pela lei nova, a partir da data do início de vigência desta, se consumar antes de terminado o prazo maior previsto pela lei anterior, aplicar-se-á o prazo menor previsto pela lei nova, contando-se dito prazo a partir da data de vigência da lei nova[39].

Sujeitar às regras da lei nova o tempo transcorrido durante a vigência da lei antiga significaria atribuir a esse tempo valor que não lhe era conferido antes[40]. Em certos casos, poderia ocorrer de a prescrição ter fluído integralmente na vigência da lei velha e, quando promulgada a lei nova, o direito de ação estaria integralmente prescrito. Seriam aplicadas duas diferentes legislações (a nova e a velha), ao mesmo tempo, para reger a mesma relação jurídica.

Poderia ser aplicado por analogia o artigo 916 da CLT, em que os prazos de prescrição fixados pela CLT começarão a correr da data da vigência desta, quando menores do que os previstos pela legislação anterior. É a observância analógica de regra transitória estabelecida em 10 de novembro de 1943, quando entrou em vigor a CLT.

O STF entendeu que "a lei que encurta o prazo de prescrição se aplica a partir do termo inicial e não do seu advento" (*RTJ*, v. 37, p. 693).

Menciona a Súmula 445 do STF que "a Lei n. 2.437, de 7.3.55, que reduz prazo prescricional, é aplicável às prescrições em curso na data de sua vigência, salvo quanto aos processos então pendentes". A referida lei entrou em vigor em 1º de janeiro de 1956.

Batalha ensina que "se a lei nova declara prescritíveis direitos que eram imprescritíveis na vigência da lei anterior, tais direitos passam a ser sujeitos à prescrição, computado o respectivo prazo, porém, a partir da data de início de vigência da lei nova"[41].

Américo Plá Rodriguez narra situação que ocorreu no Uruguai, em que o artigo 14 da Lei n. 14.188 estabeleceu prazo de prescrição de um ano para a cobrança de salários e de indenização de despedida, a contar do momento em

---

38. BATALHA, Wilson de Souza Campos. *Direito intertemporal*, p. 245.
39. Idem, ibidem, p. 244.
40. FERRARA, Francesco. *Tratatto di diritto civile italiano*. Roma: Athenaeum, 1921, p. 275.
41. BATALHA, Wilson de Souza Campos. *Direito intertemporal*, p. 248.

que o salário deveria ser pago. Por se tratar de um prazo curto e em relação a contratos que ainda estariam em vigor, entendeu-se que a lei somente vigorava para os créditos trabalhistas posteriormente à data de entrada em vigor da lei, ou seja, 3 de outubro de 1974[42].

A Orientação Jurisprudencial n. 271, da SBDI-1 do TST, em relação ao empregador rural, esclareceu que "o prazo prescricional da pretensão do rurícola, cujo contrato de emprego já se extinguira ao sobrevir a Emenda Constitucional n. 25, de 26-5-2000, tenha sido ou não ajuizada a ação trabalhista, prossegue regido pela lei vigente ao tempo da extinção do contrato de emprego".

O Código Civil de 2002 foi claro no artigo 2.028 no sentido de que "serão os da lei anterior os prazos, quando reduzidos por este Código e, se, na data de sua entrada em vigor, já houver transcorrido mais da metade do tempo estabelecido na lei revogada".

Assim, se for entendido que o prazo de prescrição para o dano moral é o contido no Código Civil, aplica-se o Código Civil de 1916:

(a) em relação aos prazos de prescrição já consumados antes da vigência do novo Código;

(b) se já houver transcorrido mais da metade do tempo estabelecido na lei anterior.

Será observado o Código Civil de 2002, com efeito retroativo da lei, em relação aos prazos transcorridos de menos da metade do tempo estabelecido no Código Civil de 1916. Não há direito adquirido ao prazo da lei anterior, pois ele estava em formação e depende de fato posterior para a sua implementação.

A prescrição em relação ao dano moral do próprio herdeiro, decorrente do falecimento do trabalhador por acidente de trabalho, não é a prevista no inciso XXIX do artigo 7º da Constituição. Não existe relação de trabalho entre o herdeiro e o empregador. O prazo de prescrição é de três anos, previsto no inciso V do § 3º do artigo 206 do Código Civil.

---

42. PLÁ RODRIGUEZ. Américo. *Princípios de direito do trabalho*. 3. ed. São Paulo: LTr, 1993, p. 123-124.

CONCLUSÃO

O homem é aquilo que é e não o que pensa que é.

Justamente em razão do que ele é, não pode ter sua honra maculada e é preciso que a ofensa a sua honra seja reparada.

O dano moral causado pelo empregador ao empregado, ou vice-versa, decorrente do contrato de trabalho, tem de ser indenizado.

O pagamento feito pelo dano moral sofrido pelo ofendido tem por objetivo compensar a dor que sofreu, mas pode não curá-la. É uma forma de atenuar o sofrimento da vítima com o pagamento de numerário, que pode lhe ajudar a adquirir bens materiais, visando esquecer o que ocorreu.

A forma de apurar a indenização pelo dano moral é por arbitramento feito pelo juiz, atendendo aos princípios da razoabilidade e proporcionalidade que devem ser observados em cada caso.

A competência para apreciar a controvérsia é da Justiça do Trabalho, pois envolve questão entre empregado e empregador, proveniente da relação laboral, desde que na constância da relação de emprego ou dela decorrente.

O prazo de prescrição do dano moral decorrente do contrato de trabalho, inclusive o proveniente de acidente do trabalho, é de dois anos a contar da cessação do contrato de trabalho e de cinco anos a contar da lesão, na forma do inciso XXIX do artigo 7º da Lei Maior.

REFERÊNCIAS

ACQUAVIVA, Marcus Cláudio. *Dicionário jurídico brasileiro Acquaviva*. São Paulo: Jurídica Brasileira, 2006.

ALVIM, Agostinho. *Da inexecução das obrigações e suas consequências*. 3. ed. Rio de Janeiro: Jurídica e Universitária, 1975.

_____. *Da inexecução das obrigações e suas consequências*. 4. ed. São Paulo: Saraiva, 1972.

ANDRADE, Manuel A. Domingos de. *Ensaio sobre a teoria da interpretação das leis*. Coimbra: Armênio Amado, 1978.

AZEVEDO, Álvaro Villaça. *Código Civil comentado*. São Paulo: Atlas, 2003, v. II, p. 348.

_____. *Teoria geral das obrigações*. 3. ed. São Paulo: Revista dos Tribunais, 1981.

BARROS, Alice Monteiro. *Curso de direito do trabalho*. São Paulo: LTr, 2005.

BASTOS, Celso; MARTINS, Ives Gandra da Silva. *Comentários à Constituição do Brasil*. São Paulo: Saraiva, 1989, v. 2.

BASTOS, Guilherme Augusto Caputo. O dano moral no do trabalho. Rio de Janeiro: JC, 2013.

BATALHA, Wilson de Souza Campos. *Sistema de direito civil brasileiro*. 3. ed. 1938, v. I.

_____. *Direito intertemporal*. Rio de Janeiro: Forense, 1980.

_____; RODRIGUES NETTO, Silvia Marina L. Batalha. *Prescrição e decadência no direito do trabalho*. São Paulo: LTr, 1996.

BEVILÁQUA, Clóvis. *Código civil dos Estados Unidos do Brasil*. 5. ed. São Paulo: Francisco Alves, 1943, t. 2., v. V.

_____. *Teoria geral do direito civil*. 4. ed. Rio de Janeiro: Francisco Alves, 1954.

BEVILÁQUA, Clóvis. *Teoria geral do direito civil*. 2. ed. Rio de Janeiro: Editora Rio, 1980.

BITTAR, Carlos Alberto. *Reparação civil por danos morais*. 2. ed. São Paulo: Revista dos Tribunais, 1994.

_____. *Responsabilidade civil*: teoria e prática. Rio de Janeiro: Forense, 1989.

CAHALI, Yussef Said. *Dano moral*. 2. ed. São Paulo: Revista dos Tribunais, 1998.

CÂNDIA, Ralph. O dano moral no direito do trabalho. *Trabalho & Doutrina*, n. 10, São Paulo: Saraiva, set. 1996, p. 69.

CARPENTER, Luiz Frederico. *Da prescrição*. 3. ed. Rio de Janeiro: Nacional de Direito, 1958, v. II.

CARMO, Júlio Bernardo do. O dano moral e sua reparação no âmbito do direito civil e do Trabalho, *LTr* 60-3/318.

CARVALHO, Milton Paulo de. *Manual da competência civil*. São Paulo: Saraiva, 1995.

CASTELO, Jorge Pinheiro. Dano moral trabalhista. *Competência Trabalho & Doutrina*, n. 10, São Paulo: Saraiva, set. 1996, p. 38.

CAVALIERI FILHO, Sergio. *Programa de responsabilidade civil*. 7. ed. São Paulo: Atlas, 2007.

CHAVES, Antônio. *Tratado de direito civil*. São Paulo: Revista dos Tribunais, 1985.

CHIRONI, G. P. *Culpa extra-contrattuale*. 2. ed. Turim: Fratelli Bocca, 1903, v. II.

COLIN, Ambroise; CAPITANT, Henri. *Curso elemental de derecho civil*. 2. ed. Madrid, 1943. v. 3.

_____. *Cours de droit civil français*. Paris, v. II.

COLMO, Alfredo. *De las obrigaciones en general*. 3. ed. Buenos Aires: Jesus Menendes, 1928.

COSTA, Orlando Teixeira. Da ação trabalhista sobre dano moral. *Trabalho & Doutrina*, n. 10, São Paulo: Saraiva, set. 1996, p. 65.

COSTA, Walmir Oliveira. *Dano moral nas relações laborais*: competência e mensuração. Curitiba: Juruá, 2000.

COVIELLO, L. *Manual di diritto civile italiano*, parte geral.

CRETELLA JÚNIOR, José. *Comentários à Constituição de 1988*. Rio de Janeiro: Forense, 1989.

DAVIS, Roberto. Reflexões acerca do dano moral trabalhista. *Trabalho & Doutrina*, n. 10, São Paulo: Saraiva, set. 1996, p. 72.

DEMOGUE, René. *Traité des obligations en géneral*. Paris: Arthur Rousseau, 1924, t. IV.

DIAS, José de Aguiar. *Da responsabilidade civil*. 9. ed. Rio de Janeiro: Forense, 1994, v. II.

_____. *Da responsabilidade civil*. 10. ed. Rio de Janeiro: Forense, 1994, v. II.

DINIZ, Maria Helena. *Curso de direito civil brasileiro*. 17. ed. São Paulo: Saraiva, 2003.

_____. *Lei de introdução ao código civil brasileiro interpretada*. 6. ed. São Paulo: Saraiva, 2000.

FERRARA, Francesco. *Interpretação e aplicação das leis*. 2. ed. São Paulo: Saraiva, 1937.

_____. *Tratatto di diritto civile italiano*. Roma: Athenaeum, 1921.

FISCHER, Hans Albrecht. *A reparação dos danos no direito civil*. São Paulo: Acadêmica, 1938.

FLORINDO, Valdir. *Dano moral e o direito do trabalho*. 3. ed. São Paulo: LTr, 1999.

_____. *Dano moral e o direito do trabalho*. 4. ed. São Paulo: LTr, 2002.

FRANCO FILHO, Georgenor de Sousa. A prescrição no dano moral trabalhista. *Revista do TRT da 8ª Região*, Belém, v. 38, n. 74, jan./jun. 2005, p. 44-46.

FRANÇA, Rubens Limongi. *Direito civil*. São Paulo: Revista dos Tribunais, 1977.

REFERÊNCIAS **167**

_____. Reparação do dano moral. *Revistas dos Tribunais*, n. 631, São Paulo, maio 1988, p. 31.

GABBA, C. F. *Questioni de diritto civile*. 2. ed. Turim: Fratelli Bocca, 1911, v. II.

GIGLIO, Wagner. *Justa causa*. 3. ed. São Paulo: Saraiva, LTr, 1996.

GIUSTINA, Beatriz Della. Dano moral: reparação e competência trabalhista. *Trabalho & Doutrina*, n. 10, São Paulo: Saraiva, set. 1996, p. 3.

GOMES, Orlando. *Obrigações*. 11. ed. Rio de Janeiro: Forense, 1996.

GONÇALVES, Carlos Roberto. *Responsabilidade civil*. 7. ed. São Paulo: Saraiva, 2002.

GONÇALVES, Luiz da Cunha. *Tratado de direito civil*. São Paulo: Max Limonad, 1957, v. 12, t. II, p. 543.

GOUVEIA, Jaime Augusto Cardoso de. *Da responsabilidade contratual*. Lisboa, 1933.

GRAU, Eros. *Ensaio e discurso sobre a interpretação*: aplicação do direito. 3. ed. São Paulo: Malheiros, 2005.

HERKENHOFF, João Batista. *Como aplicar o direito*: à luz de uma perspectiva axiológica, fenomenológica e sociológica-política. 3. ed. Rio de Janeiro: Forense, 1994.

HOLANDA, Aurélio Buarque de. *Novo dicionário Aurélio da língua portuguesa*. São Paulo: Nova Fronteira, 1986.

HOMERO. *Odisseia*.

LAFAILLE. *Derecho civil*, t. VI. Buenos Aires, 1947.

_____. *Tratado de las obligaciones*, Buenos Aires, 1947, t. I.

LEAL, Antonio Luis Câmara. *Da prescrição e da decadência*. 3. ed. Rio de Janeiro: Forense, 1982.

LEVADA, Cláudio Antônio Soares. *Liquidação de danos morais*. 2. ed. São Paulo: Copola, 1997.

LIEBMAN, Enrico Tulio. *Manual de direito processual civil*. Rio de Janeiro: Forense, 1984, v. I.

LIMA, Zulmira Pires de. Responsabilidade civil por danos morais. *Revista Forense*, v. 83, p. 218.

LOPEZ, Teresa Ancona. *Dano estético*. São Paulo: Revista dos Tribunais, 2008.

MAGANO, Octavio Bueno. Danos morais no direito do trabalho. *Trabalho & Doutrina*, n. 10, São Paulo: Saraiva, set. 1996, p. 62.

MARCATO, Antonio Carlos. *Perpetuação de competência*.

MARMITT, Arnaldo. *Dano moral*. Rio de Janeiro: Aide, 1999.

MARTINS, Sergio Pinto. Dano moral no direito do trabalho. *Trabalho & Doutrina*, n. 10, São Paulo: Saraiva, set. 1996, p. 75.

_____. Dano moral no direito do trabalho. *Repertório IOB de Jurisprudência* n. 20/97, texto 2/12923, p. 402.

_____. Dano moral no direito do trabalho. *Orientador Trabalhista Thompson IOB*, n. 10/2004, p. 3.

_____. Prescrição do dano moral trabalhista. *Orientador Trabalhista Thompson IOB*, n. 11/2004, p. 3.

_____. *Direito processual do trabalho*. 34. ed. São Paulo: Atlas, 2013; 16. ed. 2001.; 39. ed. Saraiva, 2017. 46ª ed. Saraiva, 2024.

_____. Dano moral por anotações na CTPS do empregado. *Orientador Trabalhista*, n. 4/11, p. 3.

_____. Dano moral e sequestro. *Orientador Trabalhista* IOB, n. 10/07, p. 3.

_____. Restrição ao uso de banheiro e dano moral. Orientador Trabalhista 4/14, p. 3;

_____. Dano existencial. Orientador Trabalhista IOB, setembro de 2015, p. 3;

MAXIMILIANO, Carlos. *Hermenêutica e aplicação do direito*. 10. ed. Rio de Janeiro: Forense, 1998.

_____. *Direito intertemporal*. Rio de Janeiro: Freitas Bastos, 1946.

MAZEAUD, Henri. *Comment limiter le nombre des actions intentées en réparations d´un préjudice moral à la súite d´un décès*. DH. 1932, Chronique.

MELO, Raimundo Simão de. Prescrição do dano moral no direito do trabalho. *Revista LTr* n. 64, nov. 2000, p. 1372-1375.

MENDONÇA, J. X. Carvalho de. *Tratado de direito comercial brasileiro*. 3. ed. v. VI.

MENDONÇA, Carvalho. *Doutrina das obrigações*, I.

MICHAELLIS, Dicmaxi. *Moderno dicionário da língua portuguesa*, edição eletrônica DTS Software Brasil Ltda. São Paulo. Disponível em: <http://www.dtslatin.com>.

MINOZZI, Alfredo. *Studio sul danno non patrimoniale*. 3. ed. Milão: S.E.L., 1917.

NASCIMENTO, Amauri Mascaro. *Direito do trabalho na Constituição de 1998*. São Paulo: Saraiva, 1989.

NERSON, Roger. *Les droit extrapatrimoniaux*. Paris, 1939.

O'CONNEL, J. F. *Remedies*. St. Paul: Minn, West Publishishing, 1981.

OLIVEIRA, Milton. *Dano moral*. São Paulo: LTr, 2006.

OLIVEIRA, Paulo Eduardo Vieira. *O dano pessoal no direito do trabalho*. São Paulo: LTr, 2002.

PAMPLONA FILHO, Rodolfo. *O dano moral na relação de emprego*. 2. ed. São Paulo: LTr, 1999.

_____. *O dano moral na relação de emprego*. 3. ed. São Paulo: LTr, 2002.

PEREIRA, Caio Mário da Silva. *Responsabilidade civil*. 8. ed. Rio de Janeiro: Forense, 1996.

PEREIRA, Lafaiete Rodrigues. *Direito das coisas*. 3. ed.

PLANIOL, Marcel. *Traité élémentaire de droit civil*. 3. ed. Paris: 1949, v. 2.

PLÁ RODRIGUEZ. Américo. *Princípios de direito do trabalho*. 3. ed. São Paulo: LTr, 1993.

REALE, Miguel. *Temas de direito positivo*. São Paulo: Revista dos Tribunais, 1992.

REIS, Clayton. *Dano moral*. Rio de Janeiro: Forense, 1991.

REFERÊNCIAS **169**

RIJO, Dulce Maria Soler Gomes. *Prescrição do dano moral trabalhista*. São Paulo: LTr.

RIPERT, Georges. *A regra moral nas obrigações civis*. São Paulo: Saraiva, n. 181, p. 349.

RODRIGUES, Silvio. *Direito civil*. 34. ed. São Paulo: Saraiva, 2003, v. 1.

ROTONDARO, Nora Magnólia Costa. Dano moral. Indenização: expressão do princípio da igualdade. *Trabalho & Doutrina*, n. 10, São Paulo: Saraiva, set. 1996, p. 58.

ROUBIER, Paul. *Le droit transitoire*. 2. ed. Paris: Dalloz et Sirey, 1960.

SANTOS, Enoque Ribeiro dos. *O dano moral na dispensa do empregado*. 3. ed. São Paulo: LTr, 2002.

SALAZAR, Alcino de Paulo. *Reparação do dano moral*. Rio de Janeiro: Borsoi, 1943.

SAVATIER, René. *Traité de la responsabilité civile en droit français*. 2. ed. Paris: LGDJ, 1951, v. 1, t. II.

SAVIGNY, *Sistema del derecho romano*, v. IV.

_____. *Traité de droit romain*, 1851, v. VIII.

SHARP Jr., Ronaldo A. *Dano moral*. 2. ed. Rio de Janeiro: Destaque, 2001.

SEIN, José Luis Goñi. *El respeito a la esfera privada del trabajador*: un estudio sobre los limites del poder de control empresarial. Madrid: Civitas, 1988.

SEVERO, Sérgio. *Os danos extrapatrimoniais*. São Paulo: Saraiva, 1996.

SILVA, De Plácido e. *Vocabulário jurídico*. Rio de Janeiro: Forense, 1990, v. I e II.

SILVA, José Afonso. *Curso de direito constitucional positivo*. 6. ed. São Paulo: Revista dos Tribunais, 1990.

SILVA, Homero Batista Mateus da. *Estudo crítico da prescrição trabalhista*. São Paulo: LTr, 2004.

SILVA, Luiz de Pinho Pedreira da. A reparação do dano moral no direito do trabalho, *LTr* 55-5/559.

SILVA, Wilson Melo da. *O dano moral e sua reparação*. 3. ed. Rio de Janeiro: Forense, 1983.

STOCCO, Ruy. Responsabilidade civil da seguradora por dano moral. *Repertório IOB de Jurisprudencial*, jun. 2000, n. 11/2000, Caderno 3, p. 242.

SUSSEKIND, Arnaldo. Prescrição, *Revista LTr*, v. 53, n. 9, set. 1989, p. 1020.

TEIXEIRA FILHO, João de Lima. O dano moral no direito do trabalho. *Trabalho & Doutrina*, n. 10, São Paulo: Saraiva, set. 1996, p. 17.

THEODORO JÚNIOR, Humberto. *Dano moral*. São Paulo: Oliveira Mendes, 1998.

VALLE, Christino Almeida do. *Dano moral*. Rio da Janeiro: Aide, 1993.

VENOSA, Sílvio de Salvo. *Direito civil*: responsabilidade civil. 3. ed. São Paulo: Atlas, 2002, v. 4.

_____. *Direito civil*: responsabilidade civil. 6. ed. São Paulo: Atlas, 2006, v. 4.

WALRAT, Luís Alberto. *A definição jurídica*. Porto Alegre: Atrium, 1977.

ZENUN, Augusto. *Dano moral e sua reparação*. 5. ed. Rio de Janeiro: Forense, 1997, p. 2-3, 60-61, 80.

ÍNDICE REMISSIVO*

A

acidente de trabalho, 10.5
anotação na CTPS, 10.10
ato ilícito, 10.6
atualidade, 9.2

C

cabimento, 8
caracterização, 9
classificação, 4
certeza do dano, 9.1
cessação do contrato de trabalho, 10.7
competência, 13.2
  acidente do trabalho, 13.3
cumulação, 12.5

D

dano moral coletivo, 10.16
evolução, 1
definição, 3
denominação, 2
dispensa sem justa causa, 10.6
dissabores, 10.15
distinção, 3.2

E

etimologia, 2.1
enriquecimento sem causa, 8.1.9

F

fase contratual, 10.3
fase pós-contratual, 10.12

fase pré-contratual, 10.2
fixação da indenização, 12

I

imoralidade, 8.1.6

L

legitimidade, 9.5
limites, 12.4

N

natureza jurídica, 6
nexo de causalidade, 9.4

O

obrigação de fazer, 12.3

P

pessoa jurídica, 7.2
pessoalidade, 9.3
pessoas lesadas
  indeterminação do número de, 8.1.4
prescrição, 14
  conceito, 14.1
  distinção, 14.2
  fundamentos, 14.3
  natureza jurídica, 14.4
  direito intertemporal, 14.6
prova, 11

S

sujeito passivo, 7

T

teorias, 8.1

---

* Os números referem-se aos itens